U0134910

無痛苦學會
技術分析**全圖解**

董鍾祥 著

目錄

無痛苦學會技術分析全圖解

目錄

無痛苦學會技術分析全圖解

順從趨勢走 錢財自到手

在我20年採訪工作經歷中，有緣結識不少證券分析師，董鍾祥兄算是其中資歷特別、且非常勤學的一位。

董先生早年投身軍旅，離開部隊才加入證券業，雖然是半途出家，卻因迷上股票，從此埋首股票投資與研究，已達難以自拔、甚至廢寢忘食的境界。他白天看台股，下午經常到全省各大號子演講，晚上回家還要研究歐美股市直到深夜，日復一日，這樣的勤勉生活，尋常人，拼個1年、2年或許可以，但董先生竟一做超過20年，老實說，有這般毅力，封他「股癡」亦不為過。

由於曾經歷練過研究員、操盤人等多種角色，董先生不論基本分析或技術分析，各種關於股票的研究，都下過苦功，他也因為常在號子演講，深諳散戶的投資心態。跟散戶面對面接觸多了，他發現大部分賠錢的散戶，對投資股票多半是學得太雜、太多，卻沒有系統，一會兒基本面選價值股，一會兒技術分析找強勢突破股，一會兒又聚堆口耳相傳股市炒手的明牌股，如此搶進殺出，毫無章法，想不賠錢，還真難。

為什麼散戶不能把一套有用的股票投資術好好學起來呢？是不是缺少好的工具書？他因此許下一個願望，要寫一本最簡明易懂的股票技術分析教學書。選擇教授技術分析是因為基本分析若要學得好、學得精，需要花費相當多的功夫，令許多散戶望而生畏，加上又有訊息落後的缺點，因此他認為，對初入門的股市新手來說，基礎技術分析應是離賺錢較近、且較不容易被假資訊扭曲的坦途。

根據這個初衷，董先生在本刊力邀下，完成這本書，書裡沒有太多的投資理論，也不去解釋太複雜的技術指標，而是奠基在趨勢投資所需要應用到的圖形與工具上，因為他相信「順從趨勢走，錢財自到手」。另外，他認為，散戶要贏，必須先訓練自己多看盤，養成實戰的反射動作，意即培養出所謂的「直覺」或「盤感」。問題是「盤感」要如何培養？打開電腦連上網，股市大盤的變化到底要怎麼「看」？這些疑惑，在這本全以圖形教學的書中都有交代，相信一般投資大眾都能輕鬆吸收。看過本書，若你可以反覆對照每日、每週、每月盤勢變化，那麼你將能體會到董先生所欲傳達的投資精髓：「趨勢，就在圖形中。」

打通股市任督二脈

董鍾祥

美國華爾街股市中流傳一句名言：「尊重趨勢，尊重葛林斯班。」為什麼會這樣說呢？因為決定股票市場上漲或下跌的原因，歸根究柢只有兩個：一個是中央銀行的貨幣政策（利率和匯率）；另一個是趨勢分析（理論）。

若央行的貨幣政策是採「寬鬆貨幣政策」，表示未來的利率趨勢會往下調降，當利率降到相當低時，或存款利率小於通貨膨脹率（稱之為負利率），就會逼出銀行體系中保守的定存資金，流向股市。此時，也會吸引投機客借錢投資股市，當股市有投機客的大量熱錢流入，股市的趨勢就會形成上漲趨勢，股市的專業術語稱之為「牛市」或「多頭市場」。

反之，若央行的貨幣政策是採「緊縮貨幣政策」，表示未來的利率趨勢會往上調高，當利率升到相當高時（美國約5%以上），就會引發投機客的獲利了結賣壓出籠。當股市投機客將大量獲利了結賣出的熱錢流出股市，股市的趨勢就會形成下跌趨勢，股市的專業術語稱之為「熊市」或「空頭市場」。

葛林斯班是誰？他是美國在位最久且是全球影響力最大的央行總裁（前任），他自1987年8月11日就任央行總裁（美國稱之為聯邦準備理事會主席），經歷4位總統（雷根、老布希、柯林頓、小布希）提名，連任5屆央行總裁，於2006年1月31日退休，在位近19年，美國的貨幣政策就是他決定的。

若美國央行的貨幣政策是採「寬鬆貨幣政策」，表示未來的利率趨勢會往下調降，則美國股市將會上漲，形成上漲趨勢的「多頭市場」；進而間接帶動全球股市同步上漲。反之，若美國央行的貨幣政策是採「緊縮貨幣政策」，表示未來的利率趨勢會往上調高，則美國股市將會下跌，形成下跌趨勢的「空頭市場」；進而間接帶動全球股市同步下跌。可見葛林斯班的重要性，不得不讓全球投資人尊重。

若將美國華爾街股市中流傳的這句名言：「尊重趨勢，尊重葛林斯班。」轉換為台灣股市，就變成：「尊重趨勢，尊重彭淮南。」

彭淮南是誰？他即將是台灣在位最久且是台灣股市影響力最大的中央銀行總裁。他自1998年就任央行總裁，經歷3位總統（李登輝、陳水扁、馬英九）提名，連任3屆央行總裁，第3任將於2013年屆滿，在位長達15年（同俞國華），是全球唯一的8A級央行總裁，台灣的貨幣政策就是他決定的。

若台灣央行的貨幣政策是採「寬鬆貨幣政策」，表示未來的利率趨勢會往下調降，則台灣股市將會上漲，形成上漲趨勢的「多頭市場」。反之，若台灣央行的貨幣政策是採「緊縮貨幣政策」，表示未來的利率趨勢會往上調高，則台灣股市將會下跌，形成下跌趨勢的「空頭市場」。

綜上所述，當央行採行「寬鬆貨幣政策」時，投資人順著上漲趨勢的「多頭市場」做多買進，也就是大家耳熟能詳的「順勢操作」，焉有不賺錢之理；反之，當央行採行「緊縮貨幣政策」時，投資人順著下跌趨勢的「空頭市場」賣出，「順勢操作」必能逢凶化吉，避開股市大跌（下跌）趨勢。若是有經驗的投資高手，在逢高獲利了結賣出的同時，還會順勢加碼融券放空，賺取波段下跌的利潤。這就是股市名言：「尊重趨勢，尊重葛林斯班」的精髓，也是本書想要告訴散戶朋友們的入門知識。

投資分析的方法有非常多種：產業面分析、技術面分析、基本面分析、籌碼面分析、總體經濟面分析、政府的政策面分析、國內外的政治面分析、Top Down（由上而下）分析、Bottom Up（由下而上）分析……等，研究的最終目的，就是要知道未來的「趨勢」是上漲趨勢或下跌趨勢，才能做出正確的投資策略和資金配置，由此可知趨勢的重要性。若是在眾多的投資分析方法和理論以及五花八門的技術指標中，只能挑出一項最重要的投資參考依據，我會毫不猶豫的選「趨勢分析」理論。

在錯的趨勢下（下跌趨勢），無論投資人採用哪種分析方法，皆不易在股市賺到錢，甚至大賠、套牢滿手股票。最諷刺的就是投信基金公司的績效排名，在錯的趨勢下（下跌趨勢），投信基金不是在比誰賺得多？反而是在比誰虧得少？大盤跌多少而基金的淨值只要跌得比大盤少，它就能對廣大的受益人交代（我操盤績效勝過大盤指數）。

如果各位有緣的讀者，能耐心且認真地看完本書，並且多多練習看股價趨勢圖，應該可以看懂趨勢，進而能夠掌握趨勢的位置和方向。舉一反三：當讀者投資股市時，就可以自己判斷全球股市和台灣股市的位置和方向，以做為投資決策之參考；當讀者投資基金時，就可以自己判斷投資於全球各洲（區域）、各國的基金和台灣本土基金的淨值走勢圖，其趨勢位置和方向為何，以做為投資決策之參考，是要採取定期定額法或單筆投資法或暫時觀望停止扣款。甚至投資人要買房子或買黃金，皆可以查閱歷史房價走勢圖或歷史金價走勢圖，觀察其價位的趨勢位置和方向為何，以做為投資買進之參考。

由此可知趨勢分析之重要性，金融市場的千古名言：「尊重趨勢，順勢操作。」

有一位前輩對我說：「小董，你在電視上分析時，不要講你自己聽得懂的話，而是要講觀眾聽得懂的話。」轉一個念頭，我應該寫一本不是我（有經驗者）自己看得懂的書，而是要寫一本完全不懂股市的人也能看得懂的書。故本書的寫作重點：文字精簡，多附圖例；希望讀者能「直覺的」一看書中的附圖，就能立即看出「趨勢」。趨勢分為「上漲」、「盤整」和「下跌」3種趨勢，什麼趨勢該做什麼投資策略？資金該如何配置？怎樣懂得趨勢反轉的必要條件和趨勢轉折點的訊號？無論投資國內、外股市或基金或期貨商品或黃金或房地產……等金融商品，「趨勢分析」（理論）全部適用。

本書是筆者投資25年的心得，讀通了「趨勢分析」，就好比練武「打通了任督二脈」；只要讀者能懂得研判正確的趨勢，做出對的投資策略和資金配置，一定能在金融市場賺到財富。本書是市面上第一本寫「趨勢分析」的書，希望讀者們都能讀通「趨勢分析」，筆者灌給各位25年的功力，助大家也都能打通股市的任督二脈：「趨勢上漲偏多操作，趨勢下跌偏空操作。」順勢操作，賺錢真的很簡單。

全世界有好多國家的人民，一天的收入約1美元，希望本書的出版，能夠幫助讀者們在股市賺到財富。在賺得財富的時候，可否請大家出一點點的心意，認養世界展望會在全世界貧窮落後國家的一位小朋友（每個月僅新台幣700元），謝謝大家。

1

順勢而為的賺錢術

進入證券業之前，我觀察世界上的有錢人，無非是做3件事情致富：第一，做生意；第二，投資不動產；第三，投資金融商品。

26歲那年，我從職業軍人的身分退伍後，找了一個跟不動產有關的工作——不動產估價師，工作幾年，心中興起了出國深造的念頭，但摸摸口袋，只有50萬元，出國念書卻需要200～250萬元的費用。已經30歲了，我想趕快攢到足夠的錢。做生意、不動產都太慢，資金門檻也高，最適合的方法，大概就是投資股票了。於是，我決定辭職，一腳踏進了證券業，當起營業員。心中的計畫是，只要把50萬元滾成300萬元，我就不玩了，帶著錢到美國一圓留學夢。

當時是1994年，台股開放當日沖銷，市場還是主力時代，我心想，要賺錢，當然要跟著主力走。那時候，股市一開盤，只要聽到同事接到主力客戶的大單，我二話不說就跟單，一方面想要跟著主力賺，另一方面則是想幫自己累積交易筆數和金額，以達到開立信用交易戶的門檻。怪只怪我當時太傻太天真，萬萬沒想到那位主力有好幾家券商戶頭，他在我們公司下買單，同時在其他家券商下賣單，合計起來根本是站在淨賣方。我這種跟單的做法，連價錢也沒仔細看，買也跟，賣也跟，殺進殺出，才進公司沒幾個月，50萬元就賠光了。

有錢人無非是做3件事情致富：做生意、投資不動產、投資金融商品。

賠掉了錢，也賠上留學夢，但既然已經進入股市，我下定決心，一定要搞懂股票，我每週到光華商場一趟，把所有寫股票的書都買回來研讀，訂閱《商業周刊》、《四季報》，買《財訊快報》、《產經日報》和電腦研究。另外，花錢拜師學技術分析，參加所有投資講座，就是為了發掘出贏面最大的賺錢公式。有連續10年的時間，我每天晚上一回家，就抱著報紙研究台股，經常到凌晨1點才入睡。

後來我升任為研究部主管，更是著迷於發掘各種能夠預知明日股市，有效率賺錢的方法。譬如，我想到從籌碼面買賣比例的分析，藉此來找出短期有漲價潛力的股票，於是我從代號1101的台泥開始，一檔一檔去計算每檔股票委買與委賣張數的比例：以委買是委賣的1.2倍為基本門檻，1.5倍標註1顆星，2倍則是2顆星，隔天漲停板的股票，有多數在我的統計名單中。另一種方法是「358模式」：連3天強勢、庫存增加5%、漲幅8%做排名，最後從上千檔股票選出25檔短線強勢股。我每天把這份資料傳真給各個分公司，到了隔日，營業員往往會跟我反映，我排出的第一檔股票又漲停板了。

賺錢關鍵點，跟著市場趨勢走

為了更深入了解證券業，我後來陸續到外資、投信、投顧和自營商任職，也參與過政府基金和壽、產險的代操，在這個產業裡全部跑過一遍，已經了解所有股市分析方法。然而我發現，分析方法何其多，不管是從基本面看財報、從技術面找買賣訊號、從籌碼面觀察資金動向，最終目的都是要找到正確的趨勢方向和能賺錢的買賣點，而其中最關鍵的竅門，就是跟隨趨勢，絕不能跟趨勢作對。

例如觀察外資和投信的選股模式，是先由產業分析師仔細研究基本面，營收獲利好、毛利理想、訂單能見度高，才會列入選股參考。並且按合理的本益比、股價淨值比，以及未來上漲空間，訂下目標價，提供操盤人做買進參考。

但事實上，市場處於多頭趨勢的時候，所謂的目標價一定能到達；而空頭時，目標價不僅到不了，還會不斷下修，因為趨勢走空時，股價會領先跌，訂單營收不好的利空卻是慢慢才浮現，等到基本面利空公布時，股價早已跌了一大段，套牢者，此時想認賠都已經砍不下手。

空頭搶反彈，絕非易事

等待基本面的訊息總是太慢，想領先市場，關鍵在於察覺趨勢的方向。通常，多頭市場大約漲2、3年，時間長一點可到5年，大盤會帶動所有類股輪漲，龍頭股最先漲，再來輪到業績好的股票，最後連業績不好的公司也跟著漲。此時大環境政治安定、經濟繁榮，用任何分析方法，可說是隨便買隨便賺。

空頭市場則約1、2年，當大盤向下走，就是「覆巢之下無完卵」，先跌基本面不好的股票，而且跌幅很深，最後連好公司也不能倖免；即使從股價淨值比、本益比來看，都顯示股價已經跌深，但是買進之後，面臨的卻是股價破新低，而且低點深不可測。

空頭啟動以後，跌深一定會反彈，對散戶來說，這時才是最危險的時刻，空頭市場反彈平均急漲5天，緩漲最多8～13天（漲2天跌1天），然後又繼續往下跌。一波比一波低，反彈的高點不會過前波的低點，假設買在前波低點沒有設停損，跌深之後一定會反彈，但也回不到解套成本區了。想要搶反彈小撈一筆，不是件容易的事，哪一檔股票反彈幅度會比較大？反彈強勢股可能有主力在裡面，或有公司派在護盤，我們不知道是哪一檔，搶對了上天堂，搶錯了下地獄。難怪股市有一句名言：「散戶死在山頂上，老鳥死在搶反彈。」

也因此，在空頭趨勢時，只要嘗試買進跌深的標的，往往就是套牢的開始。空頭市場有一句名言說，「天上掉下來的刀子，不要空手去接。」若去接刀子一定受傷；這段時間什麼都不要做，應該等刀子掉到地上彈起來，大盤趨勢走平上揚，就能帶動個股，此時再去承接。

2011年的台股就是一個標準的例子。大盤指數從農曆年後衝到9,220最高點後就開始欲振乏力，引頸期待的選舉萬點行情沒了，8月股災後行情更急轉直下，大盤跌破7,000點。

空頭市場有一句名言說，「天上掉下來的刀子，不要空手去接。」

外資寵愛有加的台股三千金——宏達電（2498）、大立光（3008）、TPK宸鴻（3673），股價紛紛在短短半年內腰斬。

以宏達電來說，2011年4月股價最高登上1,300元，坐上股王寶座，12月卻跌到400元，明明本益比已經在10倍以下，技術指標位於低檔，外資仍然繼續賣；在這段急跌的過程中，認為「腰斬了，好便宜！」就搶進去接手的投資人，若沒有設定停損，這時候只能望著不斷縮水的資產跳腳。這些人都沒有認知到，大盤和個股的趨勢已經由多翻空，上漲趨勢轉為下跌趨勢，逆勢做多很難賺到錢，反而是虧損累累。股市名言：「老鳥都死在搶反彈。」何況散戶呢？

股市名言：「千線萬線，不如一條電話線。」這告訴我們，在股市中充斥各種小道消息，有利多、有利空，投資人真能從中不勞而獲嗎？但有時候這些消息，反而成為一個最大的陷阱，我就曾因此迷失，犯下一次重大的錯誤。

聽信明牌，股市老手也慘賠

雖然我平常大多是靠自己的研究來進出股市，但偶爾聽到明牌，還是會忍不住心癢，特別是消息來源是有信用的可靠人士，譬如有一次我得到一個消息，台灣有家上市公司，用權益法投資某家中國企業，擁有20%股權；而那個中國企業還跟承銷商簽好約，準備要在香港申請IPO（股票首次公開發行）。我想，對於這家台灣上市公司，不僅可以認列那家中國企業的營收和獲利，又搭上IPO

> **一次慘痛的教訓，**
> **讓我徹底堅定投資必須靠理性決策，**
> **絕不允許無證據的臆測。**

題材，正是股價上漲的大利多，長線一定看好。我找了幾個親友，大家一起集資，以融資買進。

沒多久，全球股市反轉直下，因市況不佳，這家中國企業IPO案喊停，我太相信當初得到的消息，篤定總有一天能撥雲見日，結果我不但沒等到那一天，一年之後融資到期，這筆投資總共只拿回2成資金。

這次慘痛的教訓，讓我徹底堅定投資必須靠理性決策，絕不允許無證據的臆測。就像是2011年，大家都在期待選舉行情，以為政府會拉抬股市、萬點可期，事實證明這都是幻想出來的，股民徹徹底底做了一場白日夢，從趨勢來看，當7月29日台股跌破上升趨勢支撐線時，行情已轉空，但投資人不死心。接下來幾個月，基本面的利空陸續浮現，台股也頻頻破底，光是想靠選舉題材來做多台股，獲利機會當然不大。趨勢就是結果，不要去做無謂的想像，耐心等到正確時機就好。

多空必有循環，須宏觀進出股市

趨勢的道理其實用一張圖就可以說明白，德國股神科斯托蘭尼（André Kostolany）的「雞蛋圖」清楚說明了，不管是股票、債券、期貨，每一種金融商品的市場循環，都是由上漲和下跌的行情所組成。投資人只要在底部起漲時進場，行情過熱時賺飽離場，並且持盈保泰，下跌過程中絕不買進，耐心等待下一次底部，就能再賺一次市場循環。如果在多頭沒有實現獲利，當市場下跌時，錢又全部吐回去了。

我所認識的一位大戶，在2011年底這段混沌不明的時刻，他早早就已經退出市場、四處旅遊。學會順勢而為，他也是經歷一場慘痛教訓才學來，這位大戶原是一名退休飛官，在1980年代，拿著退休金約300萬元，利用融資、丙種墊款，去做高槓桿操作，到了1988年，股票市值累積到上億元，從小散戶躋身中實戶的行列，好不得意。然而好景不常，中秋節那天，遇上了當時財政部長郭婉容宣布復徵證所稅事件，台股連續無量跌停19天，現在我們看到台股成交量不到700億會嫌少，當時成交量一天可是只有1億元！而那位退休飛官，上億元的股票部位全在市場上，眼見資產一天天縮水，他身心飽受煎熬，到第19天時，他算算帳上餘額，剛好夠買一台計程車。

就在他心灰意冷，準備認賠改行當運將之際，結果第2天台股開始起漲，自此一連漲了2年，大盤指數最高在1990年達到1萬2,682高點，讓他在萬點之上得以全身而退。從此以後，他只在市場底部買進，高點出場；從高點下跌途中，絕不搶反彈，絕不自己幻想多空方向，絕不跟趨勢對作。

20年的市場與研究經驗，我把致勝的心得濃縮成「順勢而為」這4個字。我們從股市歷史可以看到股市雖然是長期向上，卻不是筆直向上，而是震盪走高。每個時代的明星產業總有一天會衰退，由其他產業領導經濟發展；每個時代的明星股票也可能上漲百倍或千倍，但多空循環一定會來，只是時間早晚，若能了解這個道理，宏觀地進出股市，小散戶想靠股票賺錢，一點也不難！

2

看懂趨勢
先學技術分析

在進入本書的趨勢教學之前，有幾個最基本的技術分析名詞，讀者最好先有基本了解，再進入後面的章節，在閱讀過程中，也可以將這一章列為基礎課程，隨時回頭參考。

◎K線

K線代表交易日當天的成交價位，由開盤價、收盤價、盤中最高價、盤中最低價共4個價位構成。

當日收盤價高於開盤價時，K線會以紅色線（或實體線）呈現；反之，當日收盤價低於開盤價時，則為黑色線（或空心線）。若開盤與收盤價不是當日的最高價與最低價，則會出現上影線（頂端為盤中最高價）和下影線（底端為盤中最低價）。

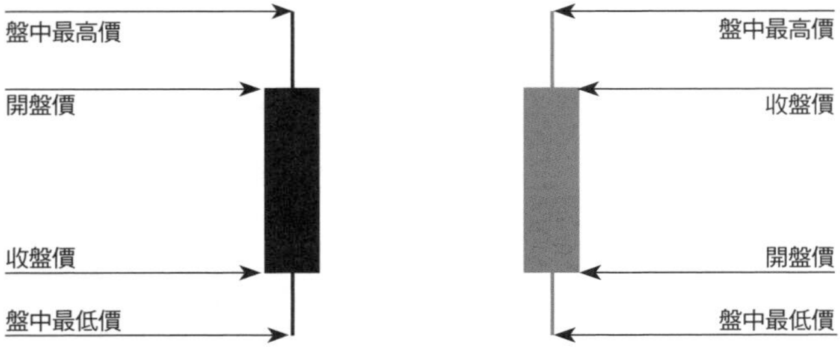

因此從K線的變化，可看出當天股價漲跌的氣勢，假設今天收盤為紅K線，沒有上影線，但留了一條長長的下影線，則代表今日開盤後，股價雖有下跌，最後仍收在今日最高價，具有多頭氣勢。若收盤為黑K線，沒有上下影線，則是收盤價等於

最低價，開盤價等於最高價，顯示開盤後一路走跌，收在最低價，空方力道強。

◎移動平均線（Moving Average,MA）

指一段時間的平均價格，例如5日移動平均線（簡稱「5日線」或「週線」），即為最近5個交易日的平均收盤價；20日移動平均線（簡稱「20日線」或「月線」），為最近20個交易日的平均收盤價，依此類推。

假設今天股價高於5日線時，代表過去5天進場的人都是賺錢的。移動平均線顯示投資人的平均成本，可藉此判斷股價發展的趨勢，是最普及的技術指標。

圖2-1 移動平均線判斷股價趨勢

資料來源：新世紀贏家

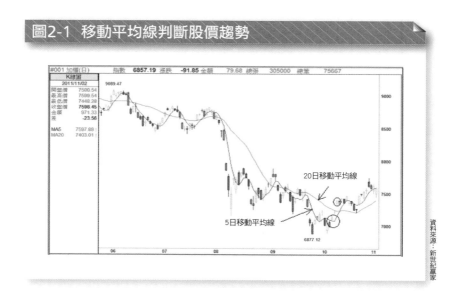

◎支撐線

在K線圖中，將兩個以上的波段低點相連而成的線，即為支撐線；上升趨勢中，股價若回檔碰觸到支撐線，一般而言會止跌回升，被視為買進股票的參考時機。

圖2-2 支撐線提供進場參考時機

資料來源：新世紀贏家

◎壓力線

在K線圖中，將兩個以上的波段高點相連而成的線，即為壓力線；在下降趨勢中，當股價反彈碰到壓力線就漲不上去，通常壓力線被視為賣出股票的參考時機。

圖2-3 壓力線找出出場時機

資料來源：新世紀贏家

支撐線、壓力線可判斷多空

上漲趨勢的多頭市場：留意上升趨勢支撐線是否被跌破，跌破表示波段漲勢結束，未跌破則是拉回買點。

下跌趨勢的空頭市場：留意下跌趨勢壓力線是否被突破，突破表示波段跌勢結束，未突破則是反彈賣點。

◎KD隨機指標

由K值與D值組成，數值範圍介於0與100之間，以當日股價和最近某段時間的股價所計算出，被用來衡量目前股價的相對位置。當KD值達到80以上為相對高點，20以下為相對低點。由於K值較快速且敏感，當上漲趨勢開始，K值會穿越D值，保持在上方，稱之為「黃金交叉」買點；若趨勢反轉，則會走平下彎，跌到D值以下，稱之為「死亡交叉」賣點。

圖2-4 用KD值衡量股價相對位置

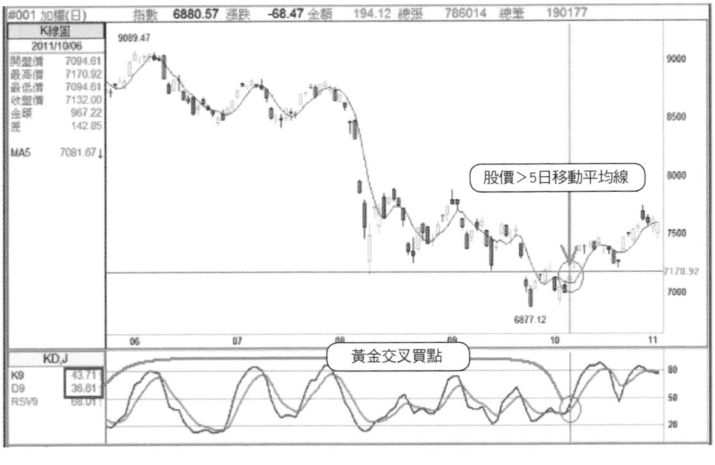

資料來源：新世紀贏家

◎RSI相對強弱指標

以某段時間的股價平均漲幅與平均跌幅所計算出來的數值，範圍介於0與100之間。由於上漲代表買方，下跌代表賣方，因此被視為一段時間內，買賣雙方強弱力道的指標。正常狀態下，多在30與70之間波動，遇到多頭時，6日RSI會穿越12日RSI，形成「黃金交叉」買點，買方力道強勁，RSI最高會趨近100；空頭時，6日RSI會跌破12日RSI，形成「死亡交叉」賣點，賣壓沉重，RSI也可能趨近於0。

圖2-5 用RSI判斷買賣力道強弱

資料來源：新世紀贏家

◎MACD指標（指數平滑異同移動平均線）

MACD指標其實是由兩個數值所構成，一為「DIF」（差離值），為過去12日移動平均成本減去26日的移動平均成本，因此在漲勢中，12日高於26日移動平均成本，則DIF為正值，反之則為負值。另一個數值為「MACD」，為9日DIF平均值。通常落後於市場高低點，並不適合做為短線進出參考，最主要的功能是確認中長期的波段走勢。

而MACD指標柱狀圖即為DIF與MACD之間的垂直距離，也就是DIF－MACD，簡寫為「D－M」。若「D－M」在零軸之上，即DIF高於MACD，代表目前為漲勢，中長期趨勢向上；反之則為跌勢，中長期趨勢向下。

圖2-6 用MACD確認中長期波段走勢

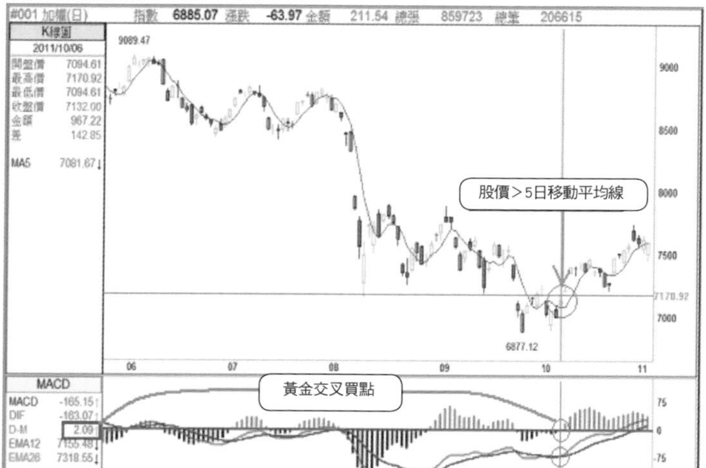

資料來源：新世紀贏家

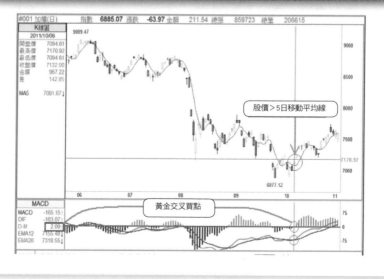

◎多空指標

多空指標是一項好用的簡單技術指標，但目前在一般看盤軟體較為少見。計算方式為3＋6＋12＋24的移動平均線的平均值。以日線圖為例，多空指標即為3日＋6日＋12日＋24日除以4而得出的數值；若當日收盤價高於多空指標，則「短線」盤勢偏多，反之則偏空。依此類推，運用在週線圖可判斷「波段」的多空趨勢，運用在月線圖則為「長線」的多空趨勢。

圖2-7 藉多空指標預測股價可能走向

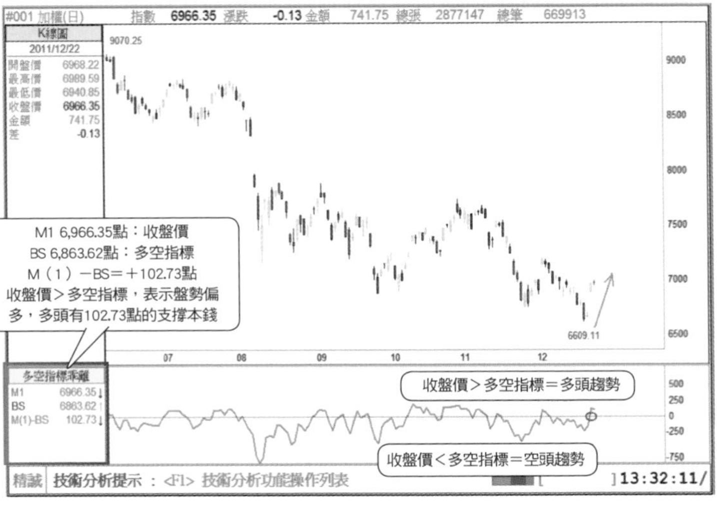

資料來源：新世紀贏家

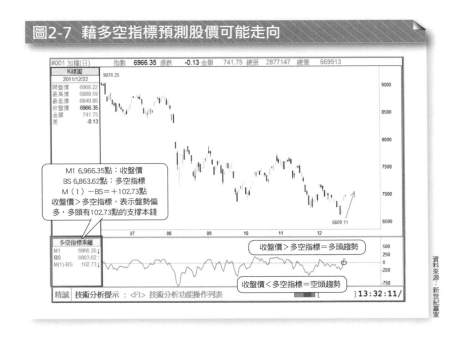

◎跳空

在兩根相鄰的K線之間，若出現空白的缺口，代表這個價位沒有人交易，即稱為「跳空」。例如，A股票昨日最高價在600元，今日最低價為620元，中間601～619元的價位都沒有成交量，這中間的空白則稱為跳空缺口。跳空可能會往上或往下，通常出現在急漲或急跌的走勢。

圖2-8 圖解跳空缺口

以A股票為例：

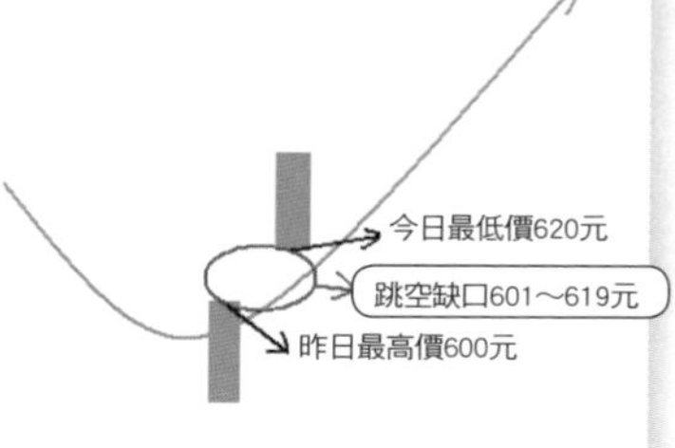
今日最低價620元
跳空缺口601～619元
昨日最高價600元

資料來源：新世紀贏家

圖2-9 跳空多出現在急漲、急跌中

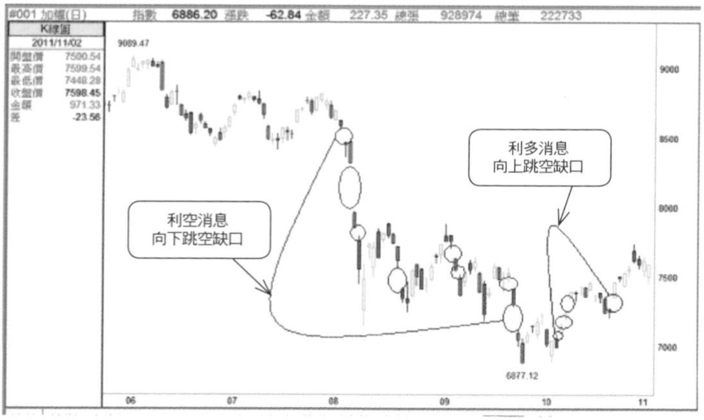
#001 加權(日) 指數 6886.20 漲跌 -62.84 金額 227.35 總張 928974 總筆 222733
K線圖
2011/11/02
開盤價 7580.54
最高價 7599.54
最低價 7448.28
收盤價 7598.45
金額 971.33
差 -23.56
9089.47
利空消息
向下跳空缺口
利多消息
向上跳空缺口
6877.12
9000
8500
8000
7500
7000
06
07
08
09
10
11

資料來源：新世紀贏家

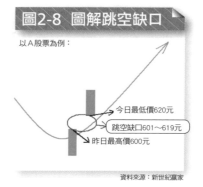

3

看清趨勢
先贏一半

有一句俗話說：「能知明日，富可敵國。」可惜我們並沒有一部時光機，可以前進到未來看看明天的股價、後天棒球賽的勝負或下一期的樂透號碼。

不過在投資市場上，還是有一些分析工具，能幫助我們以現在的資料來預判未來的狀況，這些分析方法，譬如產業面分析（智慧型手機的贏家到底是蘋果還是宏達電？）、技術面分析（月線跟季線黃金交叉向上，代表什麼意義？）、基本面分析（台積電下季的每股盈餘可能會是多少？）、籌碼面分析（外資今天又大賣中鋼了，中鋼後市會很慘嗎？）、總體經濟面分析（主計處發布最新的季度GDP成長率較前季下滑了，下季會翻升還是續跌？）、政府的政策面分析（ECFA簽訂後，哪些產業利基最大、哪些會受傷？）、國外的政治面分析（美國總統大選，對世界經濟與股市的影響是什麼？）。另外，你應該也會聽到法人常用的專有術語，譬如Top Down（由上而下）分析、Bottom Up（由下而上）分析等等，看到這裡，想必你已經頭昏了，有這麼多分析，到底，我們想透過分析來了解什麼？

其實，所有研究分析的最終目的只有一個，就是要知道未來的趨勢方向，是上漲趨勢，還是下跌趨勢，能預知趨勢方向，才能做出正確的投資策略和資金配置，這就是順從趨勢的投資法，學會這一招，賺錢就是一件水到渠成的事，而不需要天天提心吊膽，更不需要每天忙著聽消息、追明牌。

投資任何金融商品之前，必須先觀察兩個關鍵因素，因為踏出投資的第一步非常重要，第一步踏錯，就注定是輸錢的結局：

第一是「趨勢位置」：目前所處的位置在哪？是在底部低檔區？

或是在半山腰盤整區？還是在頭部高檔區？

第二是「趨勢方向」：目前所處的趨勢方向為何？是在上漲趨勢的多頭市場？或是在橫向趨勢的盤整市場？還是在下跌趨勢的空頭市場？

趨勢位置

位置1》底部低檔區

如果目前所處的位置是在底部低檔區，則投資人可以逢低布局，投資策略可以短線或中、長線操作；基本持股約3成～5成。待上漲趨勢形成後，持股可加碼到約7成～8成。對的投資位置、對的投資策略、對的資金配置，「對」「對」「對」加在一起，投資結果一定會是成功賺大錢。

反之，如果投資人在底部低檔區時，因為股價大跌，利空消息和悲觀氣氛瀰漫，心理面受到負面影響而做出錯誤決策，於底部低檔區認賠賣出，甚至反手融券放空賣出，其結果各位讀者可想而知。投資前，若沒有認清楚趨勢的位置，而做出相反的動作，第一步踏錯，就注定是輸錢的結局。

圖3-1 大盤加權指數週線圖

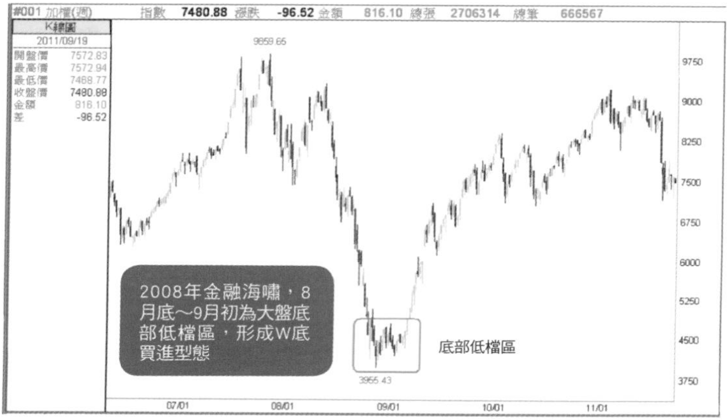
#001 加權(週) 指數 7480.88 漲跌 -96.52 金額 816.10 總張 2706314 總筆 666567
K線圖
2011/09/19
9859.65
2008年金融海嘯，8月底～9月初為大盤底部低檔區，形成W底買進型態
底部低檔區
3955.43
07/01
08/01
09/01
10/01
11/01

圖3-2 聯發科（2454）週線圖

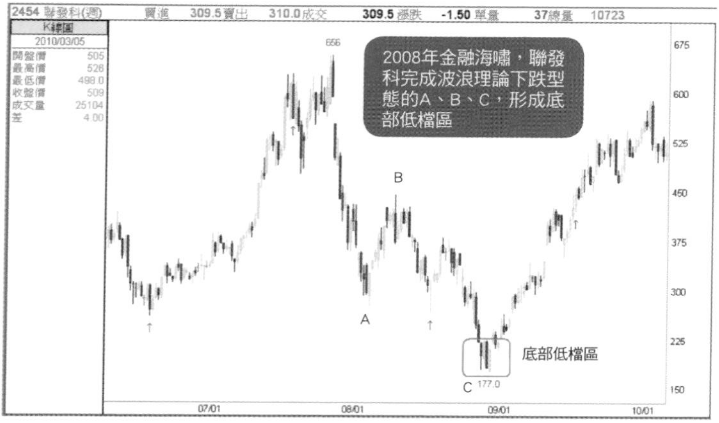
2454 聯發科(週) 買進 309.5 賣出 310.0 成交 309.5 漲跌 -1.50 單量 37 總量 10723
K線圖
2010/03/05
656
2008年金融海嘯，聯發科完成波浪理論下跌型態的A、B、C，形成底部低檔區
A
B
C
177.0
底部低檔區
07/01
08/01
09/01
10/01

資料來源：新世紀贏家

位置2》半山腰盤整區

多頭市場的半山腰盤整區

如果目前所處的位置是在多頭市場的半山腰盤整區，則投資人宜暫時觀望或減碼操作。

投資策略：

1.積極型投資人：可短線區間操作，基本持股約3成，最多不可超過5成。當大盤或個股處在半山腰盤整區，未來要往上或往下很難說得準，指標訊號也常呈現忽多忽空難以判斷，此時，不論做多或放空，操作的準確度都非常低，故操作上以短線為之，務必參考技術指標（KD）的買進和賣出訊號，機械化操作，如此才能賺到區間價差。

2.穩健型投資人：宜暫時觀望，等待買進的攻擊發起訊號。

經驗法則：

在多頭市場的半山腰盤整區，大多是呈現「以盤代跌的上升旗型」，當攻擊發起訊號的號聲響起──「價漲量增，跳空長紅棒」，盤勢突破半山腰盤整區，便一路向頭部高檔區前進。此時最好耐心等候攻擊發起訊號，若手癢者，宜少量為之，短線區間操作。反之，在多頭市場的半山腰盤整區，大部分的投資人會因為經驗不夠，受到利空消息的影響開始悲觀，認為「盤久必跌」，進而大量融券放空，誤判多頭市場半山腰盤整區的特性─「以盤代跌的上升旗型」，其結果可想而知，一路被軋空，直到認賠回補出場。

圖3-3 大盤加權指數日線圖

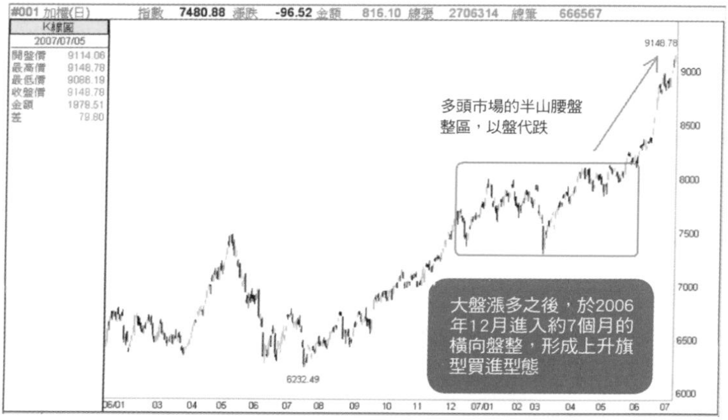

圖3-4 台積電（2330）週線圖

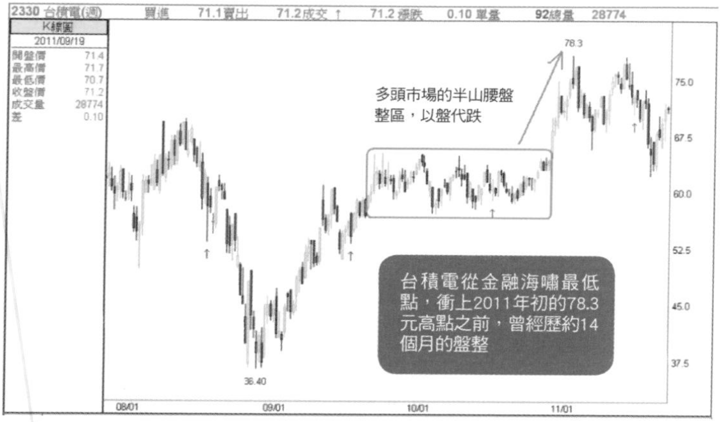

資料來源：新世紀贏家

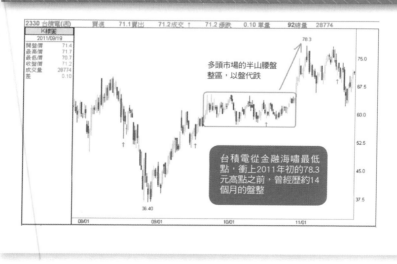

空頭市場的半山腰盤整區

如果目前所處的位置是在空頭市場的半山腰盤整區，則投資人宜暫時觀望或減碼操作。

投資策略：

1.積極型投資人：可短線區間操作，基本持股最多不可超過3成。此時盤勢判斷不易，操作一如多頭市場的盤整區，須以短線為之，務必參考技術指標的買進和賣出訊號。

2.穩健型投資人：宜暫時觀望，等待融券放空的攻擊發起訊號。

經驗法則：

在空頭市場的半山腰盤整區，大多是呈現「盤久必跌的下降旗型」，想要放空者，應該靜待融券放空的攻擊訊號聲響起，也就是見到「價跌量增，跳空長黑棒」，盤勢跌破半山腰盤整區，此後，盤勢便會快速下跌，一路向底部低檔區前進，此時也是空頭賺錢最快的時機之一。

另外，在空頭市場的半山腰盤整區，投資人最難做到的是「耐心等候」，若一時手癢，想掌握盤感，宜少量為之，短線區間操作。最常見到投資者在這個階段犯下的錯誤是：「受到媒體的信心喊話影響，加碼偏多操作」，因為大多數媒體的特性都是做多不做空，因此會導致投資人誤判空頭市場半山腰盤整區的特性——「盤久必跌的下降旗型」，其結果當然也是第一步踏錯就注定是輸錢的結局，股價一直創新低；使用融資偏多操作者，一路逢低攤平，結果被融資追繳，直到認賠斷頭出場。

圖3-5 大盤加權指數日線圖

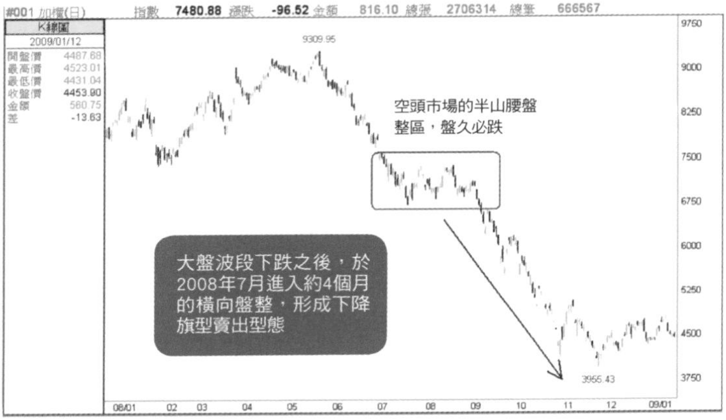

圖3-6 友達（2409）日線圖

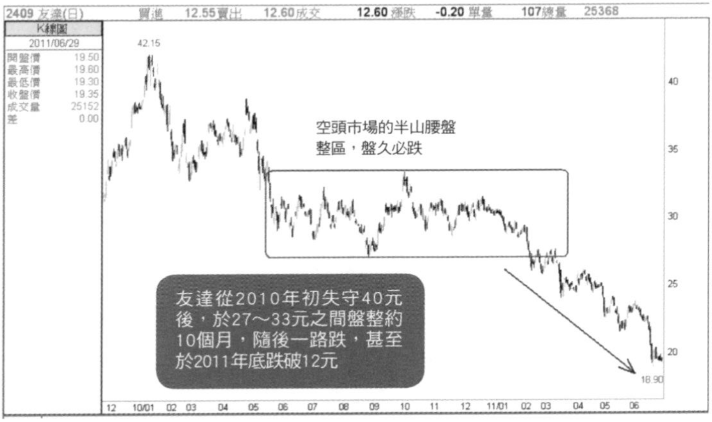

資料來源：新世紀贏家

位置3》頭部高檔區

如果目前所處的位置是在頭部高檔區，則投資人宜逢高賣出、獲利了結，空手者千萬不能忍不住，在頭部高檔區追價買進（住套房）。

或許有人會說，我怎麼知道現在是頭部區？其實判斷高檔區沒有想像中難，以台股來說，過去20年來看，加權指數能停留在8,000點以上的時間都不長，以近10年（截至2011年11月）的週線來看，指數水準約在6,600點，所以，當指數超過這個數值就代表進入相對高檔區，乖離率（相差距離）愈大就愈危險，一般來說，乖離率達到20%以上，就進入紅色警戒，以10年線來說，乖離率20%約當是7,920點（6,600×1.2）。以這樣來計算台股的危險區間，是不是很簡單，一點不像你想像的那麼難。

投資策略：

宜站在賣方（空方），不宜站在買方（多方）。在頭部高檔區，實務上，盤勢會呈現賣出型態，最常出現的是「M頭」和「頭肩頂」。

「M頭」或「頭肩頂」都不是一天或幾天可形成的，投資人可以趁股價在頭部高檔區震盪作頭時，從容不迫地逢高獲利了結，落袋為安。「M頭」或「頭肩頂」從經驗來看大多約為6個月，短一點也有3個月，長一點則有8個月；當「M頭」或「頭肩頂」成形，預告未來將向下形成崩跌的走勢。如果投資人在頭部高檔區買進而不自知，則其未來的後果，可想而知。

圖3-7 大盤加權指數週線圖

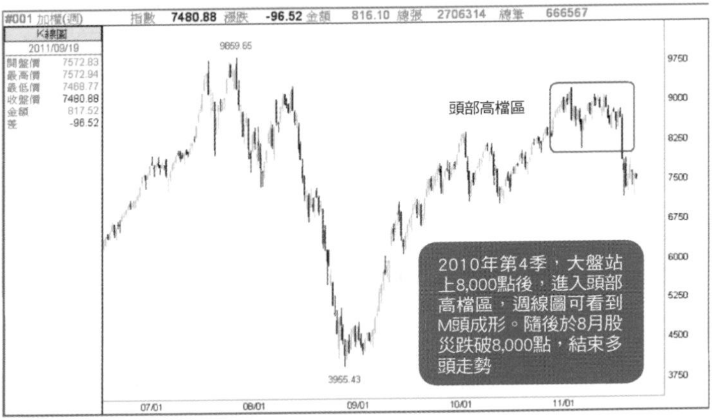

圖3-8 勝華（2384）週線圖

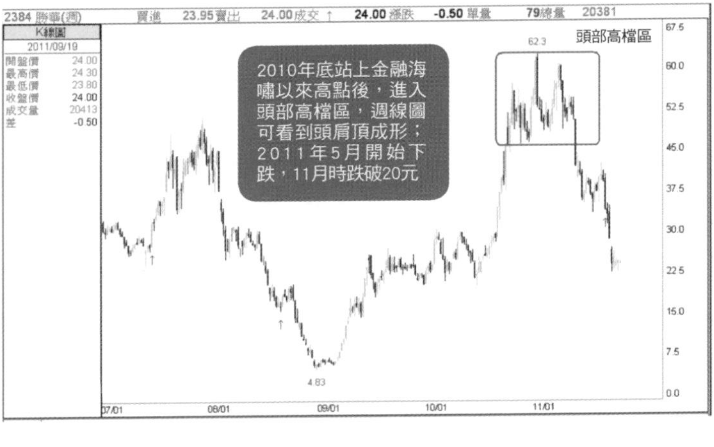

資料來源：新世紀贏家

趨勢方向

方向1》上漲趨勢的多頭市場

如果目前所處的位置是在上漲趨勢的多頭市場，則投資人可以偏多操作。

投資策略：

依個人的投資屬性不同，可以做短線投資或中線（波段）投資或長線投資。基本持股可以提高到7成～8成；有經驗的老手或積極型的投資人，甚至可以融資操作。上漲趨勢的多頭市場，其做多賺錢的準確度非常高，故操作上以中線（波段）投資為主，如此才能在上漲趨勢的多頭市場賺到大波段獲利。

圖3-9 大盤加權指數日線圖

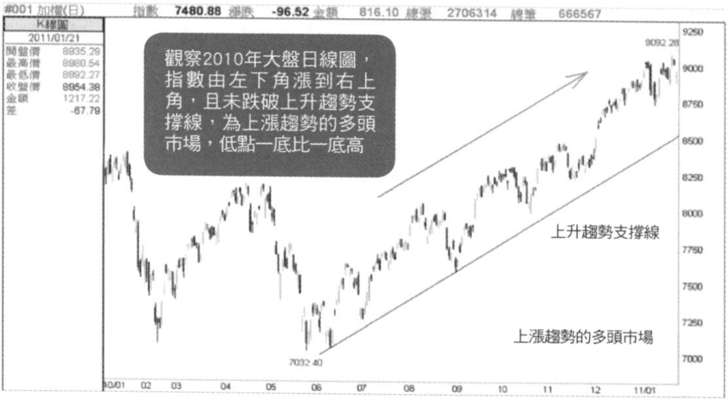

資料來源：新世紀贏家

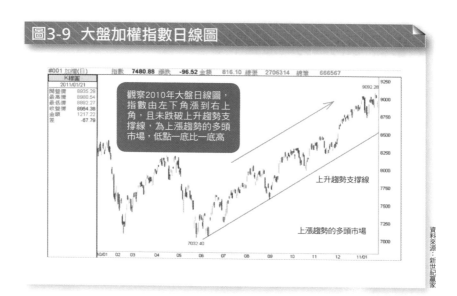

圖3-10 宏達電（2498）日線圖

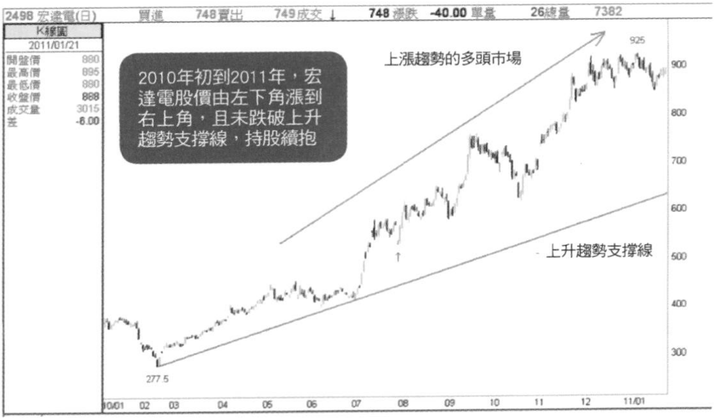
2498 宏達電(日) 買進 748 賣出 749 成交 ↓ 748 漲跌 -40.00 單量 26 總量 7382
K線圖
2011/01/21
開盤價 880
最高價 895
最低價 880
收盤價 888
成交量 3015
差 -6.00
2010年初到2011年，宏達電股價由左下角漲到右上角，且未跌破上升趨勢支撐線，持股續抱
上漲趨勢的多頭市場
上升趨勢支撐線
925
277.5
900
800
700
600
500
400
300
10/01 02 03 04 05 06 07 08 09 10 11 12 11/01

資料來源：新世紀贏家

方向2》橫向趨勢的盤整市場

如果所處的位置是在橫向趨勢的盤整市場，則投資人可以暫時觀望或區間操作。

投資策略：

依據技術指標的買進和賣出訊號，短線操作即可；基本持股約3成，最多不可超過5成。橫向趨勢的盤整市場，其多、空操作的準確度都非常低，故操作上以短線為之，應以賺小錢或保持對市場的敏感度為目標，千萬不能參考基本面和消息面操作，實務上賠錢或套牢的機率非常大。

常可見投資人在橫向趨勢的盤整市場時，因為基本面或消息面利

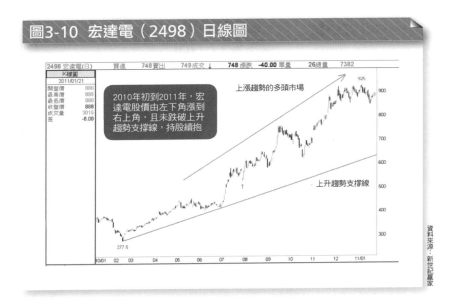

多，造成股價大漲，便興奮不察追價買進，往往都是買到箱型盤整的高檔區，隔天股價開高走低而認賠賣出。當基本面或消息面利空造成股價大跌，若投資人順勢認賠賣出並反手融券放空賣出，往往都是賣到箱型盤整的低檔區，隔天股價開低走高而融券認賠回補買進。在橫向趨勢的盤整市場，若依據基本面或消息面操作，無論是做多追價買進或是做空追殺賣出，實務經驗上，常常都是我們說的「兩面挨耳光」，亦即做多也賠錢、做空也賠錢。

圖3-11 大盤加權指數日線圖

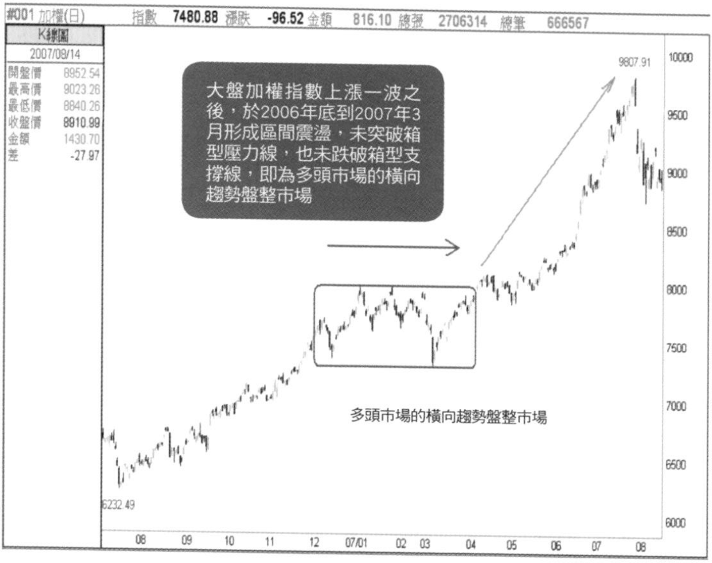
#001 加權(日) 指數 7480.88 漲跌 -96.52 金額 816.10 總張 2706314 總筆 666567
K線圖
2007/08/14
開盤價 8952.54
最高價 9023.26
最低價 8840.26
收盤價 8910.99
金額 1430.70
差 -27.97
大盤加權指數上漲一波之後，於2006年底到2007年3月形成區間震盪，未突破箱型壓力線，也未跌破箱型支撐線，即為多頭市場的橫向趨勢盤整市場
9807.91
6232.49
多頭市場的橫向趨勢盤整市場
10000
9500
9000
8500
8000
7500
7000
6500
6000
08 09 10 11 12 07/01 02 03 04 05 06 07 08

資料來源：新世紀贏家

圖3-12 台積電（2330）週線圖

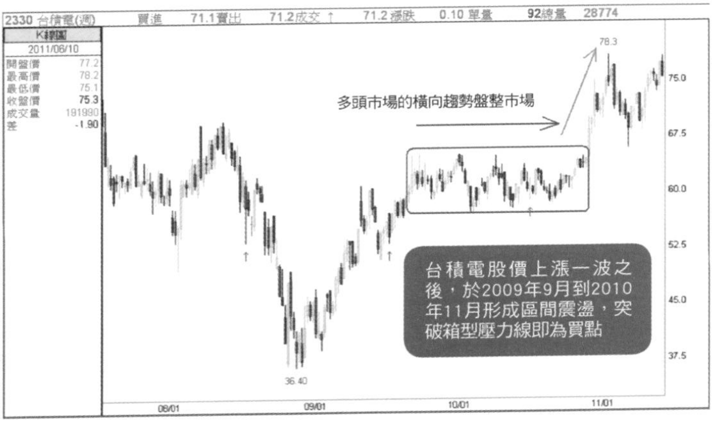
2330 台積電(週) 買進 71.1 賣出 71.2 成交 ↑ 71.2 漲跌 0.10 單量 92 總量 28774
K線圖
2011/06/10
開盤價 77.2
最高價 78.2
最低價 75.1
收盤價 75.3
成交量 191990
差 -1.90
78.3
多頭市場的橫向趨勢盤整市場
台積電股價上漲一波之後，於2009年9月到2010年11月形成區間震盪，突破箱型壓力線即為買點
36.40
75.0
67.5
60.0
52.5
45.0
37.5
08/01
09/01
10/01
11/01

圖3-13 大盤加權指數日線圖

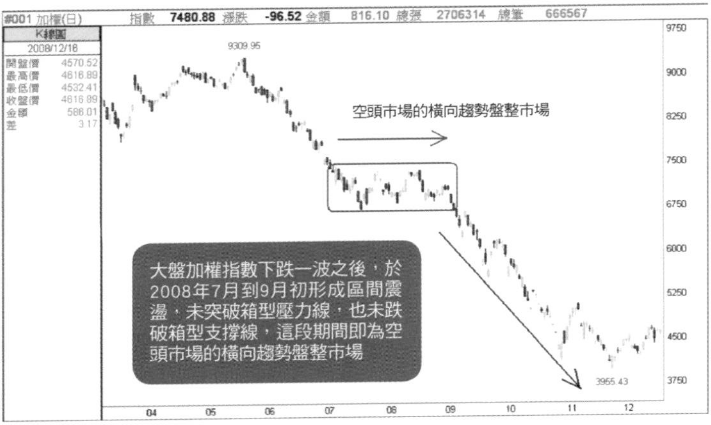
#001 加權(日) 指數 7480.88 漲跌 -96.52 金額 816.10 總張 2706314 總筆 666567
K線圖
2008/12/16
開盤價 4570.52
最高價 4616.89
最低價 4532.41
收盤價 4616.89
金額 586.01
差 3.17
9309.95
空頭市場的橫向趨勢盤整市場
大盤加權指數下跌一波之後，於2008年7月到9月初形成區間震盪，未突破箱型壓力線，也未跌破箱型支撐線，這段期間即為空頭市場的橫向趨勢盤整市場
3955.43
9750
9000
8250
7500
6750
6000
5250
4500
3750
04
05
06
07
08
09
10
11
12

資料來源：新世紀贏家

圖3-14 友達（2409）日線圖

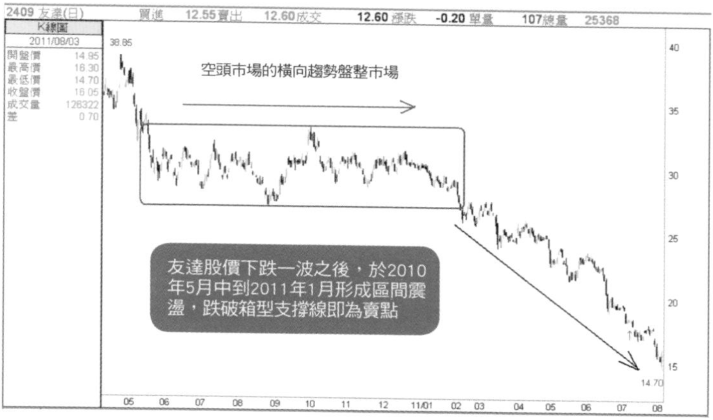
2409 友達(日)
買進 12.55 賣出 12.60 成交 12.60 漲跌 -0.20 單量 107 總量 25368
K線圖
2011/08/03
開盤價 14.95
最高價 16.30
最低價 14.70
收盤價 16.05
成交量 126322
差 0.70
38.85
空頭市場的橫向趨勢盤整市場
友達股價下跌一波之後，於2010年5月中到2011年1月形成區間震盪，跌破箱型支撐線即為賣點
14.70
40
35
30
25
20
15
05 06 07 08 09 10 11 12 11/01 02 03 04 05 06 07 08

資料來源：新世紀贏家

方向3》下跌趨勢的空頭市場

如果所處的位置是在下跌趨勢的空頭市場，則投資人宜退場觀望或偏空操作。

投資策略：

宜賣不宜買，僅有跌深的反彈行情，絕對沒有中長線的大波段行情；有經驗的投資老手或積極型的投資人，可以融券放空。做多搶反彈者，持股絕對不可以超過2成～3成，千萬千萬千萬不可以「融資操作」；做空操作者，持股約5成，須注意：避開「股東會」和「除權、除息」的旺季，以免被強迫回補或被公司派及主力軋空。

下跌趨勢的空頭市場，其做空賺錢的準確度非常高，故操作上以看長做短為操作策略，（波段）放空為主，短線有跌深反彈跡象，

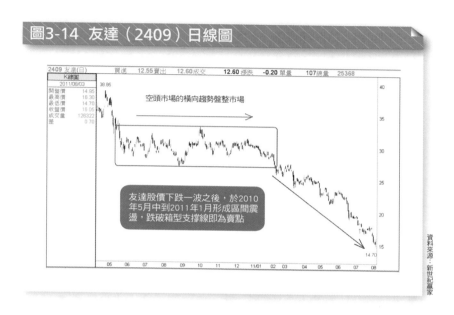

先獲利回補；待跌深反彈（約5～8天）結束，再次波段融券放空，掌握下跌趨勢空頭市場的慣性：「大跌小漲」，反彈放空，大跌回補，如此才能在下跌趨勢的空頭市場賺到大波段的利潤。

圖3-15 大盤加權指數日線圖

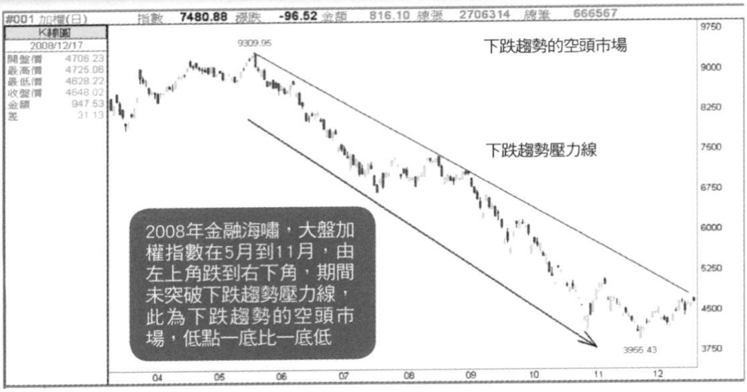
下跌趨勢的空頭市場
下跌趨勢壓力線
9309.95
3955.43
2008年金融海嘯，大盤加權指數在5月到11月，由左上角跌到右下角，期間未突破下跌趨勢壓力線，此為下跌趨勢的空頭市場，低點一底比一底低

圖3-16 鴻海（2317）日線圖

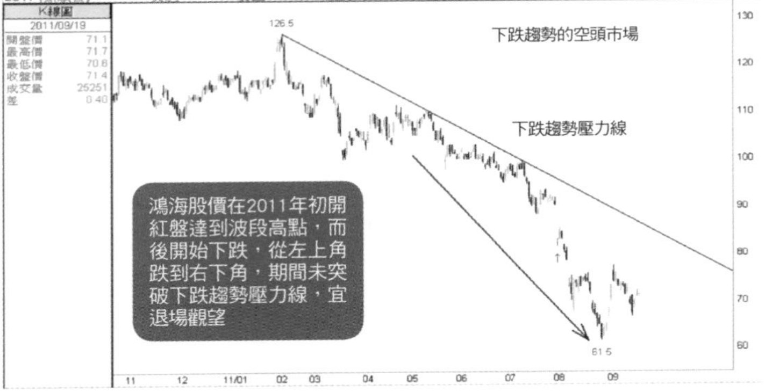
下跌趨勢的空頭市場
下跌趨勢壓力線
126.5
61.5
鴻海股價在2011年初開紅盤達到波段高點，而後開始下跌，從左上角跌到右下角，期間未突破下跌趨勢壓力線，宜退場觀望

資料來源：新世紀贏家

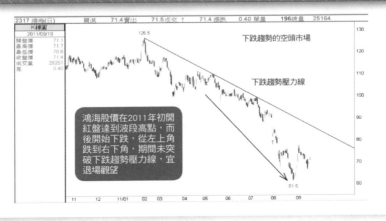

課後心得

1. 投資任何金融商品之前，一定要先研判其所處的「趨勢位置」和「趨勢方向」，再決定要如何操作。
2. 「趨勢位置」處於「底部低檔區」，且「趨勢方向」處於「上升趨勢的多頭市場」，做多的獲利勝算非常大。
3. 「趨勢位置」處於「頭部高檔區」，且「趨勢方向」處於「下跌趨勢的空頭市場」，那麼最好不要做多，因為獲利的勝算非常低，賠錢的機率非常大。
4. 「趨勢位置」處於「上漲趨勢的半山腰」，且「趨勢方向」處於「多頭市場的橫向趨勢盤整市場」，可以逢低布局，分批買進，等待下一波段的行情。
5. 「趨勢位置」處於「下跌趨勢的半山腰」，且「趨勢方向」處於「空頭市場的橫向趨勢盤整市場」，最好宜避開，不要做多，因為該商品的未來趨勢是向下走跌，沒有獲利的勝算，反而賠錢的機率非常大。

4

趨勢分析的基礎認知

進入金融市場投資前，一定要先學會的最重要功課，就是「趨勢分析」理論，從方向性來看，趨勢可分為：

1.上漲趨勢（專業術語稱之為「多頭市場」或「牛市」）。

2.上漲趨勢的橫向趨勢（專業術語稱之為「箱型整理」或「區間盤整」，較常見為「上升旗型」）。

3.下跌趨勢（專業術語稱之為「空頭市場」或「熊市」）。

4.下跌趨勢的橫向趨勢（專業術語稱之為「箱型整理」或「區間盤整」，較常見為「下降旗型）。

圖4-1 上漲趨勢與橫向趨勢

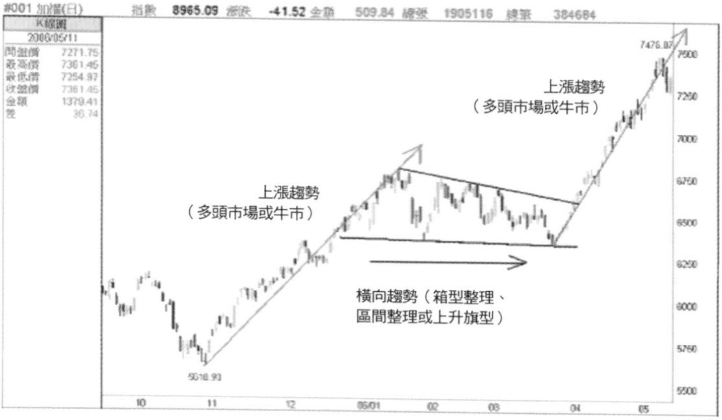

圖4-2 下跌趨勢與橫向趨勢

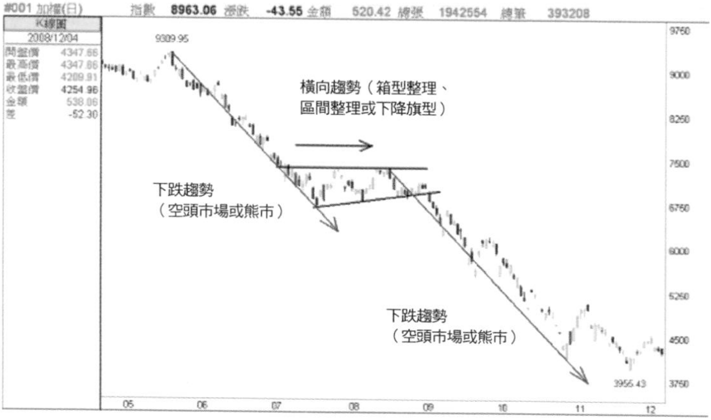

資料來源：新世紀贏家

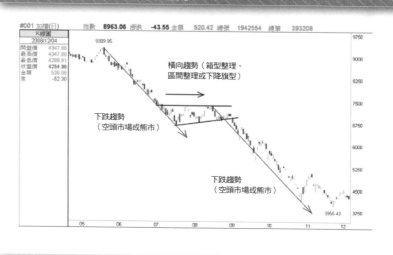

從時間性來看，趨勢又可分為：短期趨勢、中期（又稱波段）趨勢、長期趨勢3種。

1.短期趨勢（日線圖）：日線圖是由每一天的交易趨勢（專業術語稱之為日K線圖），所構成的趨勢圖；是供短線操作者投資參考的趨勢圖。

圖4-3 短期上漲趨勢（日線圖）

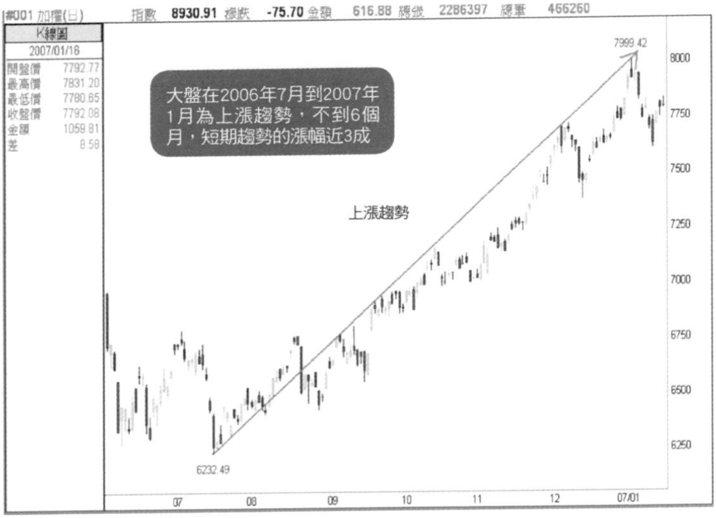
#001 加權(日)
指數 8930.91 漲跌 -75.70 金額 616.88 總張 2286397 總筆 466260
K線圖
2007/01/16
開盤價 7792.77
最高價 7831.20
最低價 7780.65
收盤價 7792.08
金額 1059.81
差 8.58
大盤在2006年7月到2007年1月為上漲趨勢，不到6個月，短期趨勢的漲幅近3成
上漲趨勢
7999.42
6232.49
8000
7750
7500
7250
7000
6750
6500
6250
07
08
09
10
11
12
07/01

資料來源：新世紀贏家

圖4-4 短期橫向趨勢（日線圖）

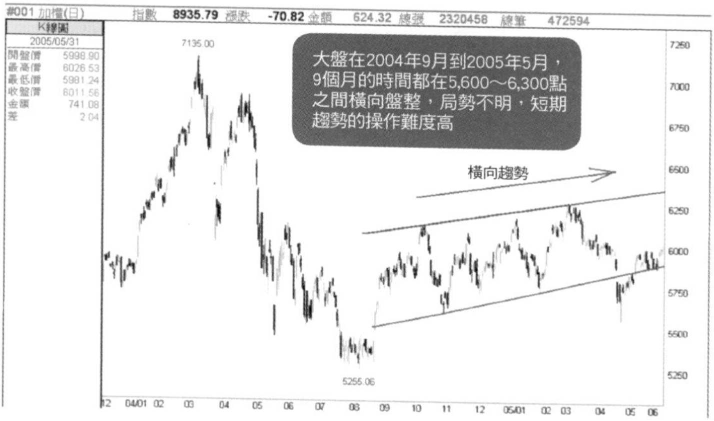

圖4-5 短期下跌趨勢（日線圖）

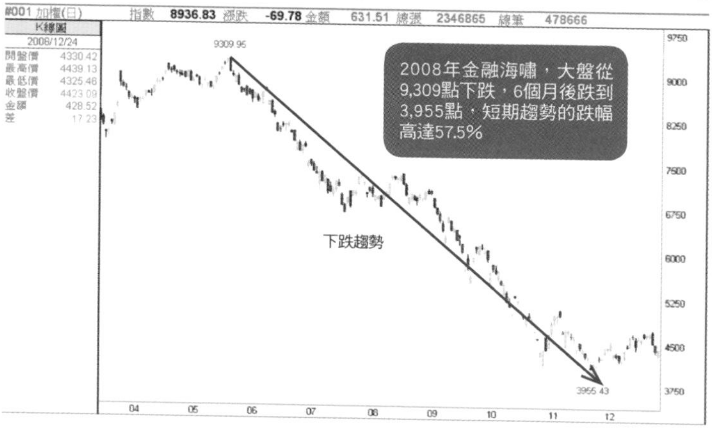

資料來源：新世紀贏家

2.中期(波段)趨勢(週線圖):

週線圖是由每一週的交易趨勢(專業術語稱之為週K線圖),所構成的趨勢圖;是供中線(波段)操作者投資參考的趨勢圖。

10000
10000

圖4-6 中期上漲趨勢(週線圖)

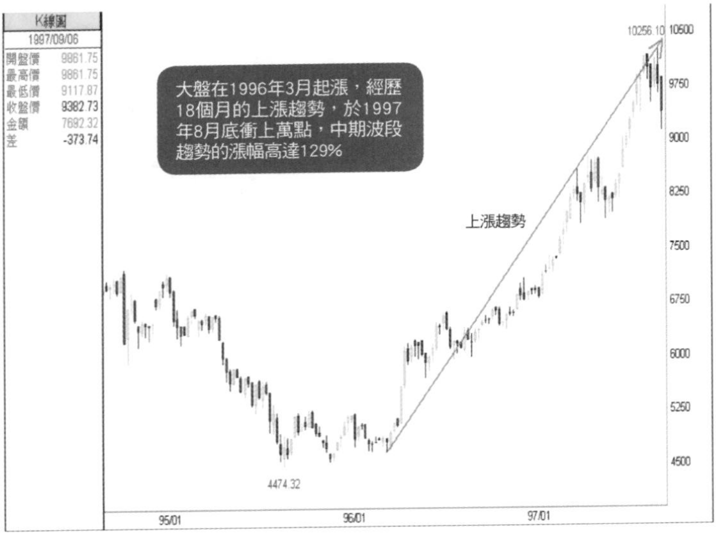
K線圖
1997/09/06
開盤價 9861.75
最高價 9861.75
最低價 9117.87
收盤價 9382.73
金額 7692.32
差 -373.74
大盤在1996年3月起漲,經歷18個月的上漲趨勢,於1997年8月底衝上萬點,中期波段趨勢的漲幅高達129%
上漲趨勢
10256.10
4474.32
10500
9750
9000
8250
7500
6750
6000
5250
4500
95/01
96/01
97/01

資料來源:新世紀贏家

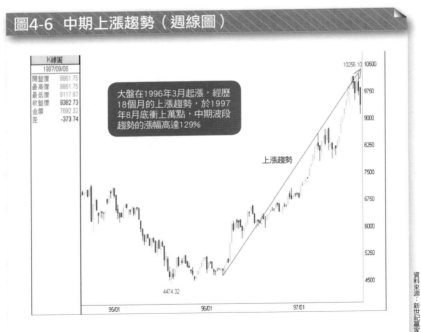

圖4-7 中期橫向趨勢(週線圖)

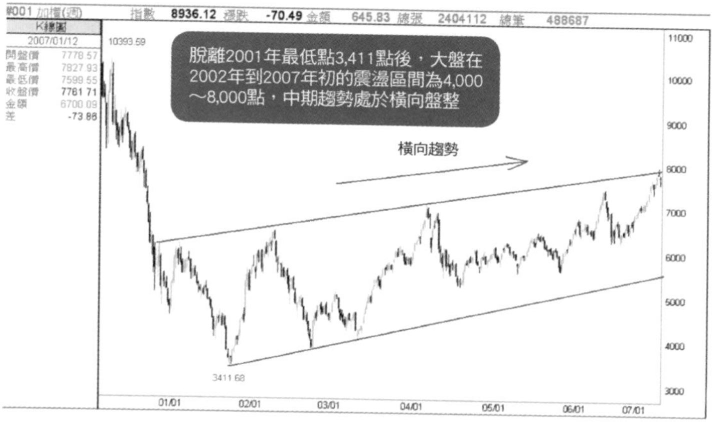

圖4-8 中期下跌趨勢(週線圖)

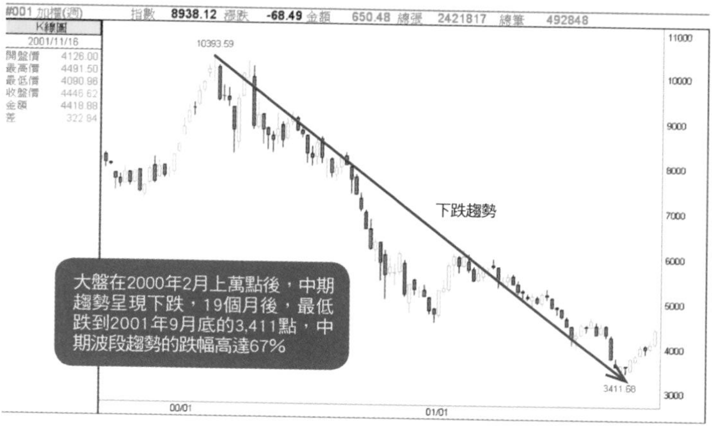

資料來源:新世紀贏家

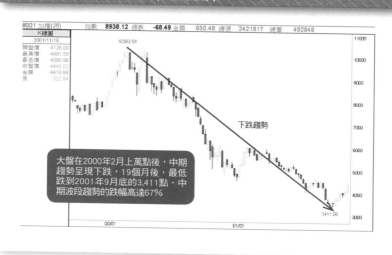

3.長期趨勢（月線圖）：月線圖是由每一月的交易趨勢（專業術語稱之為月K線圖），所構成的趨勢圖；是供長線操作者投資參考的趨勢圖。

圖4-9 長期上漲趨勢（月線圖）

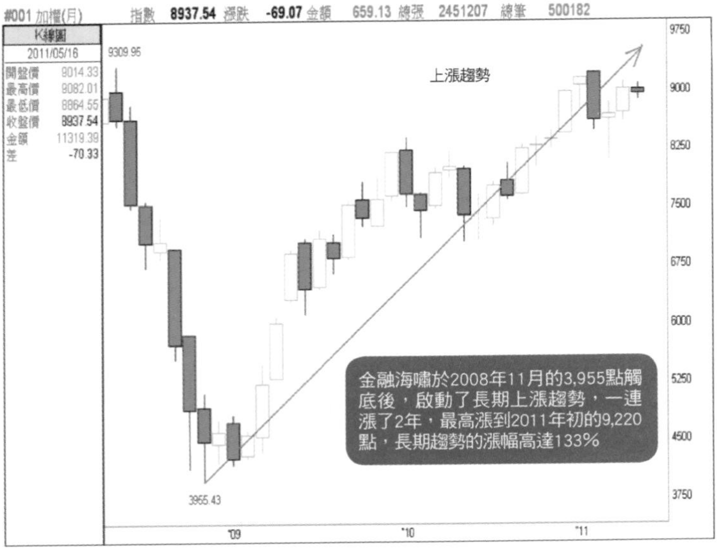
#001 加權(月) 指數 8937.54 漲跌 -69.07 金額 659.13 總張 2451207 總筆 500182
K線圖
2011/05/16
開盤價 9014.33
最高價 9082.01
最低價 8864.55
收盤價 8937.54
金額 11319.39
差 -70.33
9309.95
上漲趨勢
3965.43
9750
9000
8250
7500
6750
6000
5250
4500
3750
'09
'10
'11
金融海嘯於2008年11月的3,955點觸底後，啟動了長期上漲趨勢，一連漲了2年，最高漲到2011年初的9,220點，長期趨勢的漲幅高達133%

資料來源：新世紀贏家

圖4-10 長期橫向趨勢（月線圖）

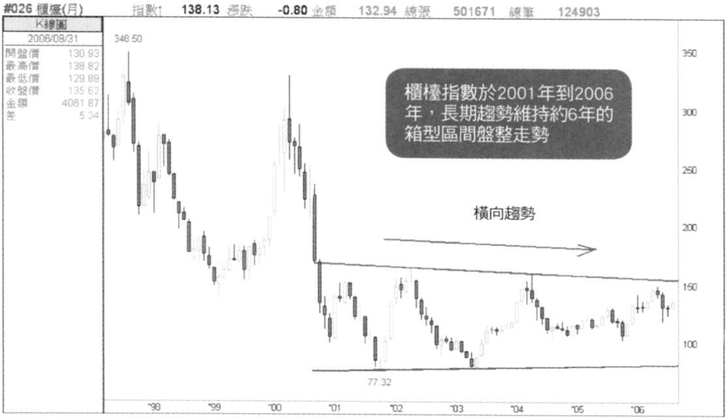

圖4-11 長期下跌趨勢（月線圖）

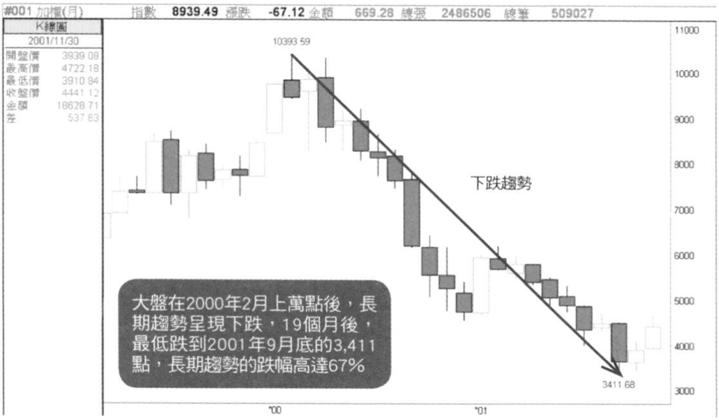

資料來源：新世紀贏家

讀者只要學會「趨勢分析」理論，一定可以屹立於股市，投資的戰果就如同上漲趨勢的多頭市場之慣性，大漲小回（大賺小賠）。但要如何學會研判趨勢？方法其實不難，我建議讀者只要多看、多練習，一定能學會。

要在哪兒看呢？只要透過電腦中的股價趨勢圖（券商交易系統、StockQ、Yahoo!奇摩股市等均有），無論是國際股市或台灣股市的大盤走勢圖或個股走勢圖均可一覽無遺。

想知道短線的趨勢位置和趨勢方向，看日線圖。

想知道中線的趨勢位置和趨勢方向，看週線圖。

想知道長線的趨勢位置和趨勢方向，看月線圖。

一定要能練成看到圖形，就能馬上直覺反應，知道正確的短、中、長線的趨勢位置和趨勢方向。

剛開始練習時，可能比較辛苦，一旦練成了，未來看到股價走勢圖，只消幾秒鐘，就能正確判斷其短、中、長線的趨勢位置和趨勢方向，每天做股票功課的時間就能大幅縮短，不會影響你上班或家庭生活。

做完趨勢位置和趨勢方向的判斷，接下來就知道該配合怎樣的投資策略：該做多或做空，或是選擇退場觀望，做出正確的資金配置：多頭上漲趨勢為持股7成～8成，空頭下跌趨勢為2成～3成，盤整橫向趨勢為3成～5成。

課後心得

1. 從方向性來看，趨勢分為上漲趨勢（專業術語稱之為多頭市場或牛市）、上漲或下跌的橫向趨勢（專業術語稱之為箱型整理或區間盤整）、下跌趨勢（專業術語稱之為空頭市場或熊市）。
2. 從時間性來看，趨勢又可分為：短期趨勢、中期（波段）趨勢、長期趨勢3種。
3. 上漲趨勢的多頭市場，要偏多操作；趨勢是下跌趨勢的空頭市場，要偏空操作，若不喜做空者，則應退場觀望。順勢操作，是獲利的不二法門。
4. 盤整區間最難做，獲利準確度不高，若非熟練老手，最好選擇退場觀望。

5

解讀全球
主要股市趨勢

當前是資金無國界，資訊以秒速在全球快速流通的時代，因此全球股市的連動性愈來愈高；在此狀況下，不管你是透過複委託投資美國或日本股票，或經由共同基金買進外國股市，甚至你只投資台股，不碰其他金融商品，你仍然要對其他國家的股市具有一定程度的了解，才能幫助你提高投資勝算。

譬如，當美國股市、德國股市、韓國股市全年度都展現強勁牛市，台股勢必也差不到哪裡，頂多是相對強勢一點或相對弱勢一點；反之，若多個國家的股市都走空頭，台股也很難獨善其身。因此，當台股或某個國家的股市處於橫盤，難以判斷接下來要往上或往下，這時，多參考幾個國家的股市，將有助於你對趨勢做出正確的判斷。

以下是全球重要股市指數及其特色介紹，並加上筆者對圖形的趨勢分析，讀者也可以先試著從這些圖形中，練習研判趨勢的方向：

美國股市

美國道瓊工業指數

特色：道瓊工業指數是美國歷史最悠久的股價指數，共有30檔成分股，均為各行各業具有代表性的大型股，因此可視為美國大型股最重要的觀察指標。在牛市的初期，大型股一向反應遲鈍，因此道瓊工業指數在牛市的初升段是落後指標，但是到主升段時，通常是以大型股表現最搶眼。道瓊工業指數的另一個特色是科技產業占比較低，較無法反映高科技產業的景氣。

圖5-1 美國道瓊工業指數日線圖——短期趨勢

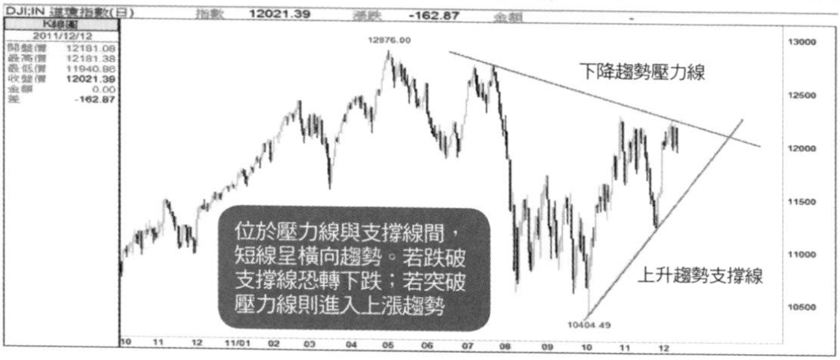
DJI;IN 道瓊指數(日)
12021.39
-162.87
12876.00
下降趨勢壓力線
位於壓力線與支撐線間，短線呈橫向趨勢。若跌破支撐線恐轉下跌；若突破壓力線則進入上漲趨勢
上升趨勢支撐線
10404.49

圖5-2 美國道瓊工業指數週線圖——中期（波段）趨勢

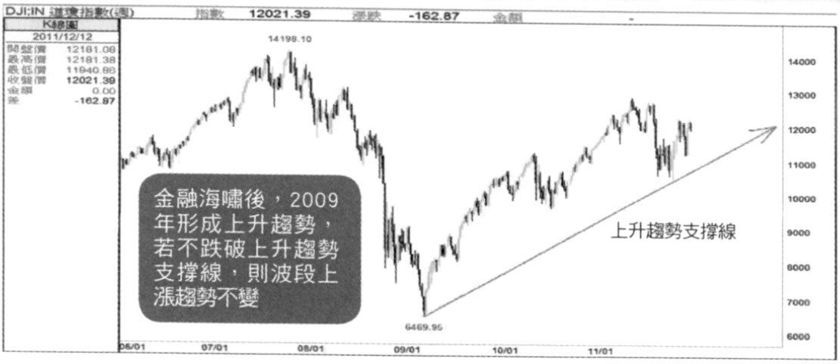
DJI;IN 道瓊指數(週)
12021.39
-162.87
14198.10
金融海嘯後，2009年形成上升趨勢，若不跌破上升趨勢支撐線，則波段上漲趨勢不變
上升趨勢支撐線
6469.95

圖5-3 美國道瓊工業指數月線圖——長期趨勢

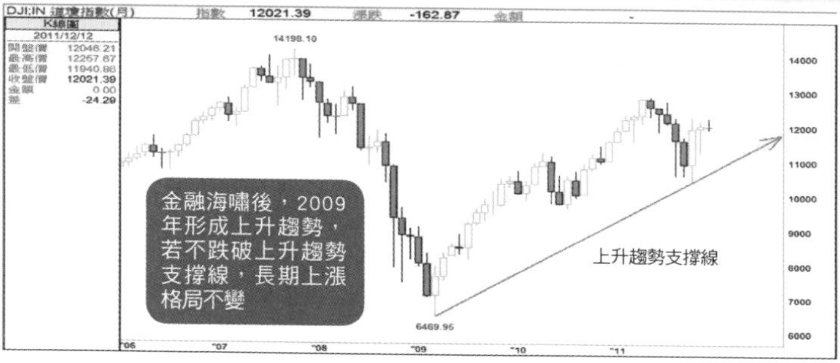
DJI;IN 道瓊指數(月)
12021.39
-162.87
14198.10
金融海嘯後，2009年形成上升趨勢，若不跌破上升趨勢支撐線，長期上漲格局不變
上升趨勢支撐線
6469.95

資料來源：新世紀贏家

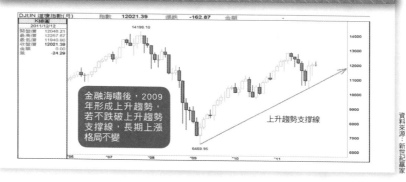

美國S&P 500指數

特色：標準普爾500指數由500檔成分股組成，不論從採樣的廣度或指數編成的方式，都較道瓊工業指數更為客觀，是目前最能反映美國企業營運真實狀況的股價指數，也是研究人員最重視的美國股價指數。

圖5-4 美國S&P 500指數日線圖——短期趨勢

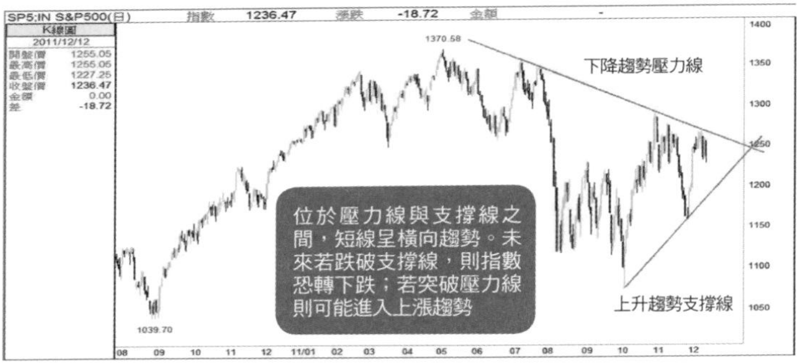

圖5-5 美國S&P 500指數週線圖——中期（波段）趨勢

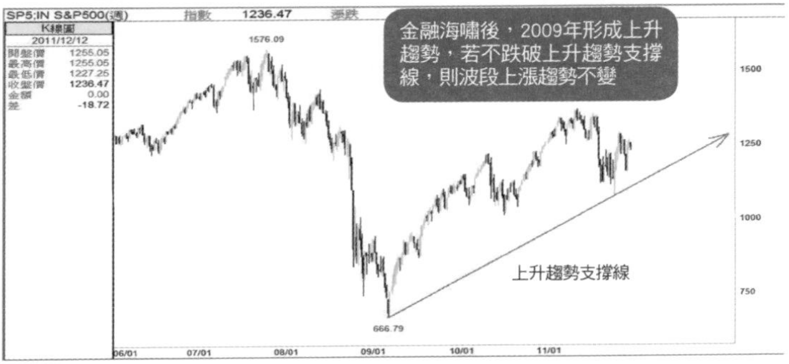

資料來源：新世紀贏家

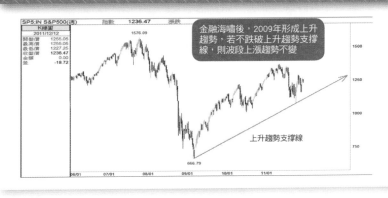

圖5-6 美國S&P 500指數月線圖——長期趨勢

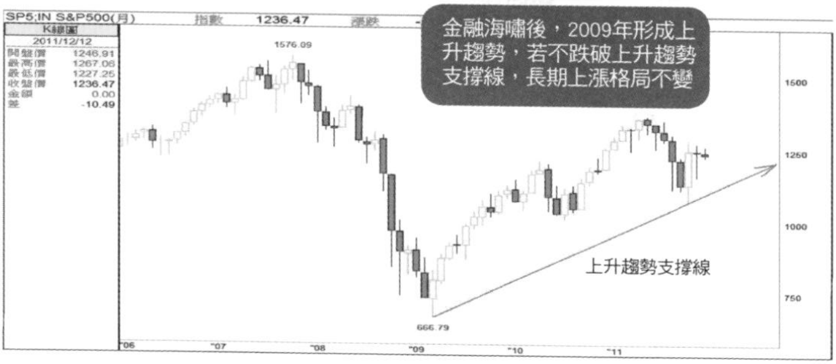
SP5;IN S&P500(月)
指數 1236.47
K線圖
2011/12/12
開盤價 1246.91
最高價 1267.06
最低價 1227.25
收盤價 1236.47
金額 0.00
差 -10.49
1576.09
金融海嘯後，2009年形成上升趨勢，若不跌破上升趨勢支撐線，長期上漲格局不變
1500
1250
1000
750
上升趨勢支撐線
666.79
'06
'07
'08
'09
'10
'11

資料來源：新世紀贏家

美國那斯達克（NASDAQ）指數

特色：那斯達克指數是美國科技業、甚至可以說是全球科技產業最重要的指標，過去15年，台股因科技股占比高達近7成，因此與那斯達克指數連動極為密切，對台股投資人來說，那斯達克指數目前仍是最具有參考性的外國股價指數。

圖5-7 美國NASDAQ指數日線圖——短期趨勢

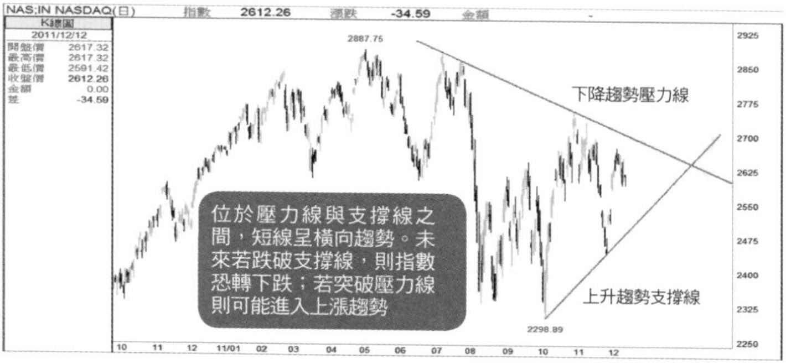
NAS;IN NASDAQ(日)
指數 2612.26
漲跌 -34.59
金額
K線圖
2011/12/12
開盤價 2617.32
最高價 2617.32
最低價 2591.42
收盤價 2612.26
金額 0.00
差 -34.59
2887.75
下降趨勢壓力線
位於壓力線與支撐線之間，短線呈橫向趨勢。未來若跌破支撐線，則指數恐轉下跌；若突破壓力線則可能進入上漲趨勢
上升趨勢支撐線
2298.89
2925
2850
2775
2700
2625
2550
2475
2400
2325
2250
10
11
12
11/01
02
03
04
05
06
07
08
09
10
11
12

資料來源：新世紀贏家

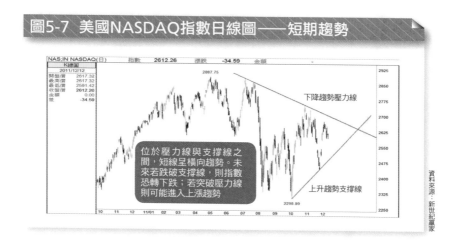

圖5-8 美國NASDAQ指數週線圖——中期（波段）趨勢

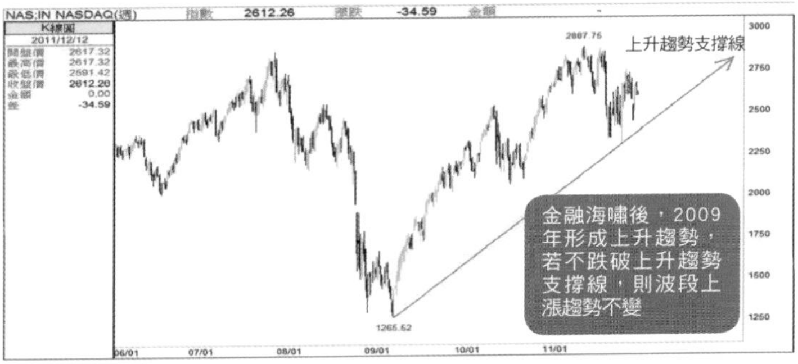
NAS;IN NASDAQ(週)
指數 2612.26
漲跌 -34.59
金額
K線圖
2011/12/12
2887.75
上升趨勢支撐線
1265.62
金融海嘯後，2009年形成上升趨勢，若不跌破上升趨勢支撐線，則波段上漲趨勢不變
3000
2750
2500
2250
2000
1750
1500
1250
06/01
07/01
08/01
09/01
10/01
11/01

圖5-9 美國NASDAQ指數月線圖——長期趨勢

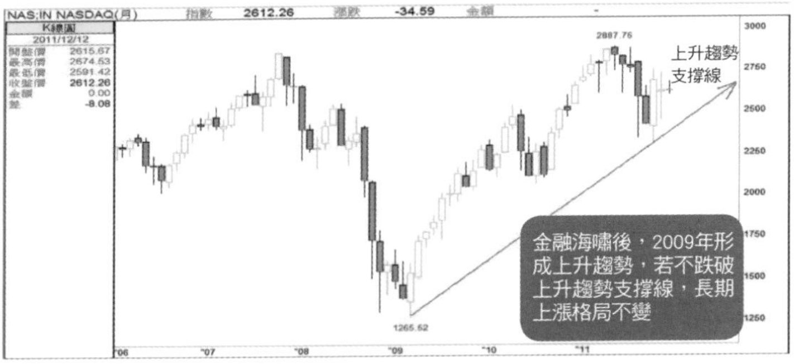
NAS;IN NASDAQ(月)
指數 2612.26
漲跌 -34.59
金額
K線圖
2011/12/12
2887.75
上升趨勢支撐線
1265.62
金融海嘯後，2009年形成上升趨勢，若不跌破上升趨勢支撐線，長期上漲格局不變
3000
2750
2500
2250
2000
1750
1500
1250
'06
'07
'08
'09
'10
'11

資料來源：新世紀贏家

美國費城半導體指數

特色：成分股均為半導體上中下游產業，由於半導體業的景氣榮枯在科技產業中具有領先性，因此也可以做為科技產業的領先指標來觀察。

圖5-10 美國費城半導體指數日線圖——短期趨勢

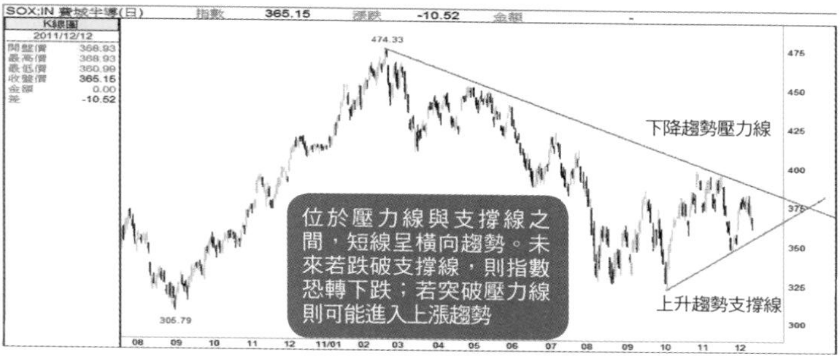
474.33
下降趨勢壓力線
位於壓力線與支撐線之間，短線呈橫向趨勢。未來若跌破支撐線，則指數恐轉下跌；若突破壓力線則可能進入上漲趨勢
上升趨勢支撐線
305.79

圖5-11 美國費城半導體指數週線圖——中期（波段）趨勢

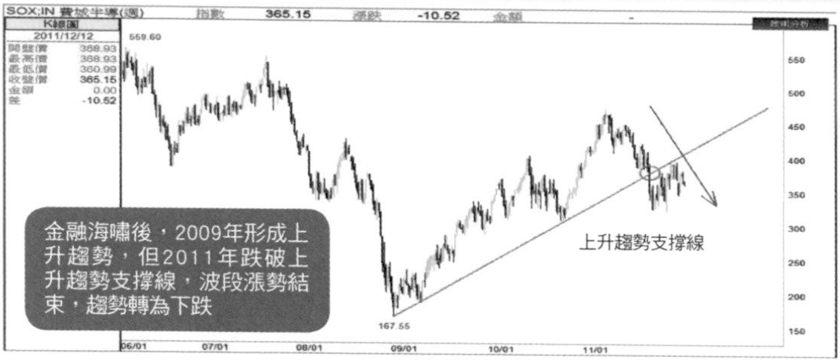
559.60
金融海嘯後，2009年形成上升趨勢，但2011年跌破上升趨勢支撐線，波段漲勢結束，趨勢轉為下跌
上升趨勢支撐線
167.55

圖5-12 美國費城半導體指數月線圖——長期趨勢

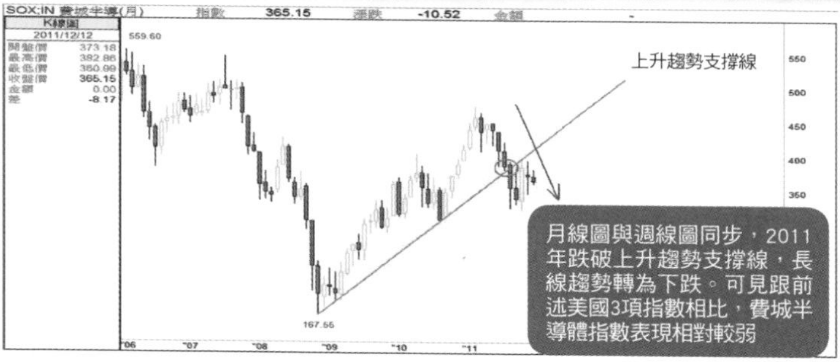
559.60
上升趨勢支撐線
月線圖與週線圖同步，2011年跌破上升趨勢支撐線，長線趨勢轉為下跌。可見跟前述美國3項指數相比，費城半導體指數表現相對較弱
167.55

資料來源：新世紀贏家

拉丁美洲主要股市

巴西指數

特色：巴西是拉丁美洲最大經濟體，其股市也是該區最重要的股市，對於投資新興拉丁美洲的投資人而言，如果巴西表現不佳，拉丁美洲基金幾乎不可能有好表現。巴西同時也是全球礦產重鎮，特別是鐵礦石，要觀察台股鋼鐵業景氣，巴西股市是重要觀察指標。

圖5-13 巴西指數日線圖——短期趨勢

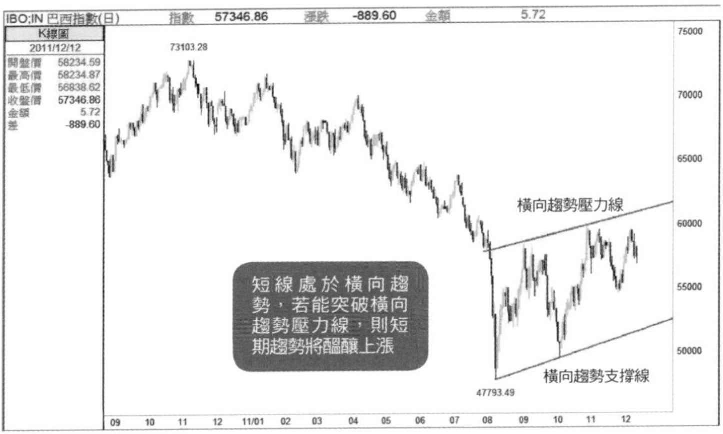

資料來源：新世紀贏家

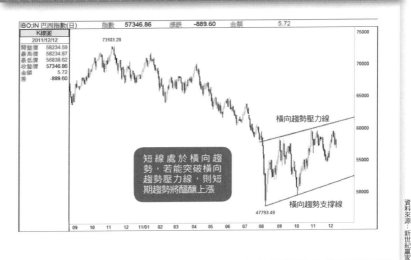

圖5-14 巴西指數週線圖——中期（波段）趨勢

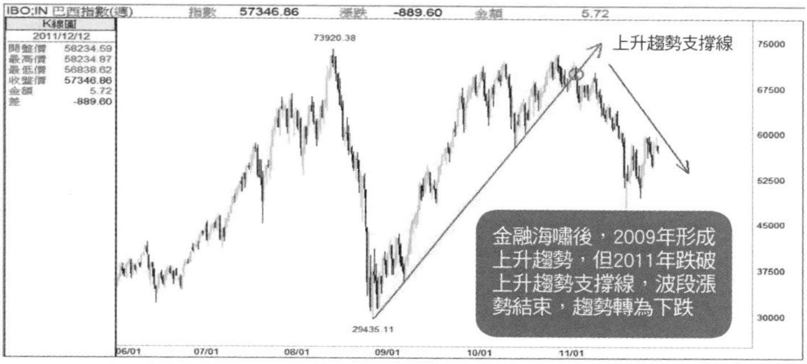

IBO;IN 巴西指數(週) 指數 57346.86 漲跌 -889.60 金額 5.72
K線圖
2011/12/12
開盤價 58234.59
最高價 58234.87
最低價 56838.62
收盤價 57346.86
金額 5.72
差 -889.60
73920.38
上升趨勢支撐線
金融海嘯後，2009年形成上升趨勢，但2011年跌破上升趨勢支撐線，波段漲勢結束，趨勢轉為下跌
29435.11
75000
67500
60000
52500
45000
37500
30000
06/01
07/01
08/01
09/01
10/01
11/01

圖5-15 巴西指數月線圖——長期趨勢

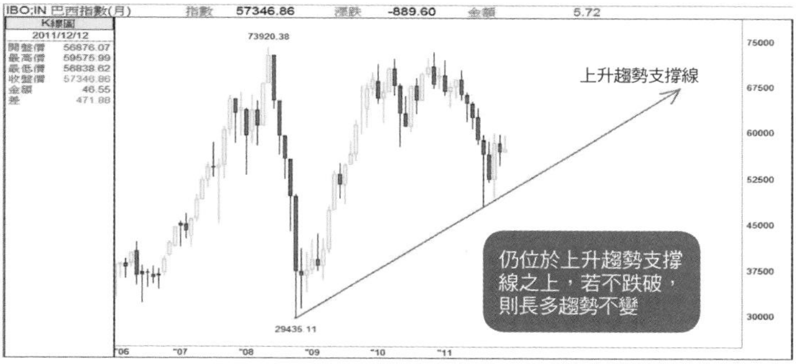

IBO;IN 巴西指數(月) 指數 57346.86 漲跌 -889.60 金額 5.72
K線圖
2011/12/12
開盤價 56876.07
最高價 59575.99
最低價 56838.62
收盤價 57346.86
金額 46.55
差 471.88
73920.38
上升趨勢支撐線
仍位於上升趨勢支撐線之上，若不跌破，則長多趨勢不變
29435.11
75000
67500
60000
52500
45000
37500
30000
'06
'07
'08
'09
'10
'11

資料來源：新世紀贏家

墨西哥指數

特色：墨西哥是拉丁美洲第2大股市，做為美國的後花園，美國經濟若好，墨西哥股市通常不會寂寞。

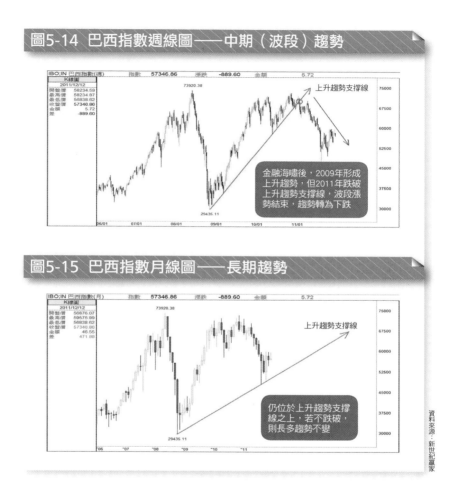

圖5-16 墨西哥指數日線圖——短期趨勢

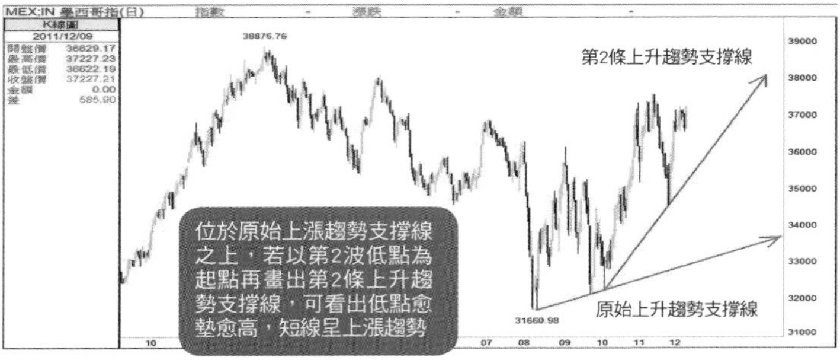
MEX:IN 墨西哥指(日)
38876.76
第2條上升趨勢支撐線
位於原始上漲趨勢支撐線之上，若以第2波低點為起點再畫出第2條上升趨勢支撐線，可看出低點愈墊愈高，短線呈上漲趨勢
31660.98
原始上升趨勢支撐線
39000
38000
37000
36000
35000
34000
33000
32000
31000
10
07
08
09
10
11
12

圖5-17 墨西哥指數週線圖——中期（波段）趨勢

MEX:IN 墨西哥指(週)
38876.76
上升趨勢支撐線
2009年初開始，持續位於上升趨勢支撐線之上，波段呈上漲趨勢
16464.62
40000
35000
30000
25000
20000
15000
06/01
07/01
08/01
09/01
10/01
11/01

圖5-18 墨西哥指數月線圖——長期趨勢

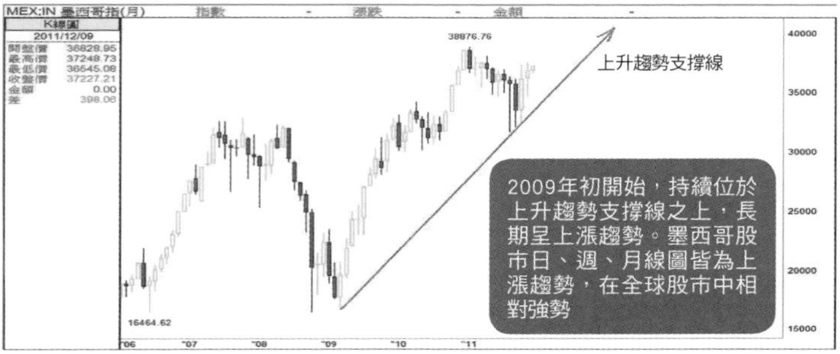
MEX:IN 墨西哥指(月)
38876.76
上升趨勢支撐線
2009年初開始，持續位於上升趨勢支撐線之上，長期呈上漲趨勢。墨西哥股市日、週、月線圖皆為上漲趨勢，在全球股市中相對強勢
16464.62
40000
35000
30000
25000
20000
15000
'06
'07
'08
'09
'10
'11

資料來源：新世紀贏家

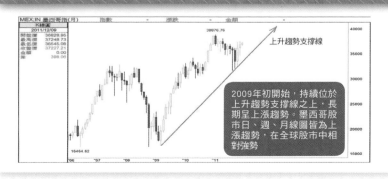

歐洲主要股市

德國DAX指數

特色：歐元區第1大經濟體與第1大股市，出口產業如汽車、高精密儀器等，均相當具有競爭力，德國股市的表現，可視為歐元區榮枯的最重要指標。

圖5-19 德國DAX指數日線圖——短期趨勢

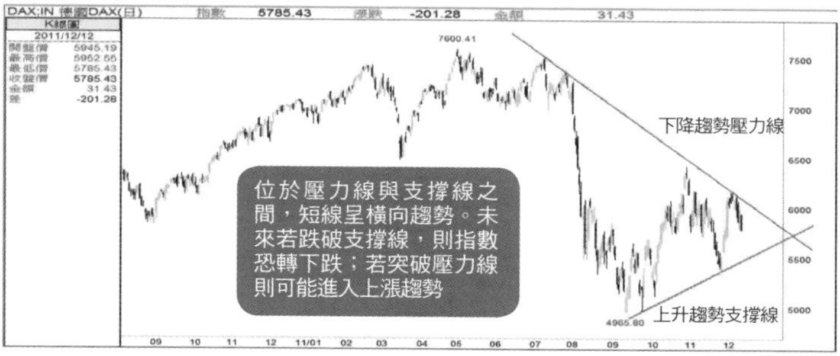
7600.41
下降趨勢壓力線
位於壓力線與支撐線之間，短線呈橫向趨勢。未來若跌破支撐線，則指數恐轉下跌；若突破壓力線則可能進入上漲趨勢
4965.80
上升趨勢支撐線

圖5-20 德國DAX指數週線圖——中期（波段）趨勢

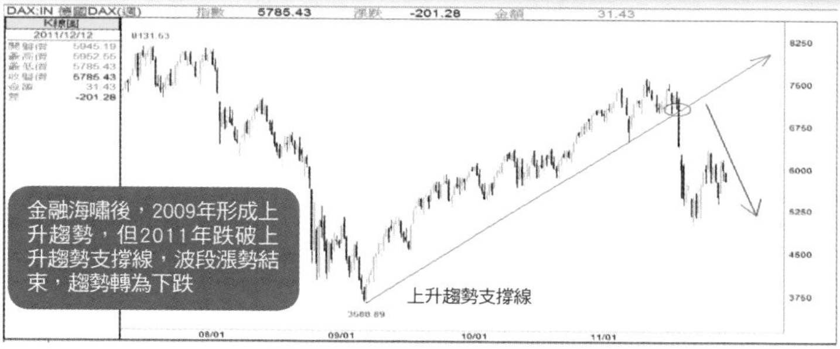
金融海嘯後，2009年形成上升趨勢，但2011年跌破上升趨勢支撐線，波段漲勢結束，趨勢轉為下跌
上升趨勢支撐線
3588.89

資料來源：新世紀贏家

圖5-21 德國DAX指數月線圖——長期趨勢

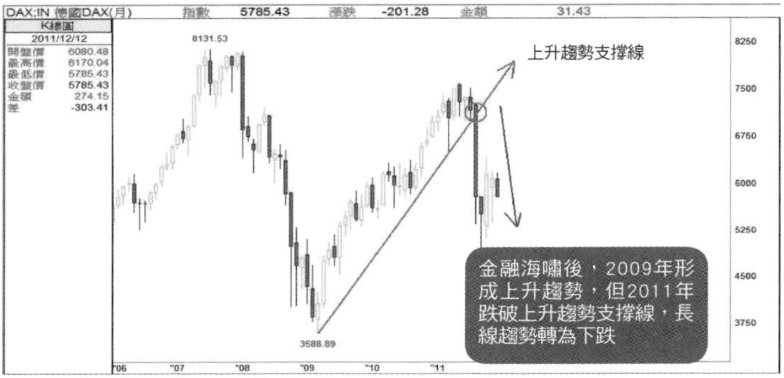
DAX;IN 德國DAX(月) 指數 5785.43 漲跌 -201.28 金額 31.43
K線圖
2011/12/12
開盤價 6080.48
最高價 6170.04
最低價 5785.43
收盤價 5785.43
金額 274.15
差 -303.41
8131.53
3588.89
上升趨勢支撐線
金融海嘯後，2009年形成上升趨勢，但2011年跌破上升趨勢支撐線，長線趨勢轉為下跌
8250
7500
6750
6000
5250
4500
3750
'06
'07
'08
'09
'10
'11

資料來源：新世紀贏家

法國CAC指數

特色：法國是歐元區當中，僅次於德國的第2大經濟體與股市，法國的時尚產業與醫療產業均相當著名。

圖5-22 法國CAC指數日線圖——短期趨勢

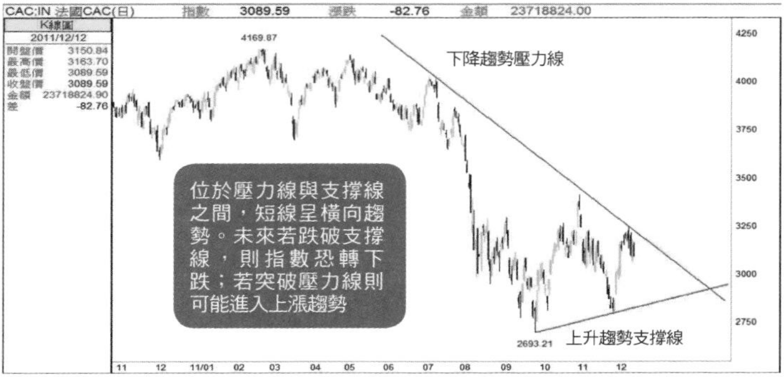
CAC;IN 法國CAC(日) 指數 3089.59 漲跌 -82.76 金額 23718824.00
K線圖
2011/12/12
開盤價 3150.84
最高價 3163.70
最低價 3089.59
收盤價 3089.59
金額 23718824.90
差 -82.76
4169.87
2693.21
下降趨勢壓力線
上升趨勢支撐線
位於壓力線與支撐線之間，短線呈橫向趨勢。未來若跌破支撐線，則指數恐轉下跌；若突破壓力線則可能進入上漲趨勢
4250
4000
3750
3500
3250
3000
2750
11
12
11/01
02
03
04
05
06
07
08
09
10
11
12

資料來源：新世紀贏家

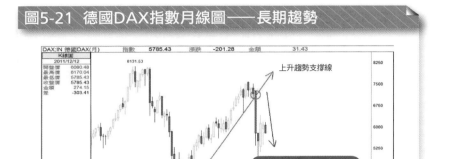

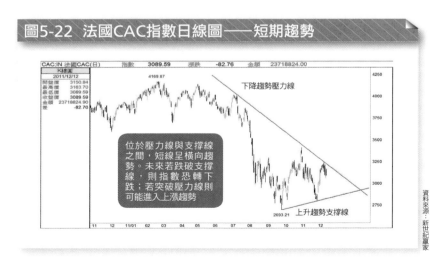

圖5-23 法國CAC指數週線圖——中期（波段）趨勢

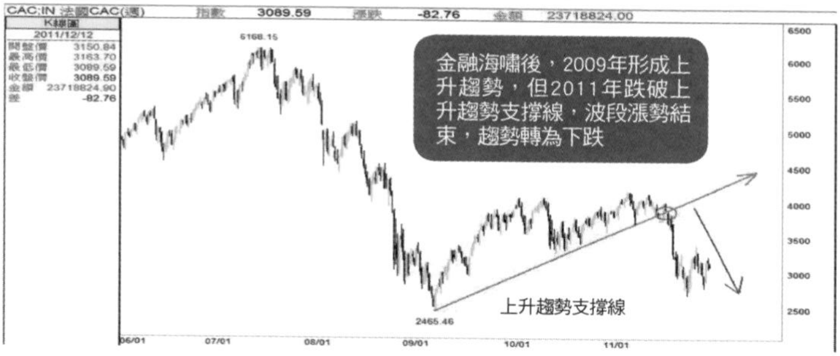
金融海嘯後，2009年形成上升趨勢，但2011年跌破上升趨勢支撐線，波段漲勢結束，趨勢轉為下跌
上升趨勢支撐線
6168.15
2465.46

圖5-24 法國CAC指數月線圖——長期趨勢

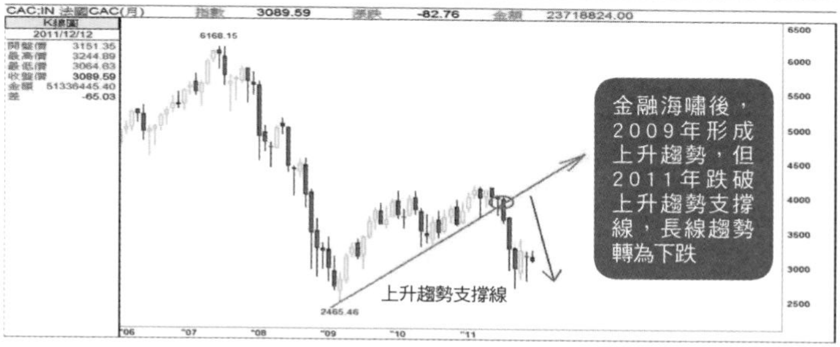
金融海嘯後，2009年形成上升趨勢，但2011年跌破上升趨勢支撐線，長線趨勢轉為下跌
上升趨勢支撐線
6168.15
2465.46

資料來源：新世紀贏家

英國金融時報指數

特色：昔日的日不落帝國，最老牌的資本主義國家，其世界金融之都的地位雖已被紐約超越，但英國金融產業仍聞名全球，許多創新的金融產品仍由英國發跡，因此倫敦股市仍是歐洲最重要的金融市場。由於時差關係，倫敦股市又比紐約先開市，因此也成為期貨等衍生性金融商品操作者重要的觀察指標。

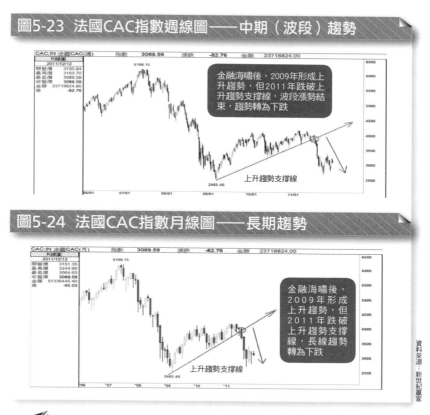

圖5-25 英國金融時報指數日線圖——短期趨勢

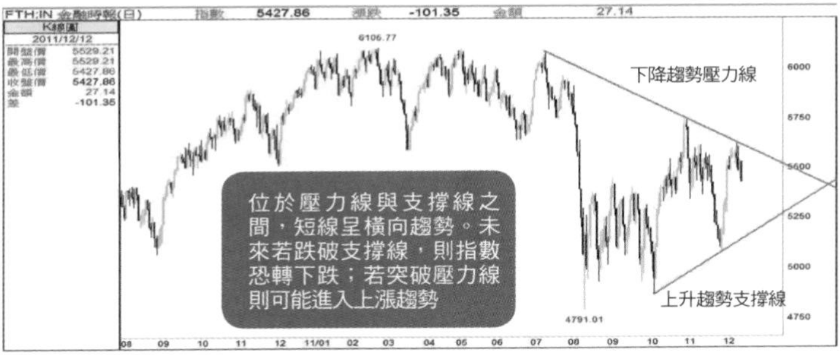
FTH:IN 金融時報(日) 指數 5427.86 漲跌 -101.35 金額 27.14
6106.77
下降趨勢壓力線
位於壓力線與支撐線之間，短線呈橫向趨勢。未來若跌破支撐線，則指數恐轉下跌；若突破壓力線則可能進入上漲趨勢
上升趨勢支撐線
4791.01

圖5-26 英國金融時報指數週線圖——中期（波段）趨勢

FTH:IN 金融時報(週) 指數 5427.86 漲跌 -101.35 金額 27.14
6754.10
上升趨勢支撐線
金融海嘯後，2009年形成上升趨勢，但2011年跌破上升趨勢支撐線，波段漲勢結束，趨勢轉為下跌
3460.71

圖5-27 英國金融時報指數月線圖——長期趨勢

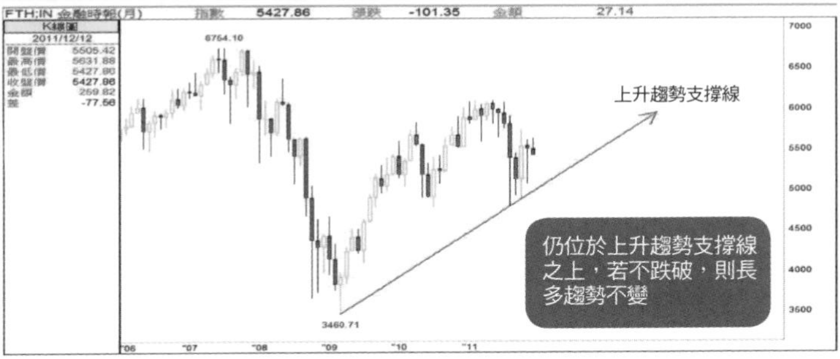
FTH:IN 金融時報(月) 指數 5427.86 漲跌 -101.35 金額 27.14
6754.10
上升趨勢支撐線
仍位於上升趨勢支撐線之上，若不跌破，則長多趨勢不變
3460.71

資料來源：新世紀贏家

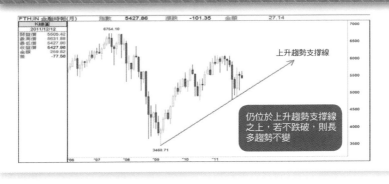

芬蘭指數

特色：北歐最重要的股市，最具代表性的企業為手機大廠諾基亞（Nokia），由於諾基亞近年表現不佳，也拖累芬蘭股市整體表現。

圖5-28 芬蘭指數日線圖——短期趨勢

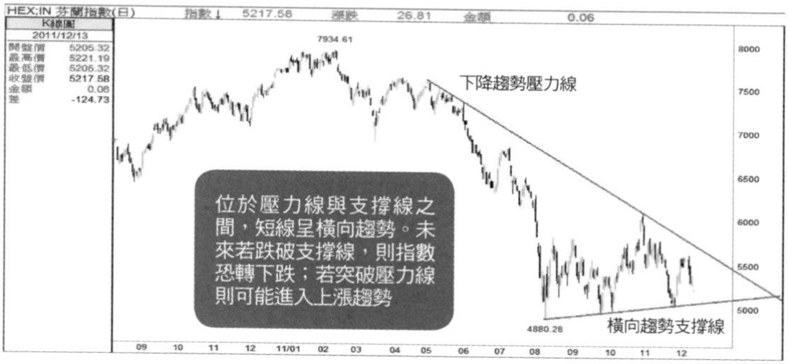
HEX;IN 芬蘭指數(日)
指數↓ 5217.58
漲跌 26.81
金額 0.06
K線圖
2011/12/13
開盤價 5205.32
最高價 5221.19
最低價 5205.32
收盤價 5217.58
金額 0.06
差 -124.73
7934.61
下降趨勢壓力線
位於壓力線與支撐線之間，短線呈橫向趨勢。未來若跌破支撐線，則指數恐轉下跌；若突破壓力線則可能進入上漲趨勢
4880.28
橫向趨勢支撐線
8000
7500
7000
6500
6000
5500
5000
09 10 11 12 11/01 02 03 04 05 06 07 08 09 10 11 12

圖5-29 芬蘭指數週線圖——中期（波段）趨勢

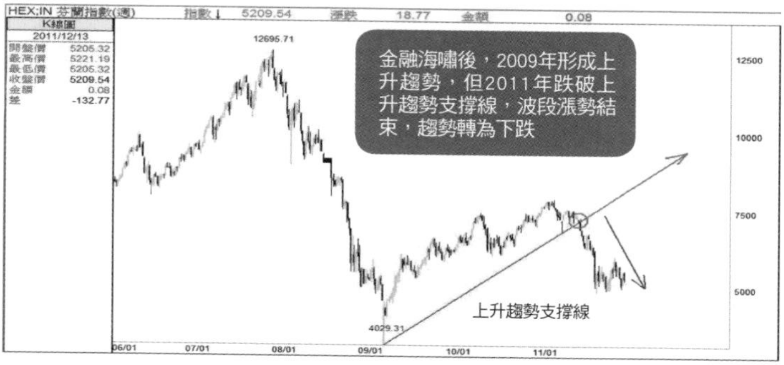
HEX;IN 芬蘭指數(週)
指數↓ 5209.54
漲跌 18.77
金額 0.08
K線圖
2011/12/13
開盤價 5205.32
最高價 5221.19
最低價 5205.32
收盤價 5209.54
金額 0.08
差 -132.77
12695.71
金融海嘯後，2009年形成上升趨勢，但2011年跌破上升趨勢支撐線，波段漲勢結束，趨勢轉為下跌
4029.31
上升趨勢支撐線
12500
10000
7500
5000
06/01 07/01 08/01 09/01 10/01 11/01

資料來源：新世紀贏家

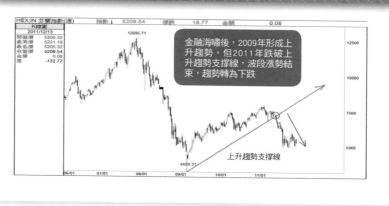

圖5-30 芬蘭指數月線圖——長期趨勢

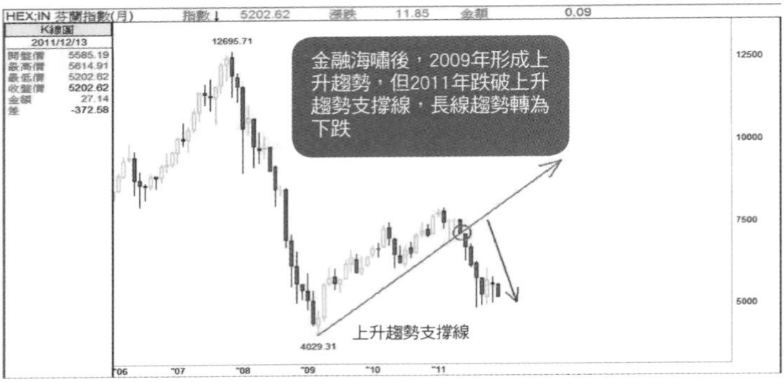
金融海嘯後，2009年形成上升趨勢，但2011年跌破上升趨勢支撐線，長線趨勢轉為下跌
上升趨勢支撐線
12695.71
4029.31

資料來源：新世紀贏家

匈牙利指數

特色：新興東歐最重要的股市之一。

圖5-31 匈牙利指數日線圖——短期趨勢

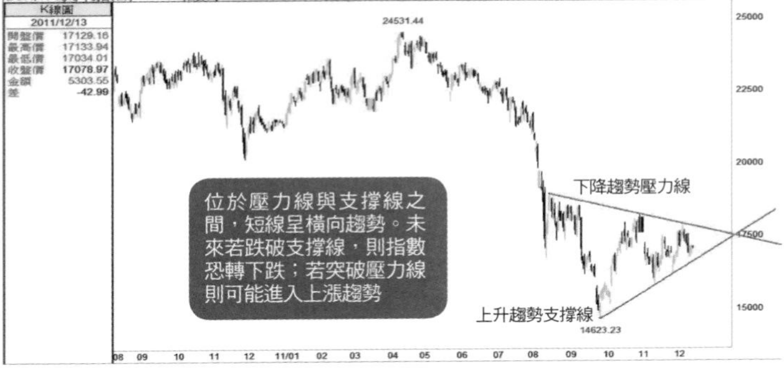
位於壓力線與支撐線之間，短線呈橫向趨勢。未來若跌破支撐線，則指數恐轉下跌；若突破壓力線則可能進入上漲趨勢
下降趨勢壓力線
上升趨勢支撐線
24531.44
14623.23

資料來源：新世紀贏家

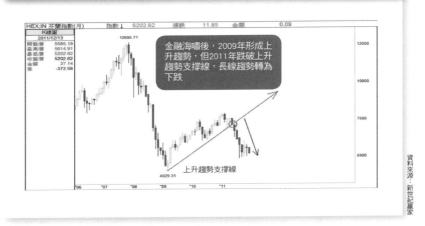

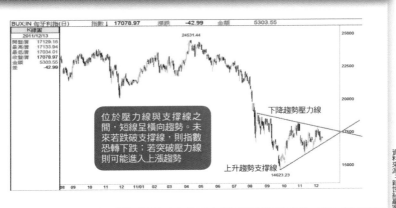

圖5-32 匈牙利指數週線圖——中期（波段）趨勢

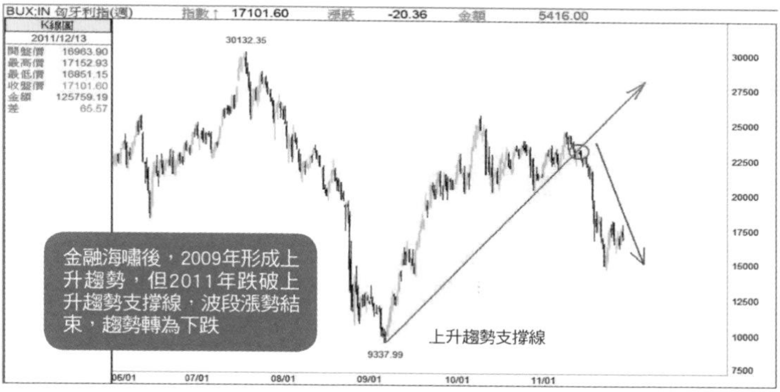

圖5-33 匈牙利指數月線圖——長期趨勢

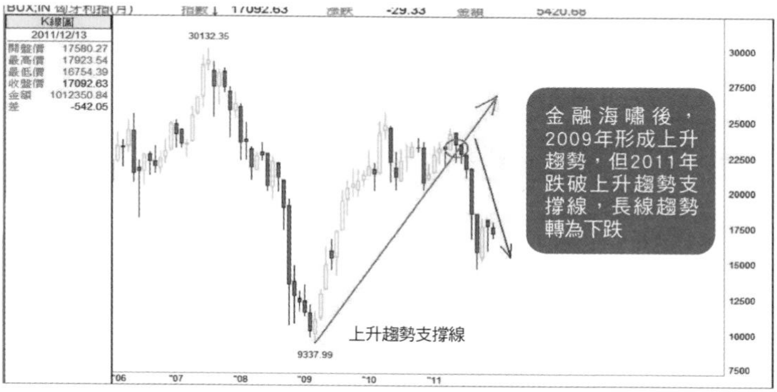

資料來源：新世紀贏家

義大利指數

特色：歐元區第3大經濟體，但財政體質遠不及德國與法國，國家債務沉重是該國一大隱患。

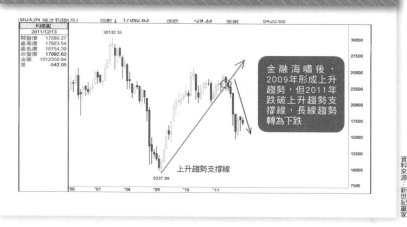

圖5-34 義大利指數日線圖——短期趨勢

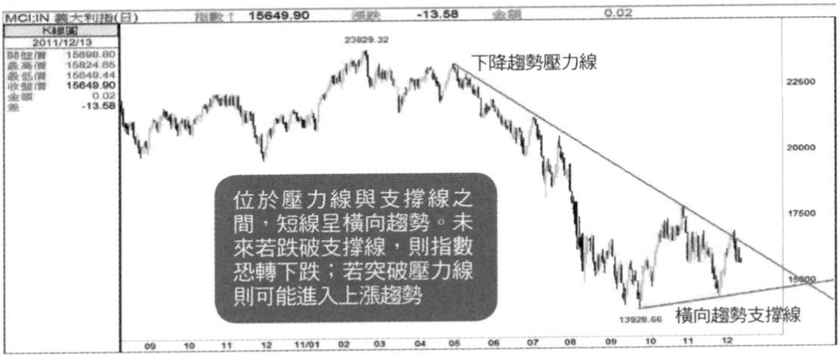
23829.32
下降趨勢壓力線
位於壓力線與支撐線之間，短線呈橫向趨勢。未來若跌破支撐線，則指數恐轉下跌；若突破壓力線則可能進入上漲趨勢
13928.66
橫向趨勢支撐線

圖5-35 義大利指數週線圖——中期（波段）趨勢

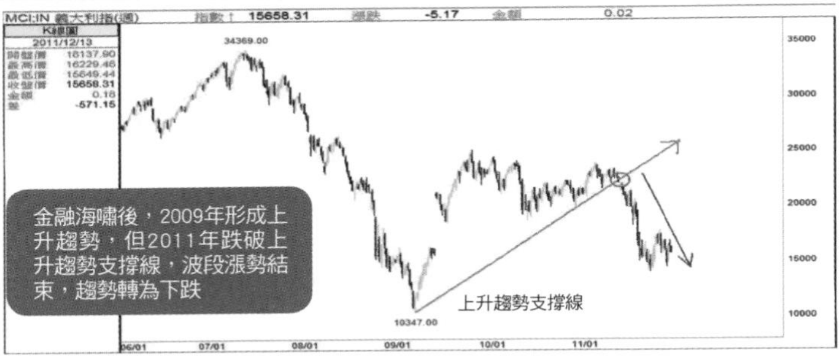
34369.00
金融海嘯後，2009年形成上升趨勢，但2011年跌破上升趨勢支撐線，波段漲勢結束，趨勢轉為下跌
上升趨勢支撐線
10347.00

圖5-36 義大利指數月線圖——長期趨勢

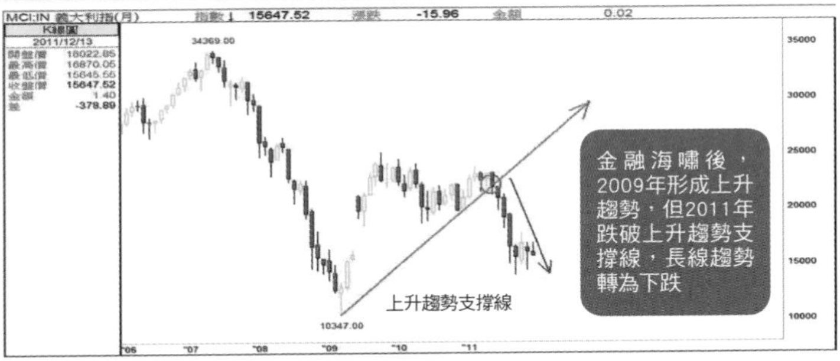
34369.00
金融海嘯後，2009年形成上升趨勢，但2011年跌破上升趨勢支撐線，長線趨勢轉為下跌
上升趨勢支撐線
10347.00

資料來源：新世紀贏家

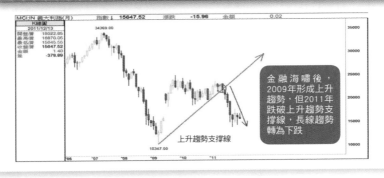

希臘指數

特色：對歐元區股市而言，本是無足輕重的市場，但因龐大債務無法清償惹禍，成為歐債風暴的導火線。由於股市是經濟櫥窗，具有領先性，希臘股市何時能止跌回升，現成為觀察歐元區重要的指標。

圖5-37 希臘指數日線圖——短期趨勢

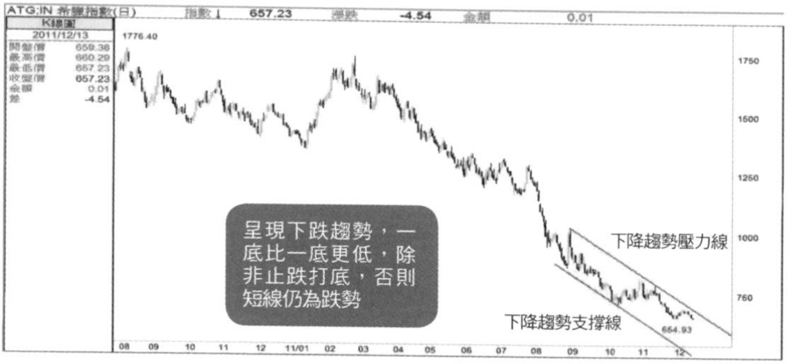
呈現下跌趨勢，一底比一底更低，除非止跌打底，否則短線仍為跌勢
下降趨勢壓力線
下降趨勢支撐線

圖5-38 希臘指數週線圖——中期（波段）趨勢

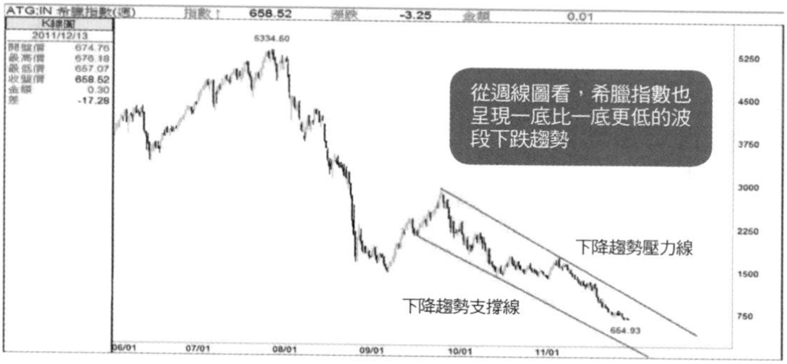
從週線圖看，希臘指數也呈現一底比一底更低的波段下跌趨勢
下降趨勢壓力線
下降趨勢支撐線

資料來源：新世紀贏家

圖5-39 希臘指數月線圖——長期趨勢

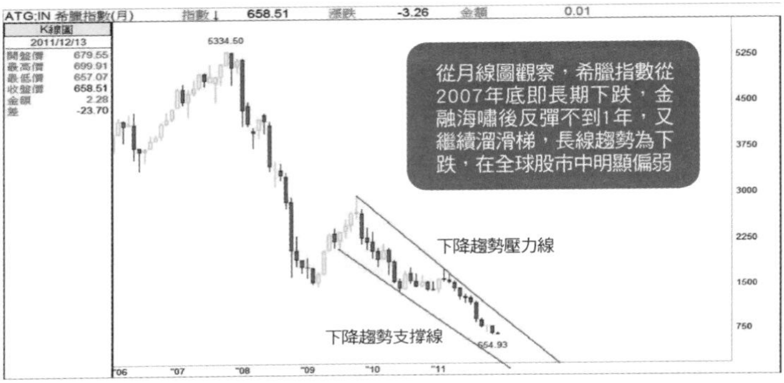
ATG:IN 希臘指數(月)
指數↓ 658.51
漲跌 -3.26
金額 0.01
K線圖
2011/12/13
開盤價 679.55
最高價 699.91
最低價 657.07
收盤價 658.51
金額 2.28
差 -23.70
5334.50
從月線圖觀察，希臘指數從2007年底即長期下跌，金融海嘯後反彈不到1年，又繼續溜滑梯，長線趨勢為下跌，在全球股市中明顯偏弱
下降趨勢壓力線
下降趨勢支撐線
654.93
5250
4500
3750
3000
2250
1500
750

資料來源：新世紀贏家

俄羅斯指數

特色：新興東歐最大經濟體，股市以石油產業最具代表性，油價波動與該國股市表現息息相關。

圖5-40 俄羅斯指數日線圖——短期趨勢

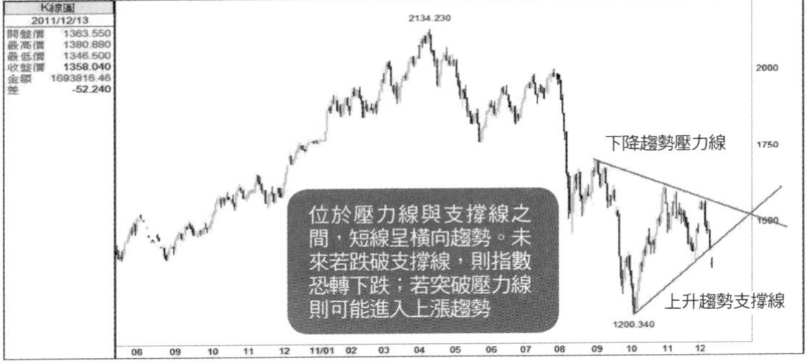
IRT:IN 俄羅斯指(日)
指數↓ 1358.040
漲跌 -5.630
金額 1693816.00
K線圖
2011/12/13
開盤價 1363.550
最高價 1380.880
最低價 1346.500
收盤價 1358.040
金額 1693816.46
差 -52.240
2134.230
下降趨勢壓力線
位於壓力線與支撐線之間，短線呈橫向趨勢。未來若跌破支撐線，則指數恐轉下跌；若突破壓力線則可能進入上漲趨勢
上升趨勢支撐線
1200.340
2000
1750
1500

資料來源：新世紀贏家

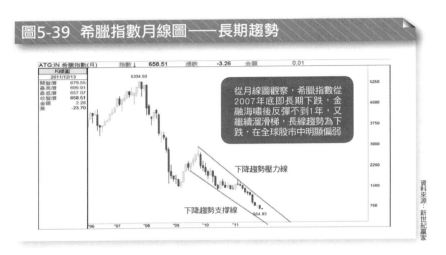

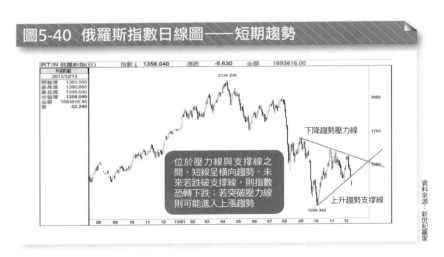

圖5-41 俄羅斯指數週線圖——中期（波段）趨勢

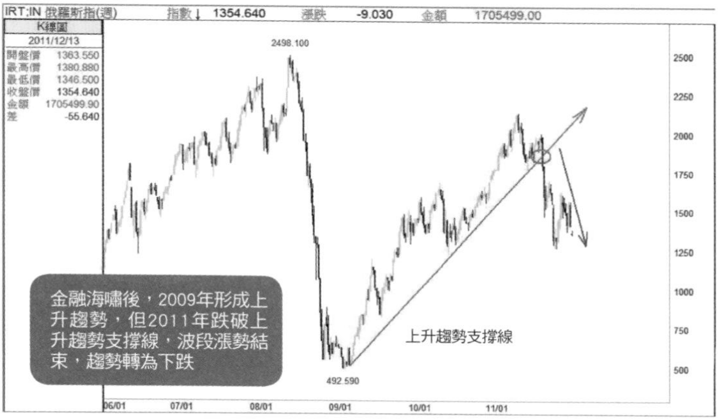
IRT;IN 俄羅斯指(週) 指數↓ 1354.640 漲跌 -9.030 金額 1705499.00
K線圖
2011/12/13
開盤價 1363.550
最高價 1380.880
最低價 1346.500
收盤價 1354.640
金額 1705499.90
差 -55.640
2498.100
492.590
金融海嘯後，2009年形成上升趨勢，但2011年跌破上升趨勢支撐線，波段漲勢結束，趨勢轉為下跌
上升趨勢支撐線
2500
2250
2000
1750
1500
1250
1000
750
500
06/01
07/01
08/01
09/01
10/01
11/01

圖5-42 俄羅斯指數月線圖——長期趨勢

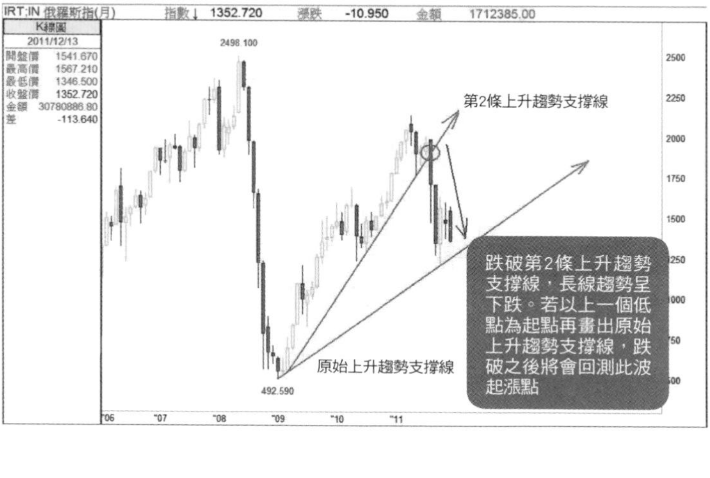
IRT;IN 俄羅斯指(月) 指數↓ 1352.720 漲跌 -10.950 金額 1712385.00
K線圖
2011/12/13
開盤價 1541.670
最高價 1567.210
最低價 1346.500
收盤價 1352.720
金額 30780886.80
差 -113.640
2498.100
492.590
第2條上升趨勢支撐線
原始上升趨勢支撐線
跌破第2條上升趨勢支撐線，長線趨勢呈下跌。若以上一個低點為起點再畫出原始上升趨勢支撐線，跌破之後將會回測此波起漲點
2500
2250
2000
1750
1500
'06
'07
'08
'09
'10
'11

資料來源：新世紀贏家

亞洲主要股市

中國上海綜合指數

特色：由上海證券交易所編制，該交易所全部掛牌上市股票均納入指數計算，在中國多個股價指數中，堪為主要代表性指數。

圖5-43 中國上海綜合指數日線圖——短期趨勢

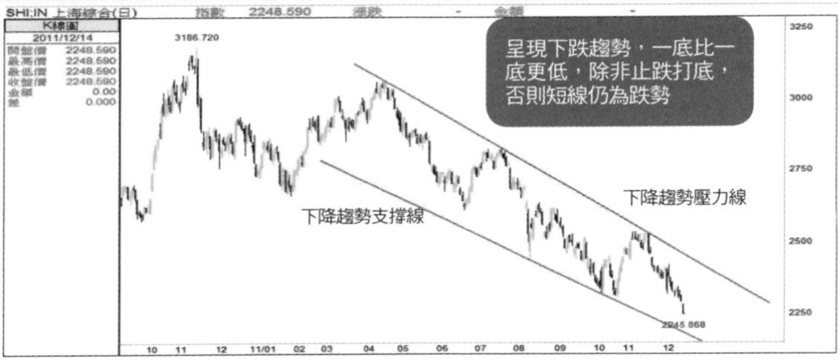
SHI;IN 上海綜合(日)
指數 2248.590
K線圖
2011/12/14
3186.720
呈現下跌趨勢，一底比一底更低，除非止跌打底，否則短線仍為跌勢
下降趨勢支撐線
下降趨勢壓力線
2245.868
3250
3000
2750
2500
2250
10 11 12 11/01 02 03 04 05 06 07 08 09 10 11 12

圖5-44 中國上海綜合指數週線圖——中期（波段）趨勢

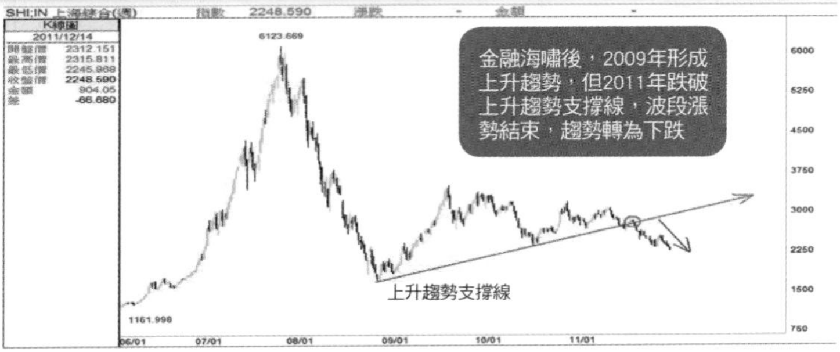
SHI;IN 上海綜合(週)
指數 2248.590
K線圖
2011/12/14
6123.669
金融海嘯後，2009年形成上升趨勢，但2011年跌破上升趨勢支撐線，波段漲勢結束，趨勢轉為下跌
上升趨勢支撐線
1161.998
6000
5250
4500
3750
3000
2250
1500
750
06/01 07/01 08/01 09/01 10/01 11/01

資料來源：新世紀贏家

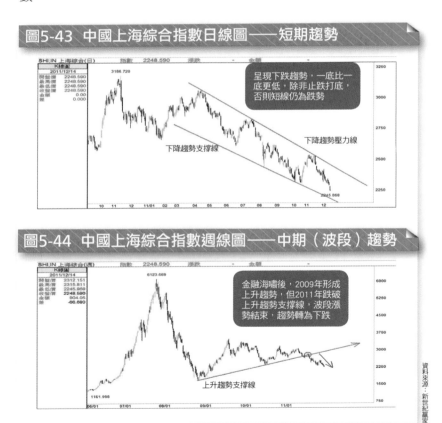

圖5-45 中國上海綜合指數月線圖——長期趨勢

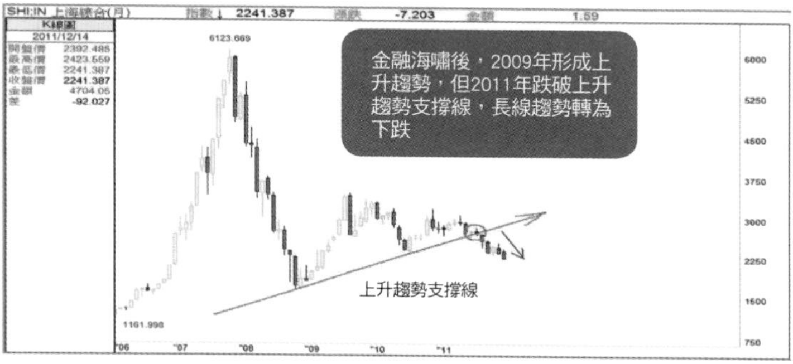
金融海嘯後，2009年形成上升趨勢，但2011年跌破上升趨勢支撐線，長線趨勢轉為下跌
上升趨勢支撐線
6123.669
1161.998

資料來源：新世紀贏家

香港恒生指數

特色：在中國崛起之前，過去香港恒生指數與美、英股市連動最高，但近10年納入多家中國大型企業為成分股，恒生指數的波動也相當程度反映中國的經濟現況。

圖5-46 香港恒生指數日線圖——短期趨勢

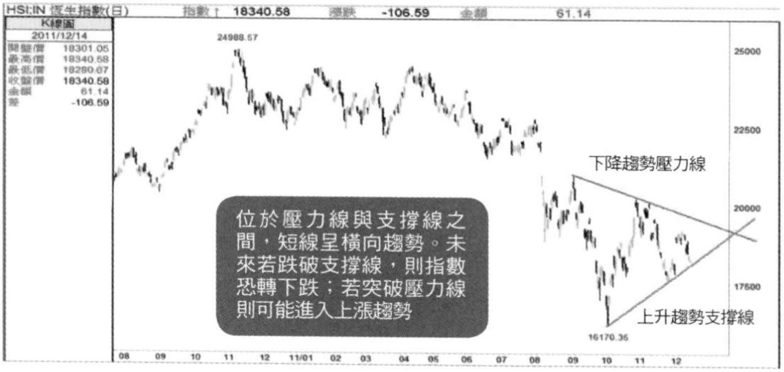
位於壓力線與支撐線之間，短線呈橫向趨勢。未來若跌破支撐線，則指數恐轉下跌；若突破壓力線則可能進入上漲趨勢
下降趨勢壓力線
上升趨勢支撐線
24988.57
16170.35

資料來源：新世紀贏家

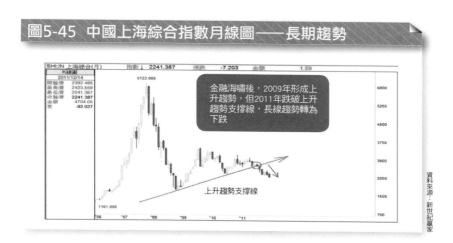

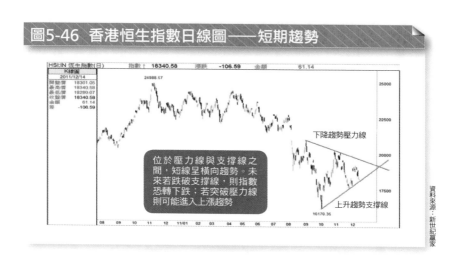

圖5-47 香港恒生指數週線圖——中期（波段）趨勢

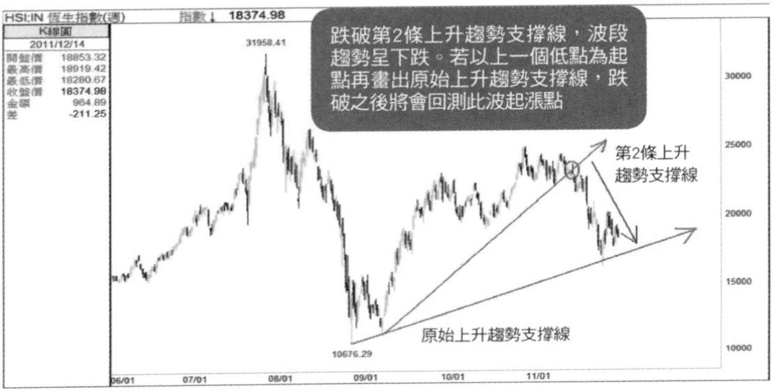
HSI;IN 恆生指數(週)
指數↓ 18374.98
K線圖
2011/12/14
開盤價 18853.32
最高價 18919.42
最低價 18280.67
收盤價 18374.98
金額 964.89
差 -211.25
跌破第2條上升趨勢支撐線，波段趨勢呈下跌。若以上一個低點為起點再畫出原始上升趨勢支撐線，跌破之後將會回測此波起漲點
31958.41
第2條上升趨勢支撐線
原始上升趨勢支撐線
10676.29
30000
25000
20000
15000
10000
06/01
07/01
08/01
09/01
10/01
11/01

圖5-48 香港恒生指數月線圖——長期趨勢

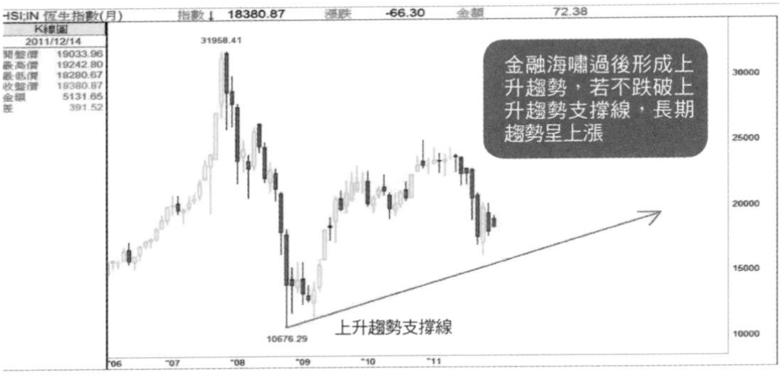
HSI;IN 恆生指數(月)
指數↓ 18380.87
漲跌 -66.30
金額 72.38
K線圖
2011/12/14
開盤價 19033.96
最高價 19242.80
最低價 18280.67
收盤價 18380.87
金額 5131.65
差 391.52
31958.41
金融海嘯過後形成上升趨勢，若不跌破上升趨勢支撐線，長期趨勢呈上漲
上升趨勢支撐線
10676.29
30000
25000
20000
15000
10000
'06
'07
'08
'09
'10
'11

資料來源：新世紀贏家

韓國綜合指數

特色：亞洲四小龍之一，其上市企業為台灣企業在全球市場最強力的競爭者，指標企業如三星、現代、浦項鋼鐵。

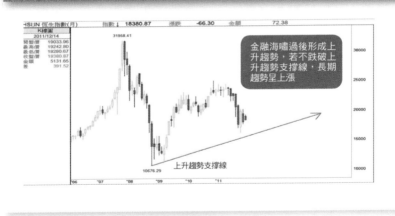

圖5-49 韓國綜合指數日線圖——短期趨勢

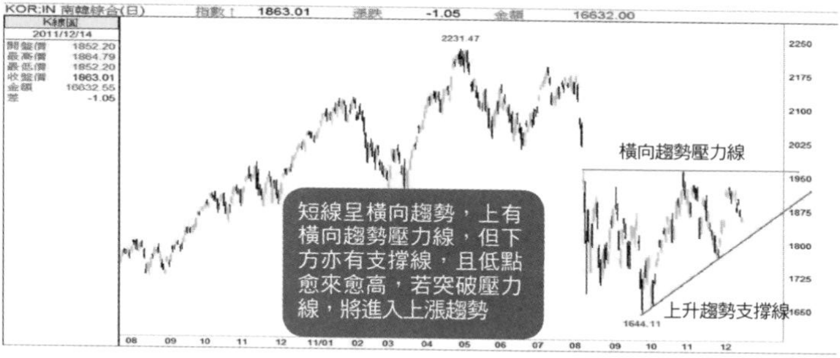

圖5-50 韓國綜合指數週線圖——中期（波段）趨勢

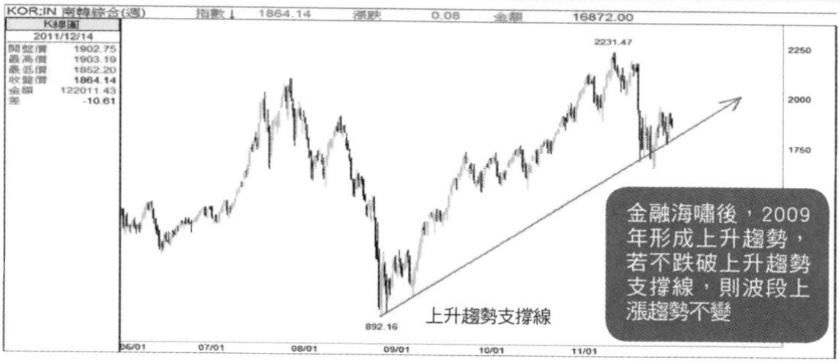

圖5-51 韓國綜合指數月線圖——長期趨勢

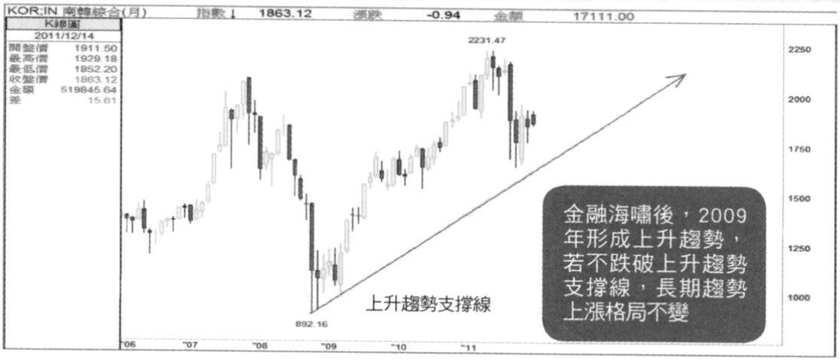

資料來源：新世紀贏家

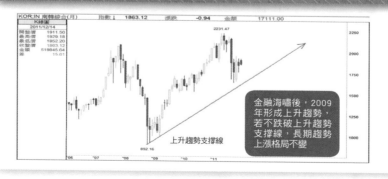

日本日經指數

特色：曾經是世界第2大經濟體，現已被中國超越，從1990年代起陷入失落的20年，讓日本股市成為全球表現最差的主要股市之一。

圖5-52 日本日經指數日線圖——短期趨勢

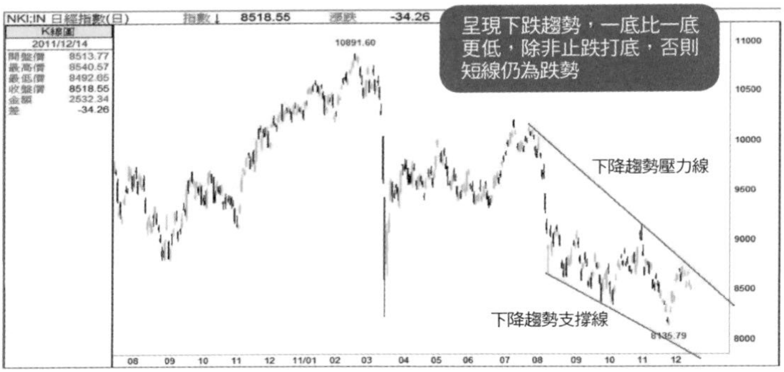

圖5-53 日本日經指數週線圖——中期（波段）趨勢

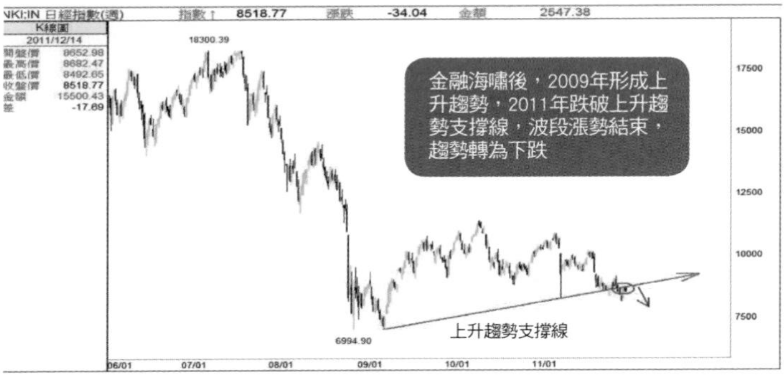

資料來源：新世紀贏家

圖5-54 日本日經指數月線圖——長期趨勢

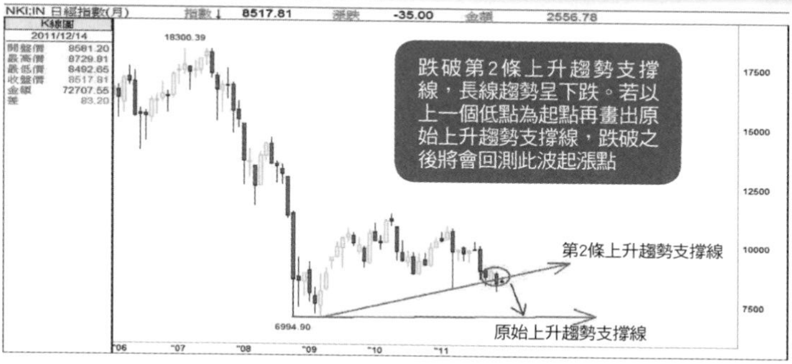
NKI;IN 日經指數(月)
指數↓ 8517.81
漲跌 -35.00
金額 2556.78
K線圖
2011/12/14
開盤價 8581.20
最高價 8729.81
最低價 8492.65
收盤價 8517.81
金額 72707.55
差 83.20
18300.39
6994.90
跌破第2條上升趨勢支撐線，長線趨勢呈下跌。若以上一個低點為起點再畫出原始上升趨勢支撐線，跌破之後將會回測此波起漲點
第2條上升趨勢支撐線
原始上升趨勢支撐線
17500
15000
12500
10000
7500
'06
'07
'08
'09
'10
'11

資料來源：新世紀贏家

印度指數

特色：金磚四國之一，亞洲最具潛力的新興市場，擁有強勁的軟體產業、頂尖的科技人才與龐大的內需市場，但同時也存在著嚴重貧富不均的問題，近年更備受通膨所苦。

圖5-55 印度指數日線圖——短期趨勢

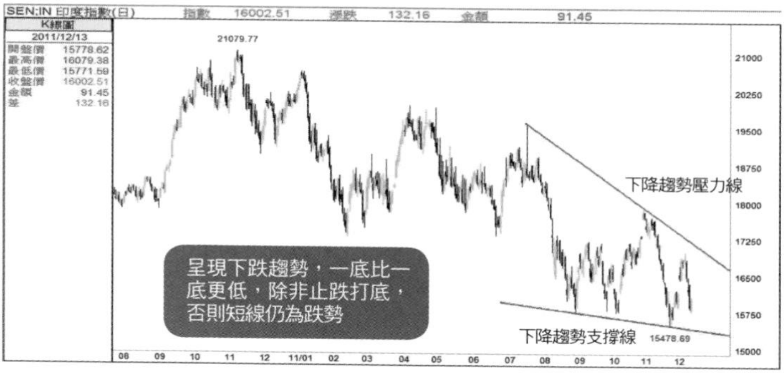
SEN;IN 印度指數(日)
指數 16002.51
漲跌 132.16
金額 91.45
K線圖
2011/12/13
開盤價 15778.62
最高價 16079.38
最低價 15771.59
收盤價 16002.51
金額 91.45
差 132.16
21079.77
下降趨勢壓力線
呈現下跌趨勢，一底比一底更低，除非止跌打底，否則短線仍為跌勢
下降趨勢支撐線
15478.69
21000
20250
19500
18750
18000
17250
16500
15750
15000
08
09
10
11
12
11/01
02
03
04
05
06
07
08
09
10
11
12

資料來源：新世紀贏家

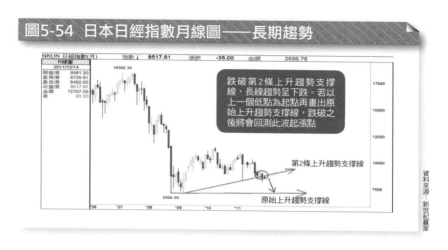

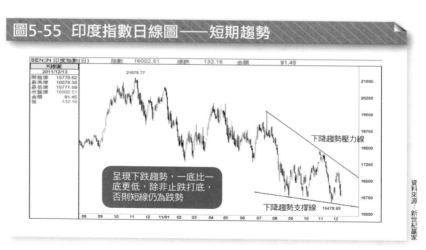

圖5-56 印度指數週線圖——中期（波段）趨勢

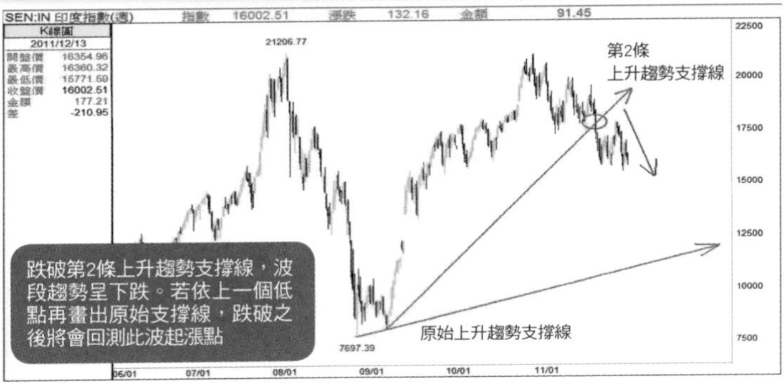
SEN;IN 印度指數(週) 指數 16002.51 漲跌 132.16 金額 91.45
K線圖
2011/12/13
開盤價 16354.96
最高價 16360.32
最低價 15771.59
收盤價 16002.51
金額 177.21
差 -210.95
21206.77
第2條
上升趨勢支撐線
跌破第2條上升趨勢支撐線，波段趨勢呈下跌。若依上一個低點再畫出原始支撐線，跌破之後將會回測此波起漲點
7697.39
原始上升趨勢支撐線
22500
20000
17500
15000
12500
10000
7500
06/01
07/01
08/01
09/01
10/01
11/01

圖5-57 印度指數月線圖——長期趨勢

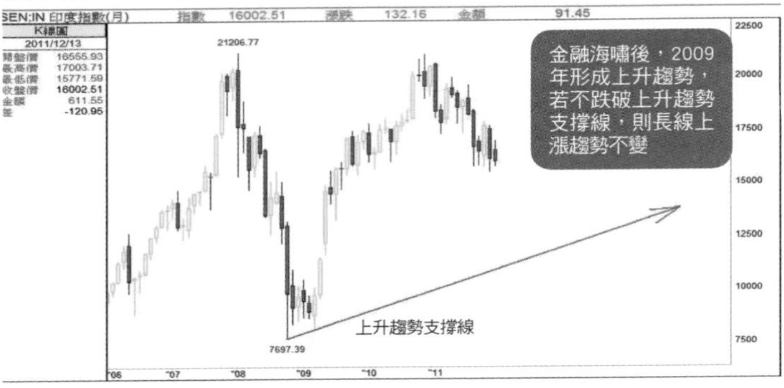
SEN;IN 印度指數(月) 指數 16002.51 漲跌 132.16 金額 91.45
K線圖
2011/12/13
開盤價 16555.93
最高價 17003.71
最低價 15771.59
收盤價 16002.51
金額 611.55
差 -120.95
21206.77
金融海嘯後，2009年形成上升趨勢，若不跌破上升趨勢支撐線，則長線上漲趨勢不變
上升趨勢支撐線
7697.39
22500
20000
17500
15000
12500
10000
7500
'06
'07
'08
'09
'10
'11

資料來源：新世紀贏家

泰國SET指數

特色：亞洲的科技產業代工重鎮，觀光業也相當發達，股市波動相當大，非常適合喜歡來回做價差的投資人。

圖5-58 泰國SET指數日線圖——短期趨勢

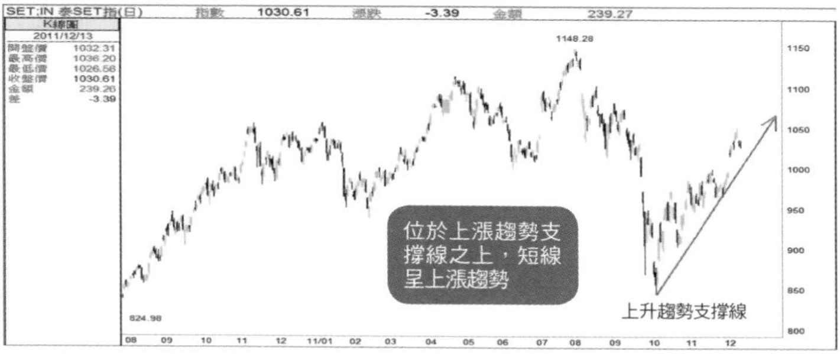
SET;IN 泰SET指(日)
指數 1030.61
漲跌 -3.39
金額 239.27
K線圖
2011/12/13
1148.28
824.98
位於上漲趨勢支撐線之上，短線呈上漲趨勢
上升趨勢支撐線

圖5-59 泰國SET指數週線圖——中期（波段）趨勢

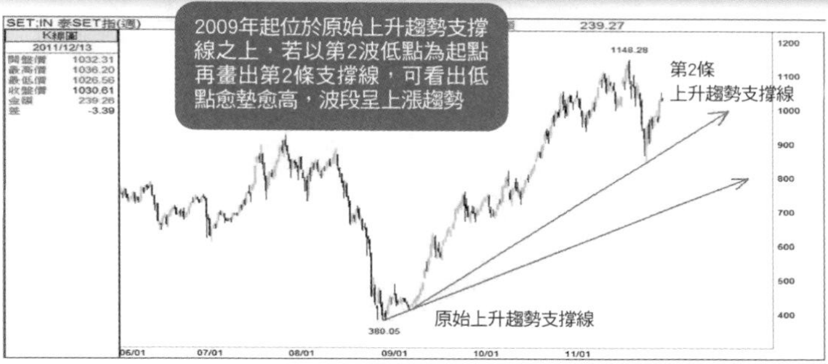
SET;IN 泰SET指(週)
239.27
K線圖
2011/12/13
2009年起位於原始上升趨勢支撐線之上，若以第2波低點為起點再畫出第2條支撐線，可看出低點愈墊愈高，波段呈上漲趨勢
1148.28
第2條
上升趨勢支撐線
380.05
原始上升趨勢支撐線

圖5-60 泰國SET指數月線圖——長期趨勢

SET;IN 泰SET指(月)
指數 1030.61
漲跌 -3.39
金額 239.27
K線圖
2011/12/13
1148.28
380.05
上升趨勢支撐線
2009年開始，持續位於上升趨勢支撐線之上，長期呈上漲趨勢。可見泰國股市日、週、月線圖皆為上漲趨勢，在全球股市中相對強勢

資料來源：新世紀贏家

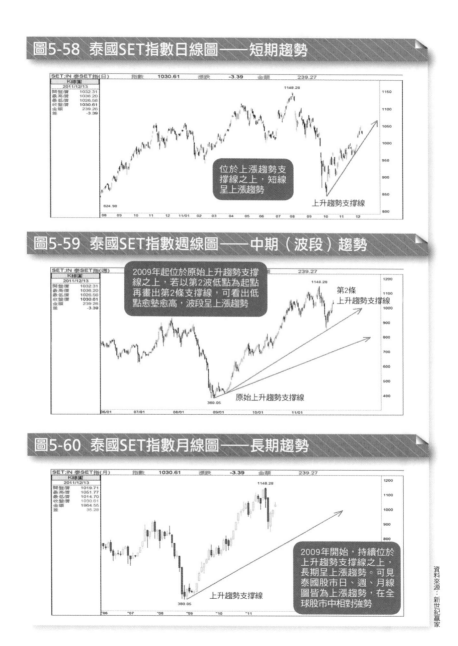

印尼雅加達指數

特色：亞洲深具潛力的新興市場，僅次於中國。印尼擁有東協國家最多的人口、最豐富的礦藏，且仍處於快速發展的階段。

圖5-61 印尼雅加達指數日線圖——短期趨勢

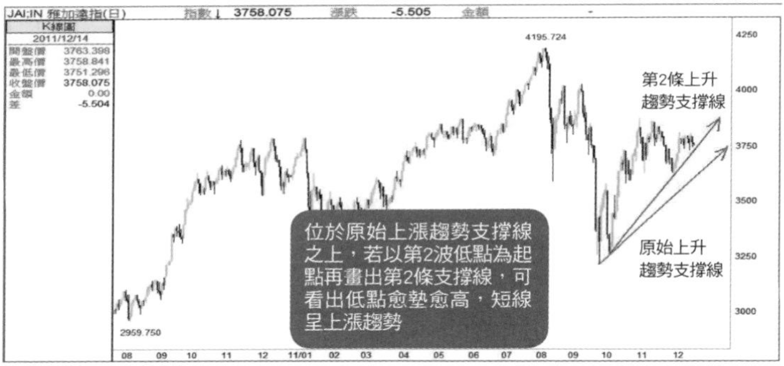
JAI:IN 雅加達指(日)
指數↓ 3758.075
漲跌 -5.505
金額
K線圖
2011/12/14
開盤價 3763.398
最高價 3758.841
最低價 3751.296
收盤價 3758.075
金額 0.00
差 -5.504
4195.724
2959.750
第2條上升
趨勢支撐線
原始上升
趨勢支撐線
位於原始上漲趨勢支撐線之上，若以第2波低點為起點再畫出第2條支撐線，可看出低點愈墊愈高，短線呈上漲趨勢
4250
4000
3750
3500
3250
3000
08
09
10
11
12
11/01
02
03
04
05
06
07
08
09
10
11
12

圖5-62 印尼雅加達指數週線圖——中期（波段）趨勢

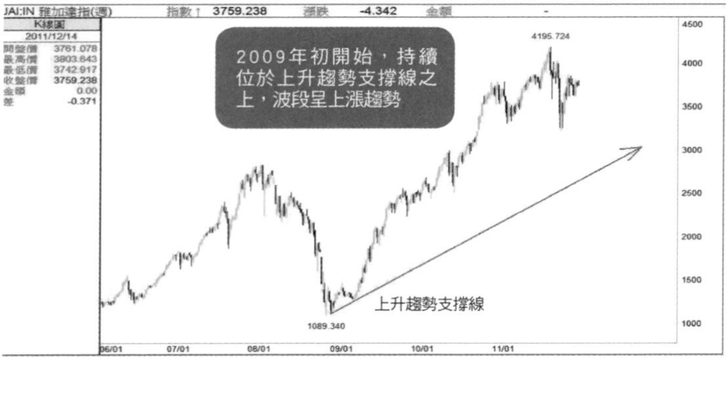
JAI:IN 雅加達指(週)
指數↑ 3759.238
漲跌 -4.342
金額
K線圖
2011/12/14
開盤價 3761.078
最高價 3803.643
最低價 3742.917
收盤價 3759.238
金額 0.00
差 -0.371
2009年初開始，持續位於上升趨勢支撐線之上，波段呈上漲趨勢
4195.724
上升趨勢支撐線
1089.340
4500
4000
3500
3000
2500
2000
1500
1000
06/01
07/01
08/01
09/01
10/01
11/01

資料來源：新世紀贏家

圖5-63 印尼雅加達指數月線圖——長期趨勢

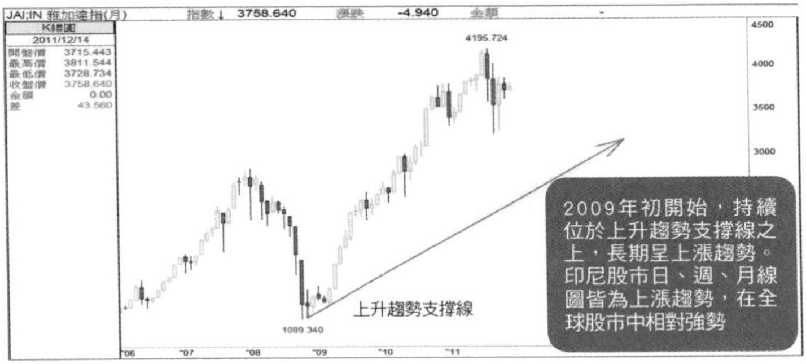
JAI;IN 雅加達指(月)
指數↓ 3758.640
漲跌 -4.940
金額
K線圖
2011/12/14
開盤價 3715.443
最高價 3811.544
最低價 3728.734
收盤價 3758.640
金額 0.00
差 43.560
4195.724
1089.340
上升趨勢支撐線
2009年初開始，持續位於上升趨勢支撐線之上，長期呈上漲趨勢。印尼股市日、週、月線圖皆為上漲趨勢，在全球股市中相對強勢
4500
4000
3500
3000
'06
'07
'08
'09
'10
'11

資料來源：新世紀贏家

馬來西亞吉隆坡指數

特色：東協股市中，屬於相對穩定的市場，由於該國對外匯管制嚴格，因此過去20年來幾次金融危機中，均未釀成大災。

圖5-64 馬來西亞吉隆坡指數日線圖——短期趨勢

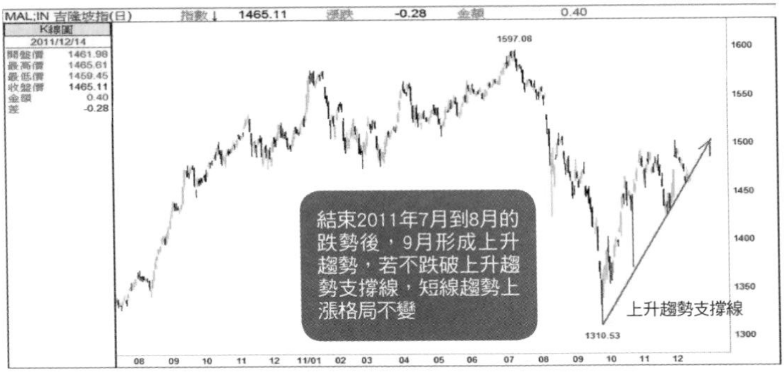
MAL;IN 吉隆坡指(日)
指數↓ 1465.11
漲跌 -0.28
金額 0.40
K線圖
2011/12/14
開盤價 1461.98
最高價 1465.61
最低價 1459.45
收盤價 1465.11
金額 0.40
差 -0.28
1597.08
1310.53
結束2011年7月到8月的跌勢後，9月形成上升趨勢，若不跌破上升趨勢支撐線，短線趨勢上漲格局不變
上升趨勢支撐線
1600
1550
1500
1450
1400
1350
1300
08
09
10
11
12
11/01
02
03
04
05
06
07
08
09
10
11
12

資料來源：新世紀贏家

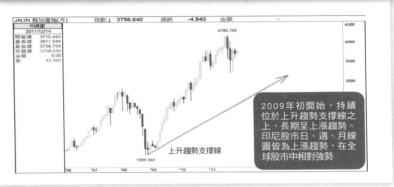

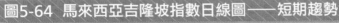

圖5-65 馬來西亞吉隆坡指數週線圖——中期（波段）趨勢

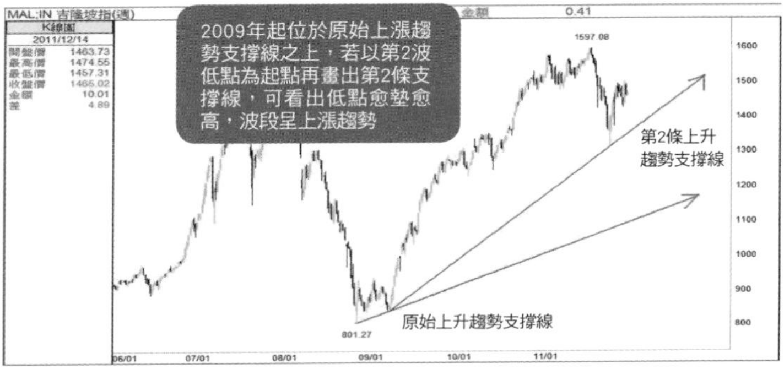
2009年起位於原始上漲趨勢支撐線之上，若以第2波低點為起點再畫出第2條支撐線，可看出低點愈墊愈高，波段呈上漲趨勢
第2條上升趨勢支撐線
原始上升趨勢支撐線
1597.08
801.27

圖5-66 馬來西亞吉隆坡指數月線圖——長期趨勢

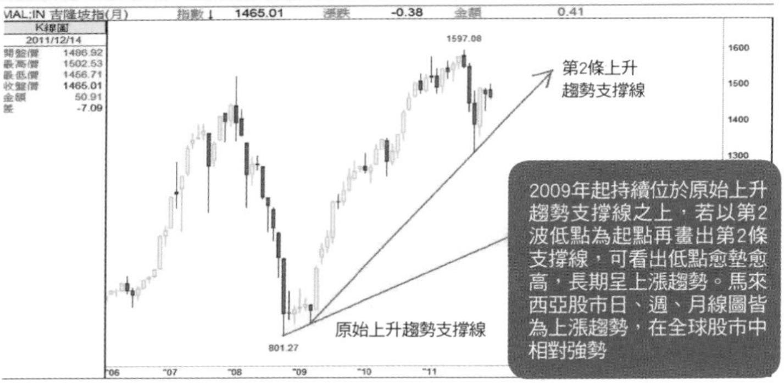
第2條上升趨勢支撐線
2009年起持續位於原始上升趨勢支撐線之上，若以第2波低點為起點再畫出第2條支撐線，可看出低點愈墊愈高，長期呈上漲趨勢。馬來西亞股市日、週、月線圖皆為上漲趨勢，在全球股市中相對強勢
原始上升趨勢支撐線
1597.08
801.27

資料來源：新世紀贏家

澳洲雪梨指數

特色：澳洲為全世界最重要的原物料出口國之一，由於該國內需市場不大，澳洲股市的表現，也可視為全球原物料景氣榮枯的指標。

圖5-67 澳洲雪梨指數日線圖——短期趨勢

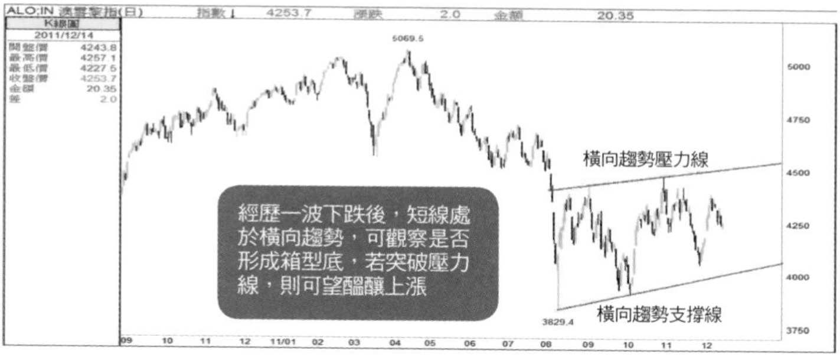
ALO;IN 澳雪梨指(日)
5069.5
橫向趨勢壓力線
經歷一波下跌後，短線處於橫向趨勢，可觀察是否形成箱型底，若突破壓力線，則可望醞釀上漲
3829.4
橫向趨勢支撐線
5000
4750
4500
4250
4000
3750
09
10
11
12
11/01
02
03
04
05
06
07
08
09
10
11
12

圖5-68 澳洲雪梨指數週線圖——中期（波段）趨勢

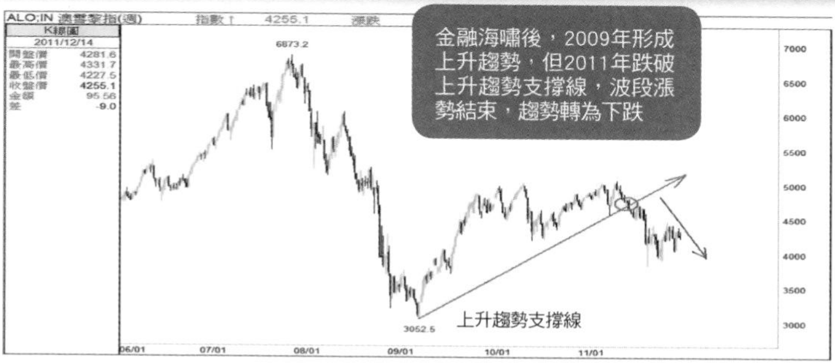
ALO;IN 澳雪梨指(週)
6873.2
金融海嘯後，2009年形成上升趨勢，但2011年跌破上升趨勢支撐線，波段漲勢結束，趨勢轉為下跌
3052.5
上升趨勢支撐線
7000
6500
6000
5500
5000
4500
4000
3500
3000
06/01
07/01
08/01
09/01
10/01
11/01

圖5-69 澳洲雪梨指數月線圖——長期趨勢

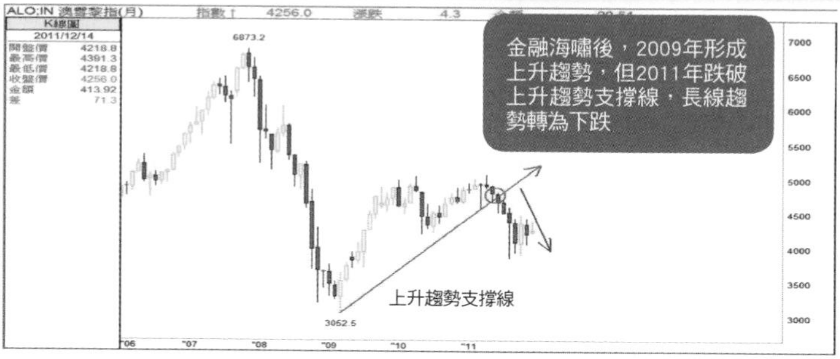
ALO;IN 澳雪梨指(月)
6873.2
金融海嘯後，2009年形成上升趨勢，但2011年跌破上升趨勢支撐線，長線趨勢轉為下跌
3052.5
上升趨勢支撐線
7000
6500
6000
5500
5000
4500
4000
3500
3000
'06
'07
'08
'09
'10
'11

資料來源：新世紀贏家

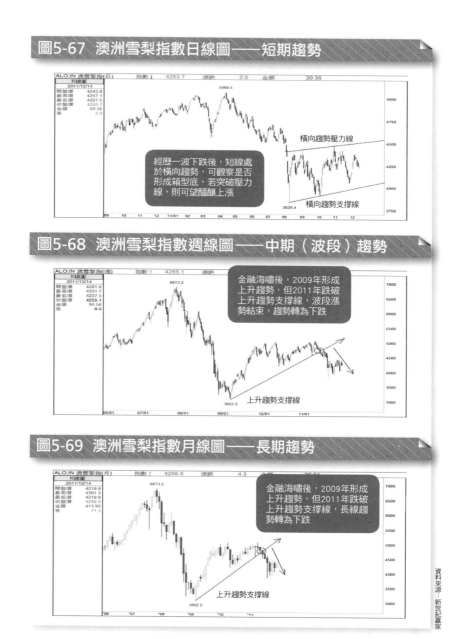

其他股市

南非指數

特色：全球第1大金礦與鑽石生產國，金價若好，南非幣與南非股市均不寂寞。

圖5-70 南非指數日線圖——短期趨勢

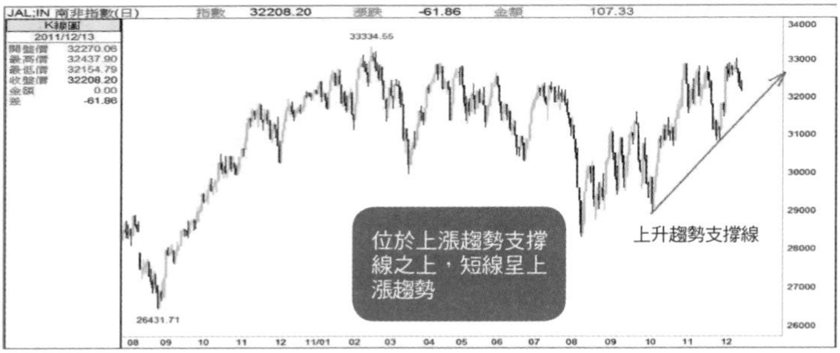
33334.55
26431.71
位於上漲趨勢支撐線之上，短線呈上漲趨勢
上升趨勢支撐線

圖5-71 南非指數週線圖——中期（波段）趨勢

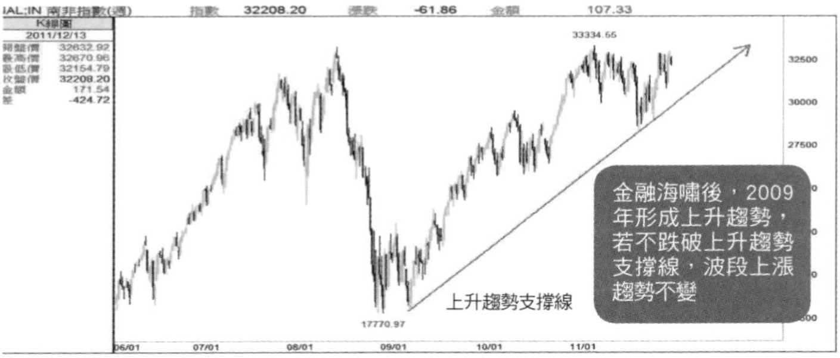
33334.55
17770.97
上升趨勢支撐線
金融海嘯後，2009年形成上升趨勢，若不跌破上升趨勢支撐線，波段上漲趨勢不變

資料來源：新世紀贏家

圖5-72 南非指數月線圖——長期趨勢

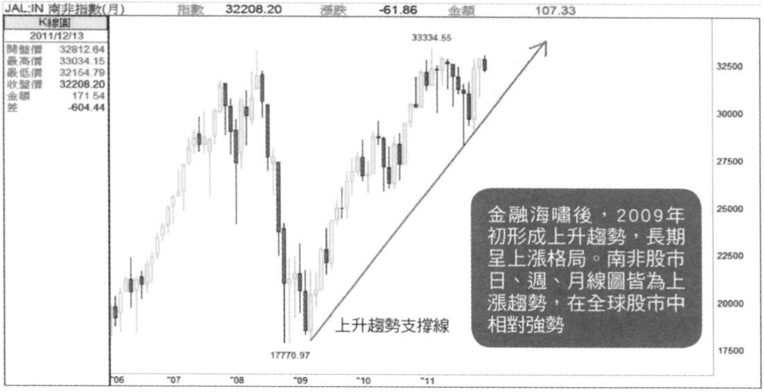
JAL;IN 南非指數(月) 指數 32208.20 漲跌 -61.86 金額 107.33
K線圖
2011/12/13
開盤價 32812.64
最高價 33034.15
最低價 32154.79
收盤價 32208.20
金額 171.54
差 -604.44
33334.55
17770.97
上升趨勢支撐線
金融海嘯後，2009年初形成上升趨勢，長期呈上漲格局。南非股市日、週、月線圖皆為上漲趨勢，在全球股市中相對強勢
32500
30000
27500
25000
22500
20000
17500
'06 '07 '08 '09 '10 '11

資料來源：新世紀贏家

土耳其指數

特色：土耳其是歐亞交界樞紐，同時受到歐洲與亞洲的影響，也是極具發展潛力的新興市場。

圖5-73 土耳其指數日線圖——短期趨勢

XU100;IN 土耳其指(日) 指數 52551.52 漲跌 107.45 金額 0.02
K線圖
2011/12/13
開盤價 52457.95
最高價 52989.15
最低價 52117.13
收盤價 52551.52
金額 0.01
差 107.45
71776.92
下降趨勢壓力線
短線處於橫向盤整，未來若向上突破壓力線、打底成形，則可醞釀上漲
48600.16
橫向趨勢支撐線
70000
65000
60000
55000
50000
08 09 10 11 12 11/01 02 03 04 05 06 07 08 09 10 11 12

資料來源：新世紀贏家

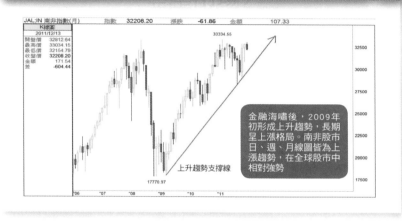

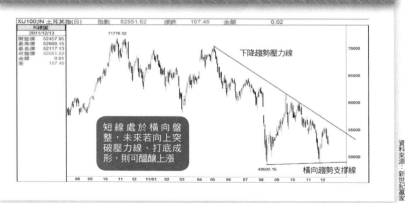

圖5-74 土耳其指數週線圖——中期（波段）趨勢

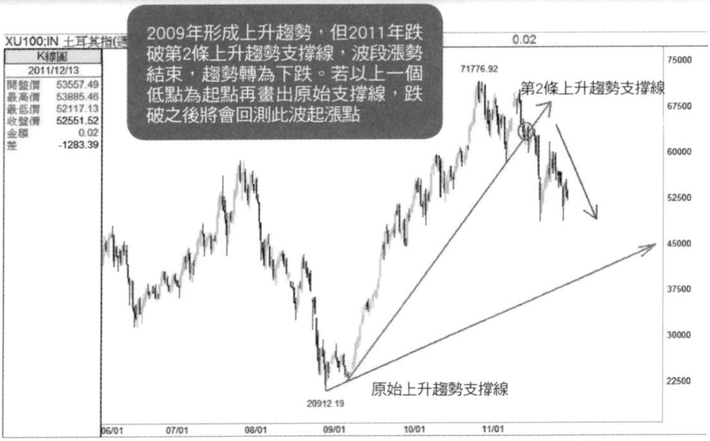

圖5-75 土耳其指數月線圖——長期趨勢

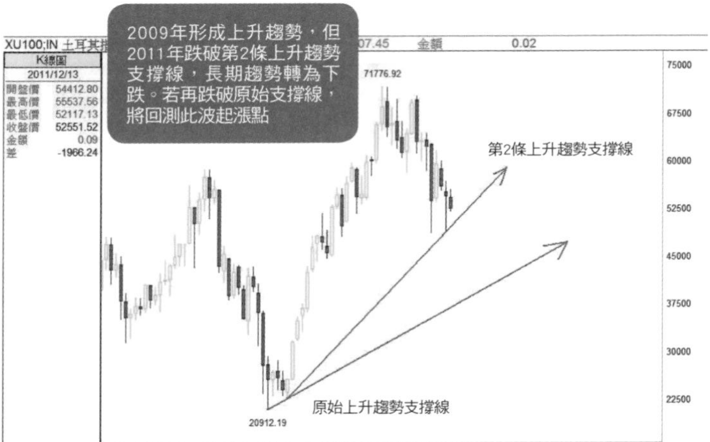

資料來源：新世紀贏家

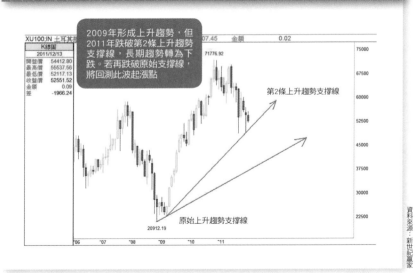

課後心得

1. 本章除了讓讀者對全球股市有基本了解，也是一個簡單的練習題，讓讀者學習多看股價走勢圖，就能對「趨勢」產生直覺，要練到一眼就能正確判斷它是「上漲趨勢」或「橫向趨勢」或「下跌趨勢」。
2. 在練習時，要分類練習：先練習多看看日線圖，等到能一眼就正確判斷它是「上漲趨勢」、「橫向趨勢」或「下跌趨勢」，這樣就學會了短期趨勢的研判；同樣方法，再繼續練習看週線圖，以學會中期（波段）趨勢的研判；再接再厲，繼續練習月線圖，學會長期趨勢的研判。
3. 當讀者都學會了如何研判短期、中期、長期趨勢的「上漲趨勢」和「橫向趨勢」和「下跌趨勢」，就可以和筆者一樣，輕鬆地觀察全球股市的脈絡，以做為投資國內、外股市或基金之參考依據。

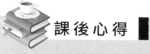

6

趨勢線的
正確畫法與應用

技術分析基礎，在於價位的變化，每一天的股市波動，都可以定義為4個價位：開盤價、盤中最高價、盤中最低價和收盤價（但價格有可能是相同的，譬如一開盤就漲停，則4個價位均同），用這4個價位可繪製成一個柱狀圖，股市中稱之為「K線」。由於兩個點才能夠連成一條線，單一根的K線也無法判斷未來方向，所以要畫趨勢線圖，必須要兩天以上的「K線」交易數據（依分析需要，繪製K線的參考時間可以更短，例如小時K線，也可以更長，例如月K線）。

圖6-1 認識K線

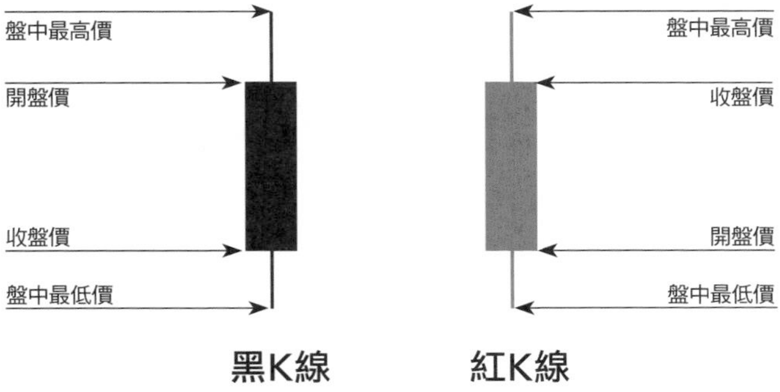

搞懂趨勢線原理，抓對股市脈動

趨勢線可分為支撐線、壓力線，畫趨勢線的方法，市場上有不同版本，見仁見智，而筆者的畫法較為客觀，忠於交易實況且不還原權值，畫法如下：

1.畫支撐線：

先找到兩個盤中最低價，然後將它連起來，往後一直延伸，就構成「支撐線」。

① 若支撐線的趨勢，是由左下角向右上角延伸，稱為「上升趨勢支撐線」（詳見圖6-2）。

② 若支撐線的趨勢，是由左上角向右下角延伸，稱為「下降趨勢支撐線」（詳見圖6-3）。

③ 若支撐線的趨勢，是由左邊向右邊延伸，稱為「橫向趨勢支撐線」（詳見圖6-4）。

2.畫壓力線：

先找到兩個盤中最高價，然後將它連起來，往後一直延伸，就構成「壓力線」。

① 若壓力線的趨勢，是由左下角向右上角延伸，稱之為「上升趨勢壓力線」（詳見圖6-5）。

② 若壓力線的趨勢，是由左上角向右下角延伸，稱之為「下降趨勢壓力線」（詳見圖6-6）。

③ 若壓力線的趨勢，是由左邊向右邊延伸，稱之為「橫向趨勢壓力線」（詳見圖6-7）。

圖6-2 上升趨勢支撐線

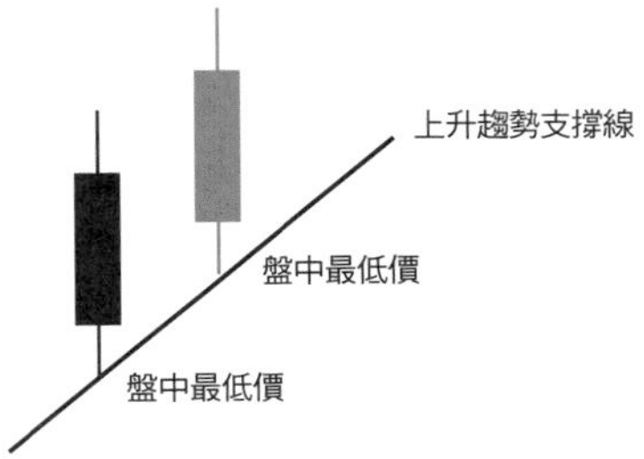

畫法

錯誤畫法

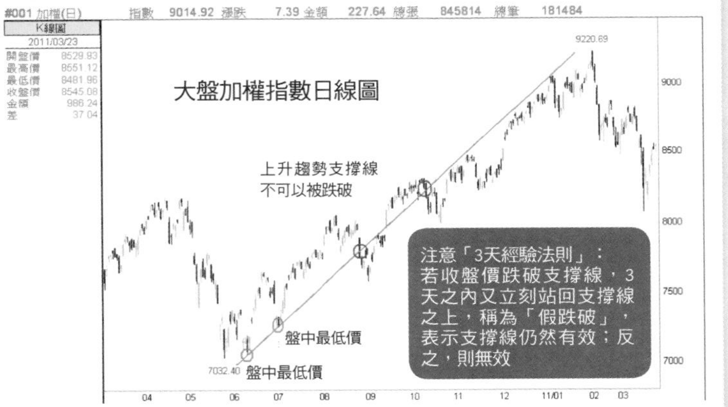

資料來源：新世紀贏家

正確畫法

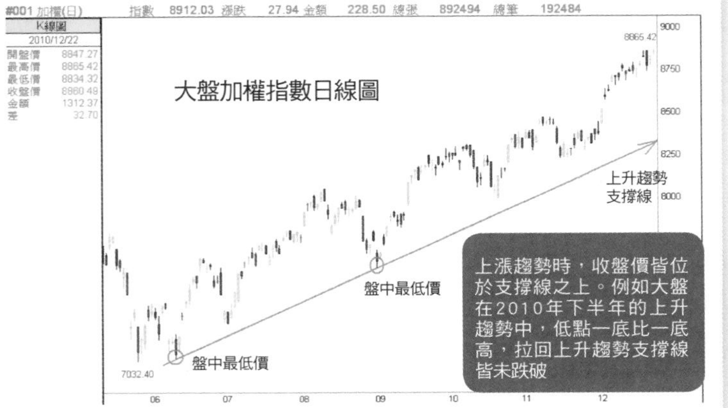

資料來源：新世紀贏家

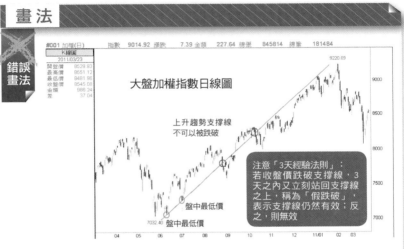

運用

運用1

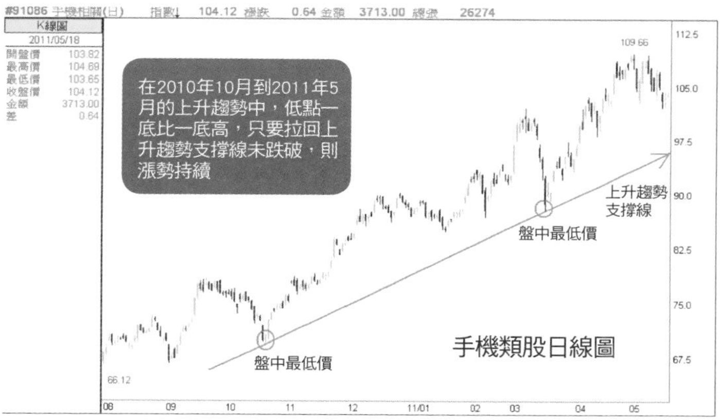
在2010年10月到2011年5月的上升趨勢中，低點一底比一底高，只要拉回上升趨勢支撐線未跌破，則漲勢持續
上升趨勢
支撐線
盤中最低價
盤中最低價
手機類股日線圖
K線圖
2011/05/18
109.66
66.12

資料來源：新世紀贏家

運用2

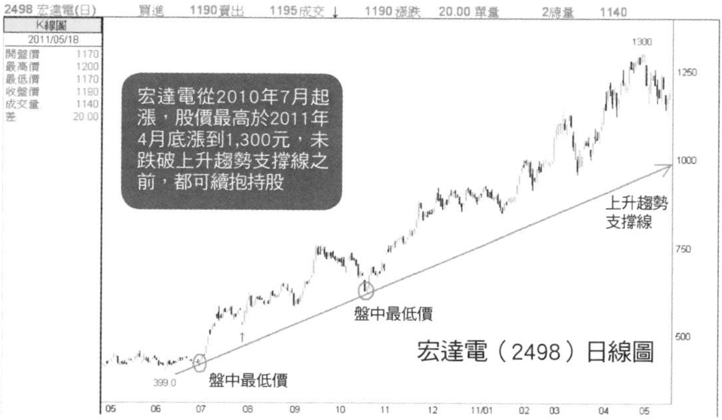
宏達電從2010年7月起漲，股價最高於2011年4月底漲到1,300元，未跌破上升趨勢支撐線之前，都可續抱持股
上升趨勢
支撐線
盤中最低價
盤中最低價
宏達電（2498）日線圖
K線圖
2011/05/18
1300
399.0

資料來源：新世紀贏家

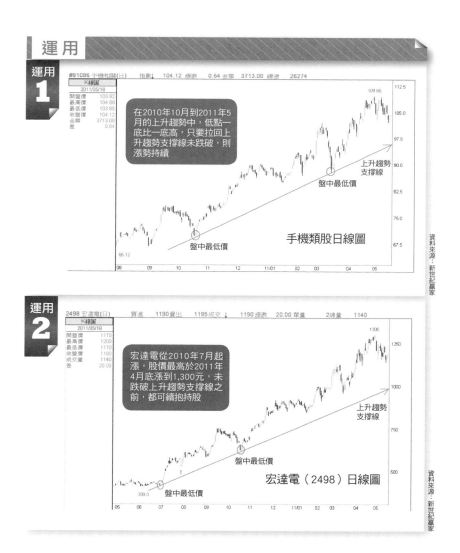

圖6-3 下降趨勢支撐線

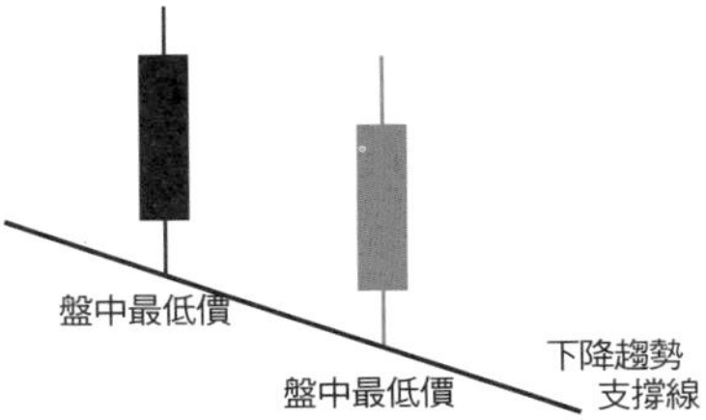
盤中最低價
盤中最低價
下降趨勢
支撐線

畫法

錯誤畫法

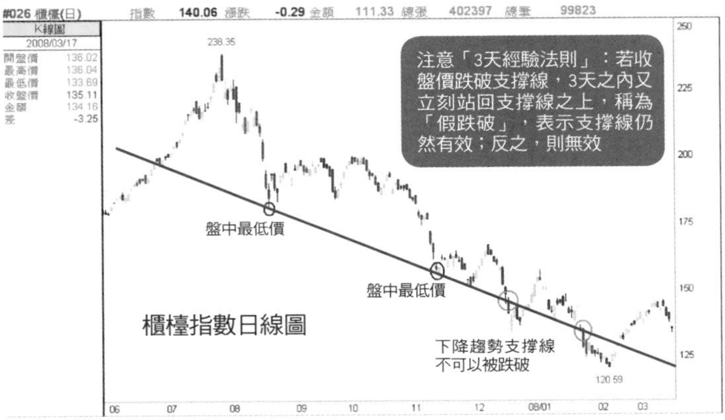
#026 櫃檯(日)
指數 140.06 漲跌 -0.29 金額 111.33 總張 402397 總筆 99823
K線圖
2008/03/17
開盤價 136.02
最高價 136.04
最低價 133.69
收盤價 135.11
金額 134.16
差 -3.25
238.35
注意「3天經驗法則」：若收盤價跌破支撐線，3天之內又立刻站回支撐線之上，稱為「假跌破」，表示支撐線仍然有效；反之，則無效
盤中最低價
盤中最低價
櫃檯指數日線圖
下降趨勢支撐線
不可以被跌破
120.59
250
225
200
175
150
125
06
07
08
09
10
11
12
08/01
02
03

資料來源：新世紀贏家

正確畫法

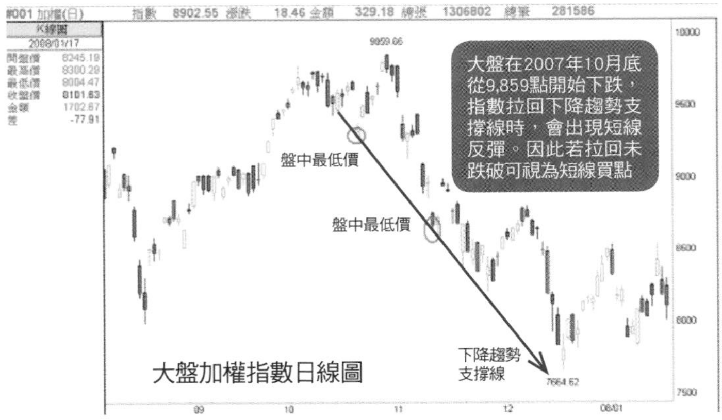
#001 加權(日)
指數 8902.55 漲跌 18.46 金額 329.18 總張 1306802 總筆 281586
K線圖
2008/01/17
開盤價 8245.19
最高價 8300.29
最低價 8004.47
收盤價 8101.63
金額 1702.87
差 -77.91
9859.66
大盤在2007年10月底從9,859點開始下跌，指數拉回下降趨勢支撐線時，會出現短線反彈。因此若拉回未跌破可視為短線買點
盤中最低價
盤中最低價
大盤加權指數日線圖
下降趨勢
支撐線
7664.62
10000
9500
9000
8500
8000
7500
09
10
11
12
08/01

資料來源：新世紀贏家

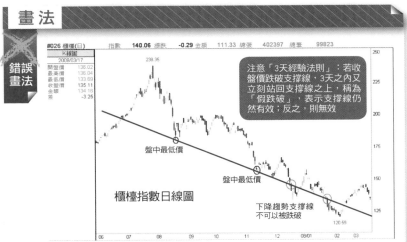

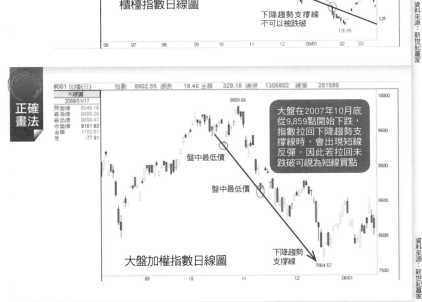

運用

運用 1

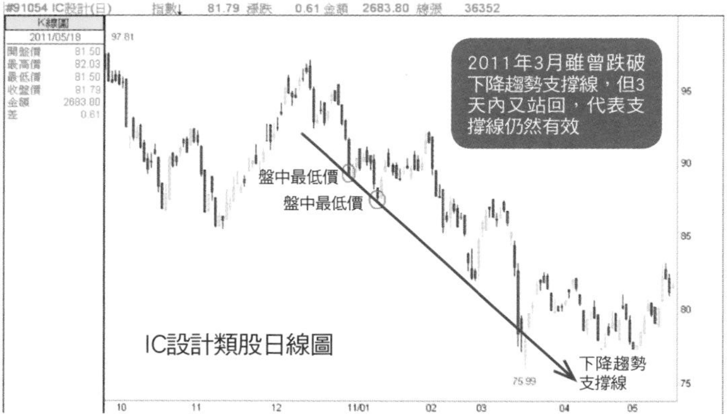
2011年3月雖曾跌破下降趨勢支撐線，但3天內又站回，代表支撐線仍然有效
盤中最低價
盤中最低價
IC設計類股日線圖
下降趨勢支撐線

資料來源：新世紀贏家

運用 2

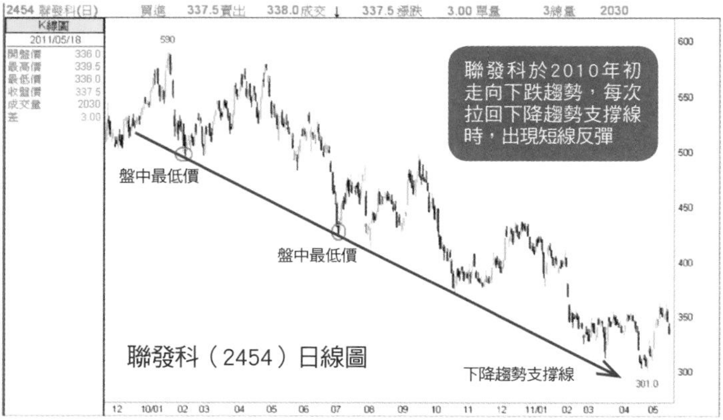
聯發科於2010年初走向下跌趨勢，每次拉回下降趨勢支撐線時，出現短線反彈
盤中最低價
盤中最低價
聯發科（2454）日線圖
下降趨勢支撐線

資料來源：新世紀贏家

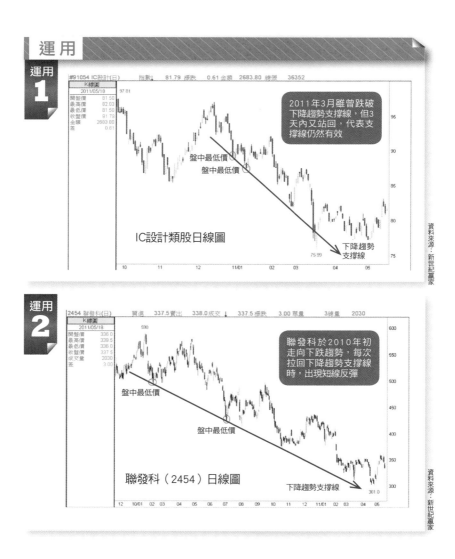

圖6-4
橫向趨勢支撐線

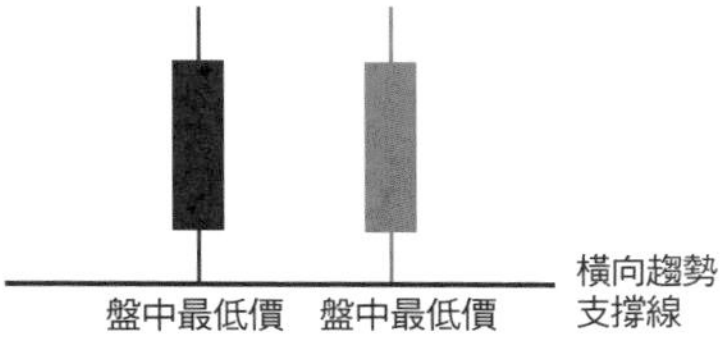

畫法

錯誤畫法

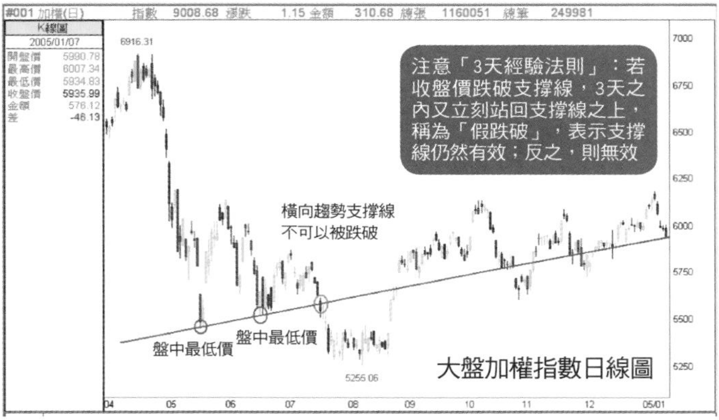

資料來源：新世紀贏家

正確畫法

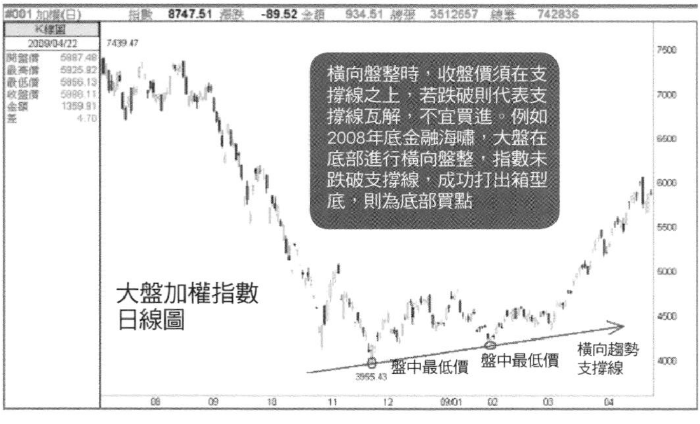

資料來源：新世紀贏家

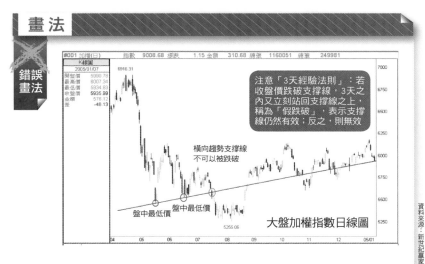

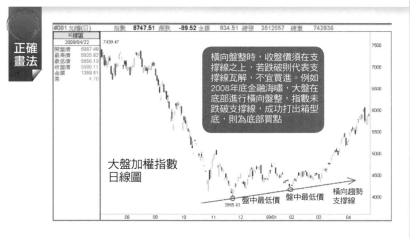

運用

運用 1

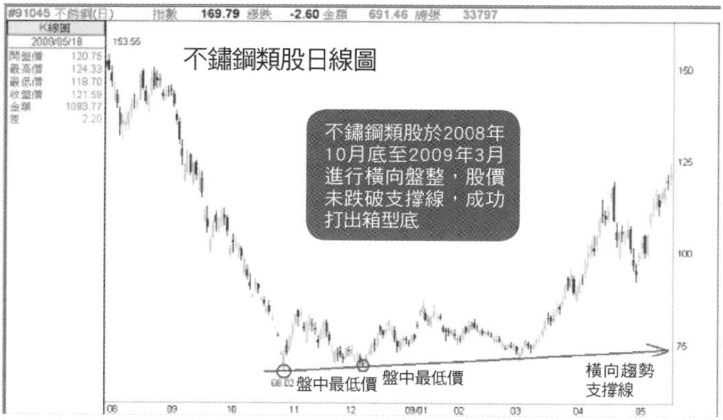
#91045 不銹鋼(日) 指數 169.79 漲跌 -2.60 金額 691.46 總張 33797
K線圖
2009/05/18
開盤價 120.75
最高價 124.33
最低價 118.70
收盤價 121.59
金額 1093.77
差 2.20
153.55
不鏽鋼類股日線圖
不鏽鋼類股於2008年10月底至2009年3月進行橫向盤整，股價未跌破支撐線，成功打出箱型底
盤中最低價
盤中最低價
橫向趨勢支撐線
150
125
100
75
06
09
10
11
12
09/01
02
03
04
05

資料來源：新世紀贏家

運用 2

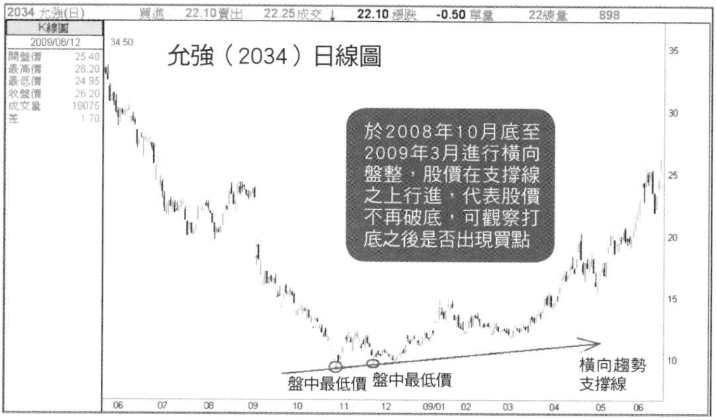
2034 允強(日) 買進 22.10 賣出 22.25 成交 22.10 漲跌 -0.50 單量 22 總量 898
K線圖
2009/06/12
開盤價 25.40
最高價 26.20
最低價 24.95
收盤價 26.20
成交量 18075
差 1.70
34.50
允強（2034）日線圖
於2008年10月底至2009年3月進行橫向盤整，股價在支撐線之上行進，代表股價不再破底，可觀察打底之後是否出現買點
盤中最低價
盤中最低價
橫向趨勢支撐線
35
30
25
20
15
10
06
07
08
09
10
11
12
09/01
02
03
04
05
06

資料來源：新世紀贏家

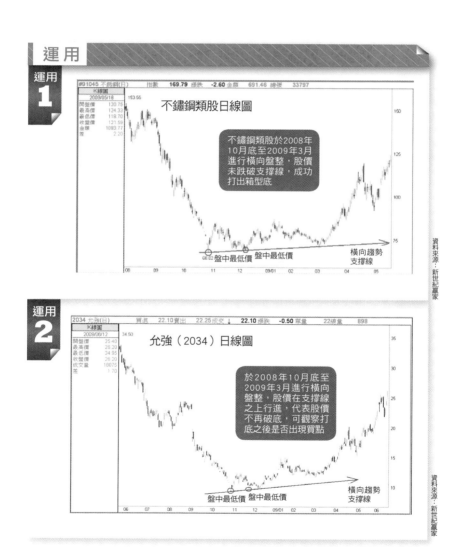

圖6-5 上升趨勢壓力線

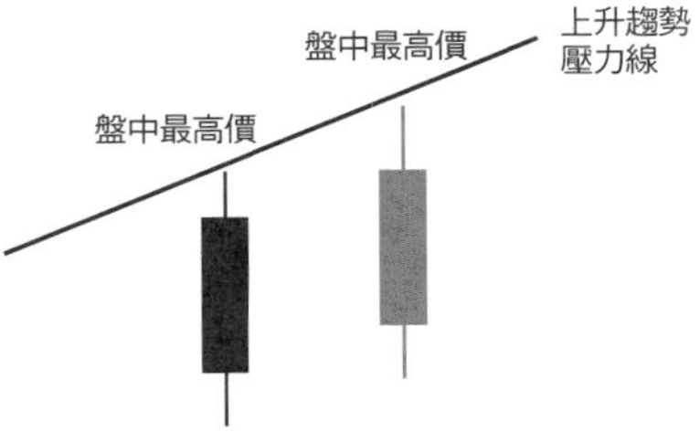
盤中最高價
盤中最高價
上升趨勢
壓力線

畫法

錯誤畫法

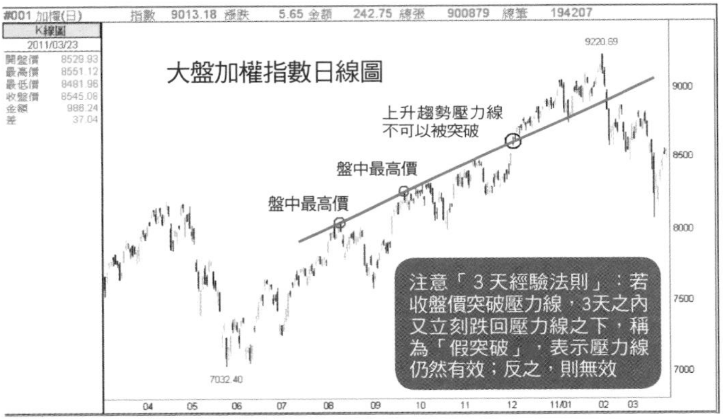
#001 加權(日) 指數 9013.18 漲跌 5.65 金額 242.75 總張 900879 總筆 194207
K線圖
2011/03/23
開盤價 8529.93
最高價 8551.12
最低價 8481.96
收盤價 8545.08
金額 986.24
差 37.04
大盤加權指數日線圖
9220.69
上升趨勢壓力線
不可以被突破
盤中最高價
盤中最高價
注意「3天經驗法則」：若收盤價突破壓力線，3天之內又立刻跌回壓力線之下，稱為「假突破」，表示壓力線仍然有效；反之，則無效
7032.40
9000
8500
8000
7500
7000
04
05
06
07
08
09
10
11
12
11/01
02
03

資料來源：新世紀贏家

正確畫法

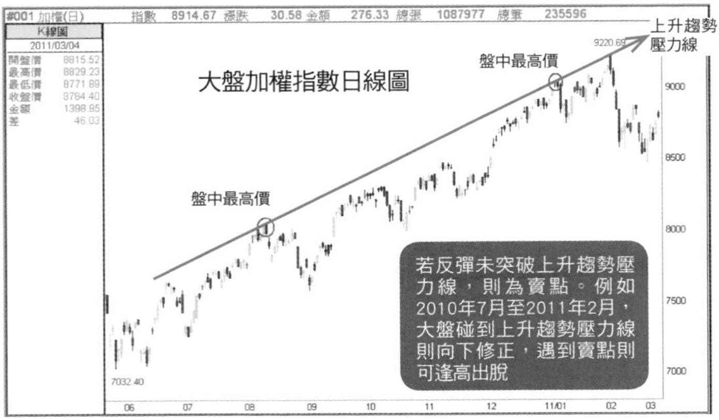
#001 加權(日) 指數 8914.67 漲跌 30.58 金額 276.33 總張 1087977 總筆 235596
K線圖
2011/03/04
開盤價 8815.52
最高價 8829.23
最低價 8771.89
收盤價 8764.40
金額 1398.95
差 46.03
上升趨勢
壓力線
9220.69
盤中最高價
大盤加權指數日線圖
盤中最高價
若反彈未突破上升趨勢壓力線，則為賣點。例如2010年7月至2011年2月，大盤碰到上升趨勢壓力線則向下修正，遇到賣點則可逢高出脫
7032.40
9000
8500
8000
7500
7000
06
07
08
09
10
11
12
11/01
02
03

資料來源：新世紀贏家

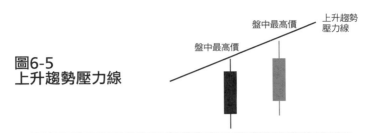

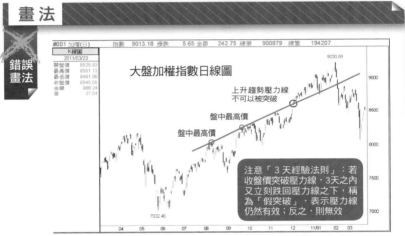

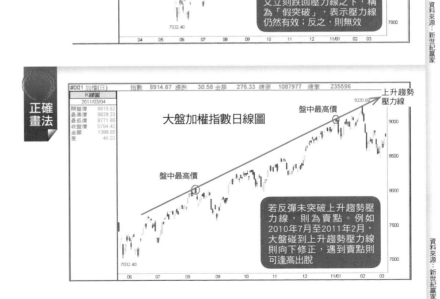

運用

運用 1

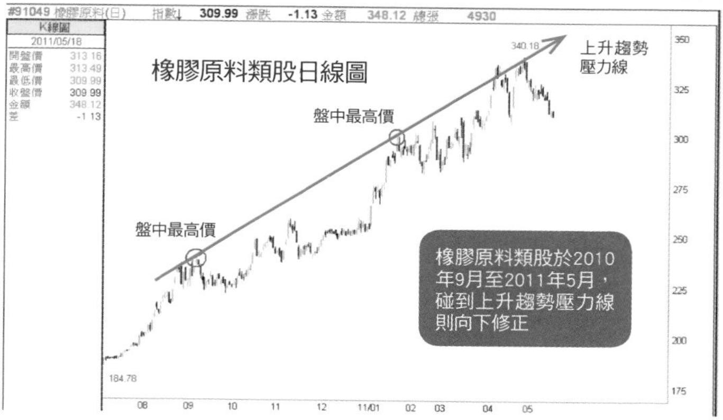
#91049 橡膠原料(日) 指數↓ 309.99 漲跌 -1.13 金額 348.12 總張 4930
K線圖
2011/05/18
開盤價 313.16
最高價 313.49
最低價 309.99
收盤價 309.99
金額 348.12
差 -1.13
橡膠原料類股日線圖
上升趨勢
壓力線
盤中最高價
盤中最高價
340.18
184.78
橡膠原料類股於2010年9月至2011年5月，碰到上升趨勢壓力線則向下修正

資料來源：新世紀贏家

運用 2

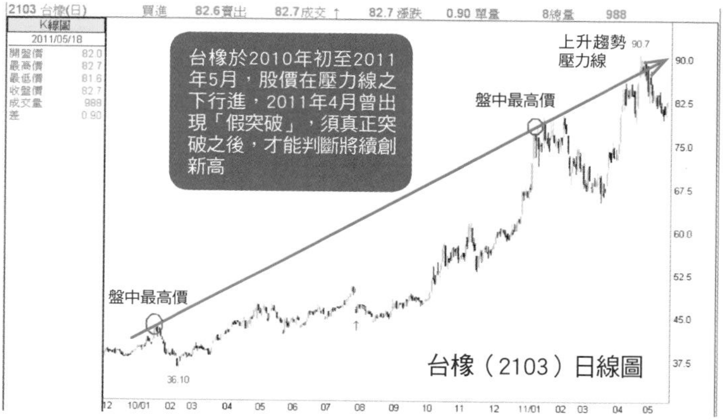
2103 台橡(日) 買進 82.6 賣出 82.7 成交 ↑ 82.7 漲跌 0.90 單量 8 總量 988
K線圖
2011/05/18
開盤價 82.0
最高價 82.7
最低價 81.6
收盤價 82.7
成交量 988
差 0.90
台橡於2010年初至2011年5月，股價在壓力線之下行進，2011年4月曾出現「假突破」，須真正突破之後，才能判斷將續創新高
上升趨勢
壓力線
盤中最高價
盤中最高價
90.7
36.10
台橡（2103）日線圖

資料來源：新世紀贏家

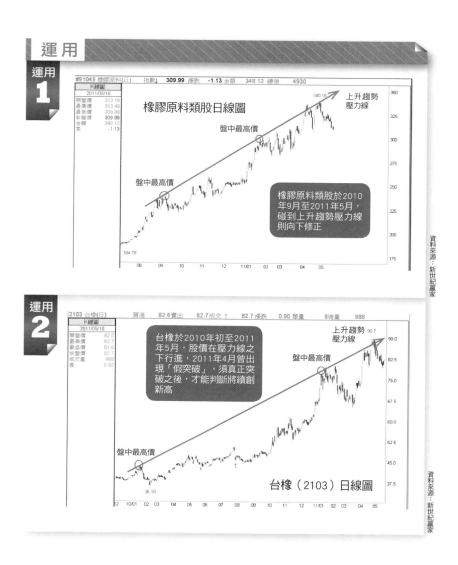

圖6-6 下降趨勢壓力線

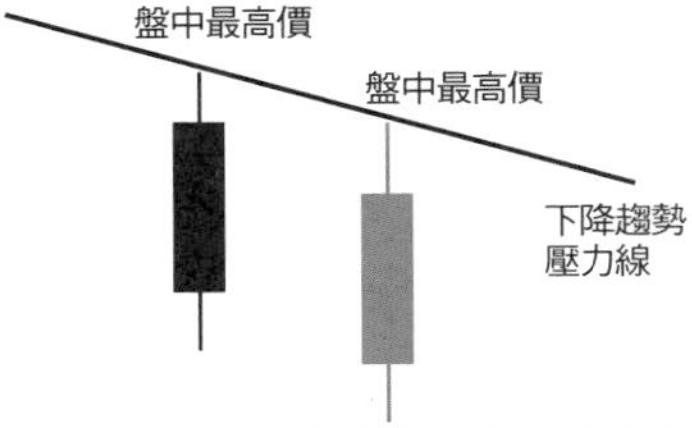

畫法

錯誤畫法

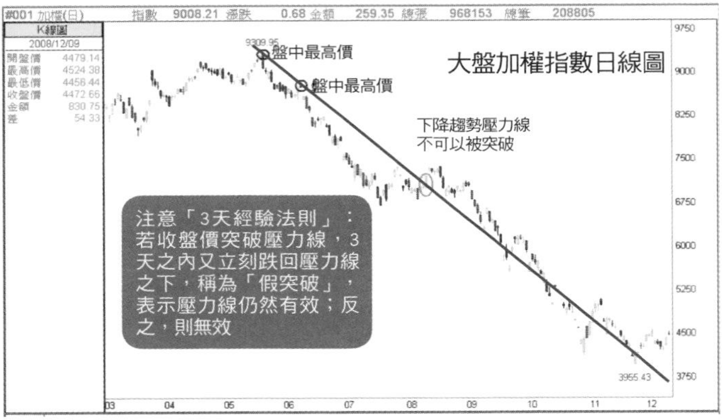

資料來源：新世紀贏家

正確畫法

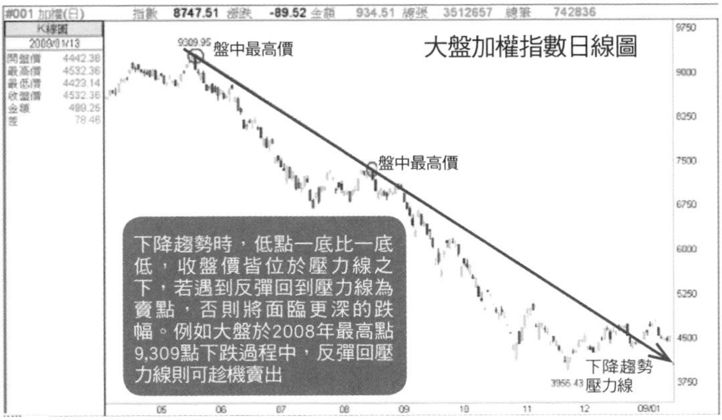

資料來源：新世紀贏家

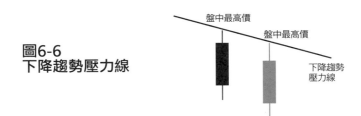

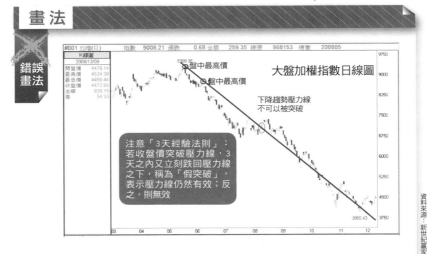

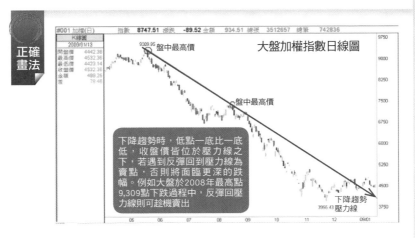

運用

運用 1

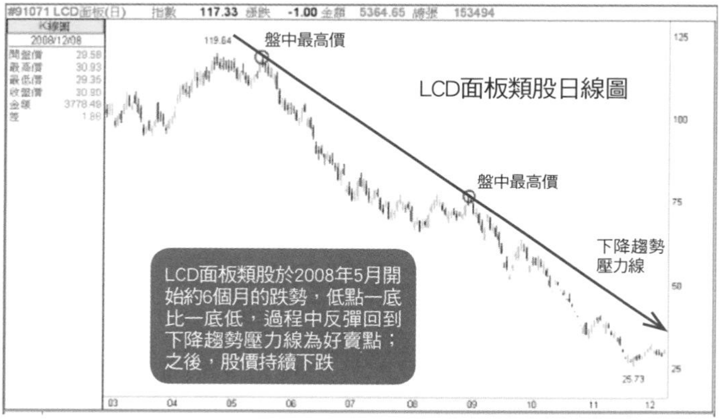
盤中最高價
LCD面板類股日線圖
盤中最高價
下降趨勢
壓力線
LCD面板類股於2008年5月開始約6個月的跌勢，低點一底比一底低，過程中反彈回到下降趨勢壓力線為好賣點；之後，股價持續下跌
119.64
25.73

資料來源：新世紀贏家

運用 2

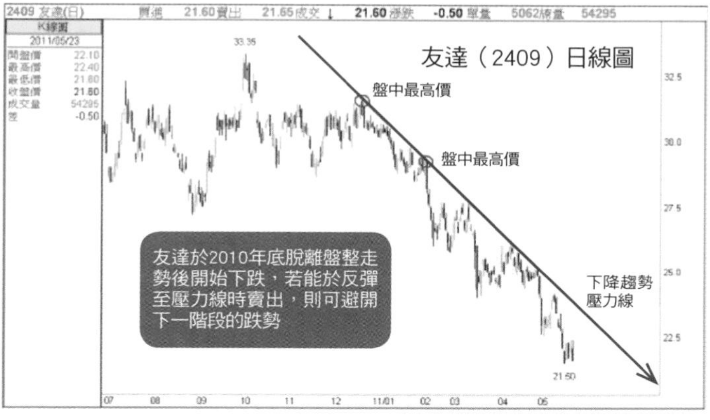
友達（2409）日線圖
盤中最高價
盤中最高價
下降趨勢
壓力線
友達於2010年底脫離盤整走勢後開始下跌，若能於反彈至壓力線時賣出，則可避開下一階段的跌勢
33.35
21.60

資料來源：新世紀贏家

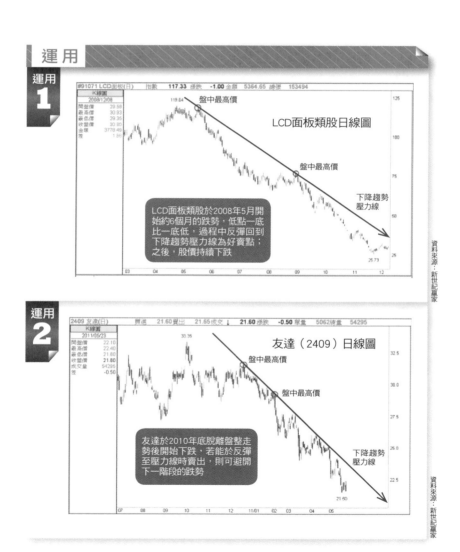

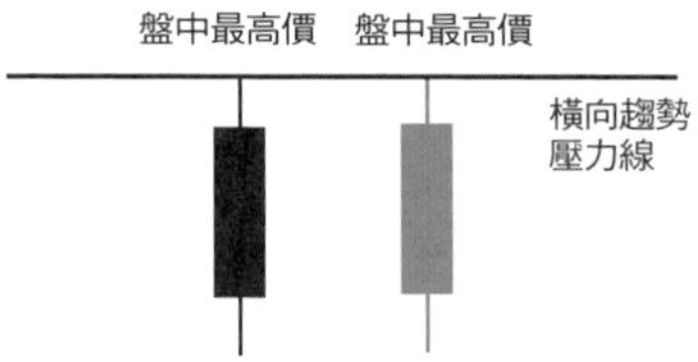

圖6-7 橫向趨勢壓力線

畫法

錯誤畫法

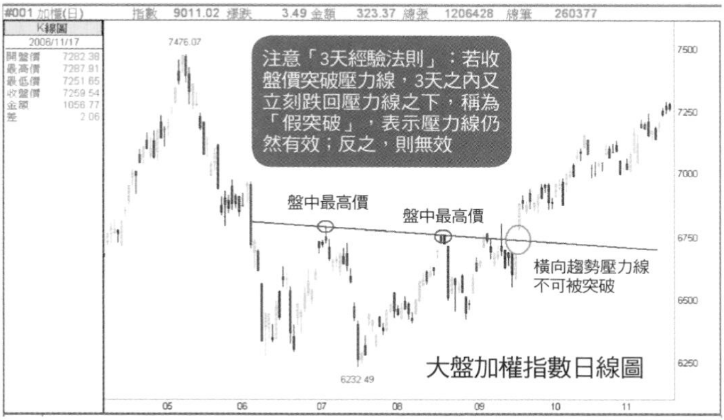

資料來源：新世紀贏家

正確畫法

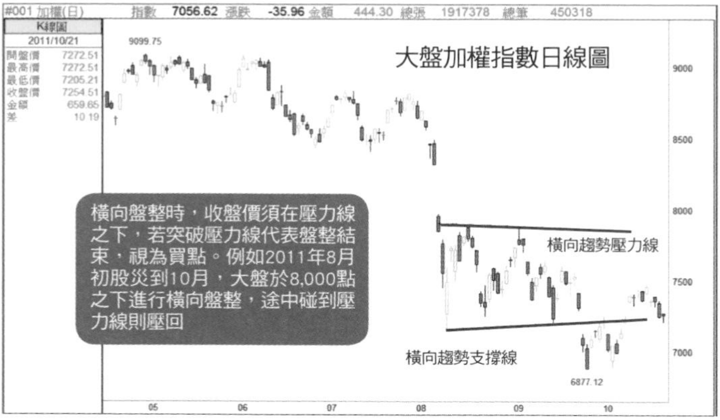

資料來源：新世紀贏家

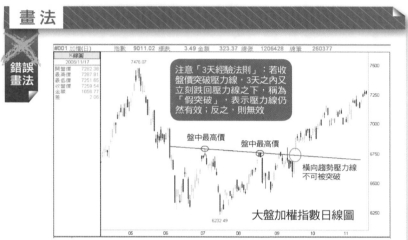

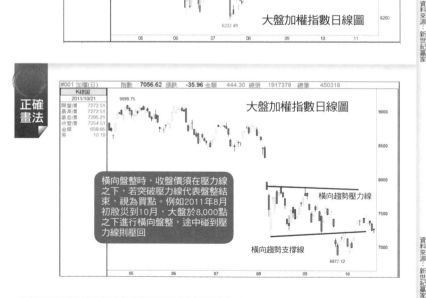

運用

運用 1

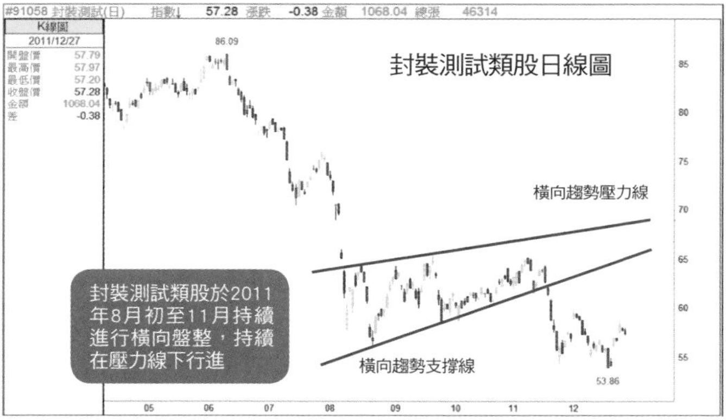
#91058 封裝測試(日) 指數↓ 57.28 漲跌 -0.38 金額 1068.04 總張 46314
K線圖
2011/12/27
開盤價 57.79
最高價 57.97
最低價 57.20
收盤價 57.28
金額 1068.04
差 -0.38
封裝測試類股日線圖
橫向趨勢壓力線
橫向趨勢支撐線
封裝測試類股於2011年8月初至11月持續進行橫向盤整，持續在壓力線下行進
86.09
53.86

資料來源：新世紀贏家

運用 2

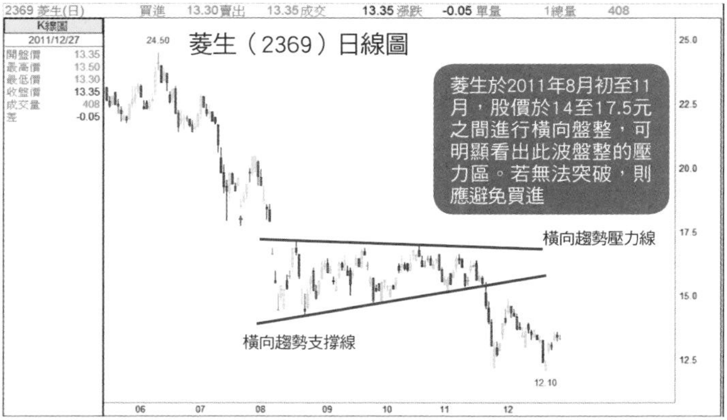
2369 菱生(日) 買進 13.30 賣出 13.35 成交 13.35 漲跌 -0.05 單量 1 總量 408
K線圖
2011/12/27
開盤價 13.35
最高價 13.50
最低價 13.30
收盤價 13.35
成交量 408
差 -0.05
菱生（2369）日線圖
菱生於2011年8月初至11月，股價於14至17.5元之間進行橫向盤整，可明顯看出此波盤整的壓力區。若無法突破，則應避免買進
橫向趨勢壓力線
橫向趨勢支撐線
24.50
12.10

資料來源：新世紀贏家

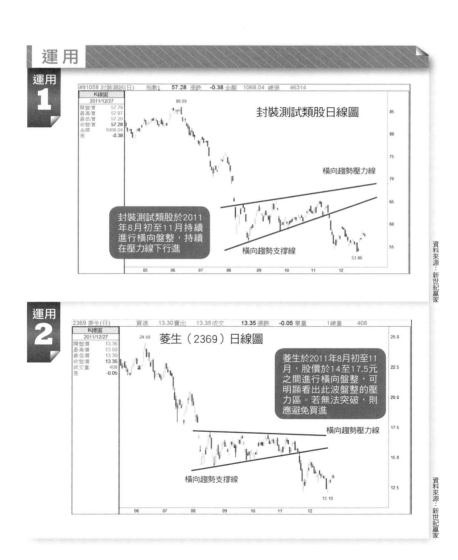

課後心得

1. 在畫「上升趨勢支撐線」或「下降趨勢支撐線」或「橫向趨勢支撐線」時，要注意「支撐線」不可以被跌破；跌破表示「支撐線」無效，無法形成支撐關卡作用，股價將續創新低。
2. 例外的經驗法則：當「支撐線」被跌破後，3天之內又重新站回「支撐線」之上，稱之為「假跌破」，表示所畫的這條支撐線仍然有效。
3. 在畫「上升趨勢壓力線」或「下降趨勢壓力線」或「橫向趨勢壓力線」時，要注意「壓力線」不可以被突破；突破表示「壓力線」無效，無法形成壓力關卡作用，股價將續創新高。
4. 例外的經驗法則：當「壓力線」被突破後，3天之內又重新掉回「壓力線」之下，稱之為「假突破」，表示所畫的這條壓力線仍然有效。

7
判斷多空趨勢轉折關鍵

想掌握趨勢賺錢術，最精髓的部分之一，就是抓到「轉折點」，例如盤勢由上漲轉為下跌，或由下跌轉為上漲。投資人在操作上，需要依據前一章節所繪出的趨勢線，當趨勢線被跌破或突破，即代表趨勢的轉折，方向即將改變。此時，投資人應順勢減碼或順勢加碼，才能抓住趨勢大賺，或力保原有的獲利不會被股價回檔所侵蝕，依照各種狀況的轉折與應對方法，圖解分析如下：

狀況1》上漲轉下跌

上漲趨勢（又稱多頭市場或牛市）何時會結束？何時會轉為橫向趨勢（又稱箱型整理或區間盤整）或下跌趨勢（專業術語稱為空頭市場或熊市）？其最重要的趨勢轉折關鍵點為──「上升趨勢支撐線被跌破」。「上升趨勢支撐線被跌破」表示波段漲勢結束，盤勢將進入「橫向趨勢」或「下跌趨勢」。如下圖：

圖7-1 大盤加權指數上升趨勢支撐線被跌破

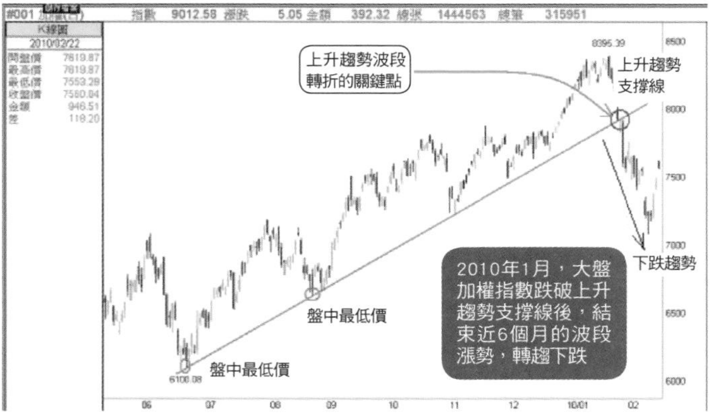

資料來源：新世紀贏家

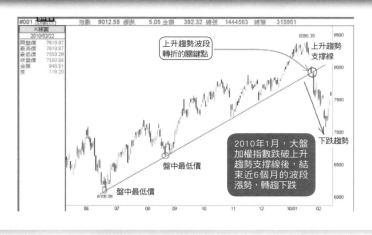

圖7-2 太陽能類股上升趨勢支撐線被跌破

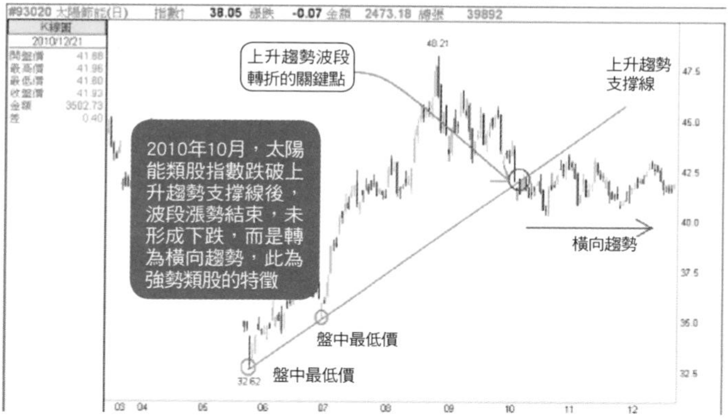

圖7-3 茂迪（6244）日線圖

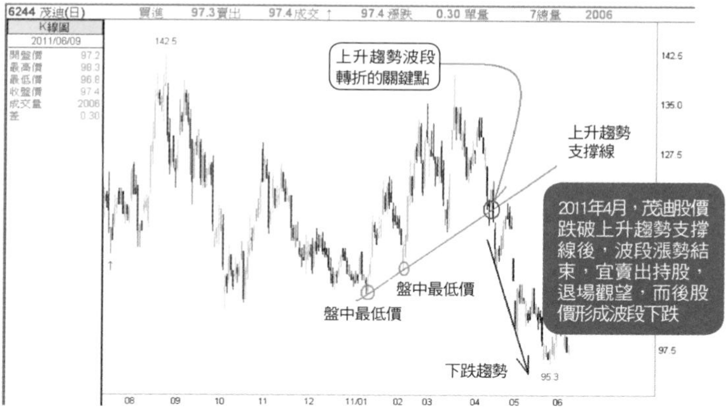

資料來源：新世紀贏家

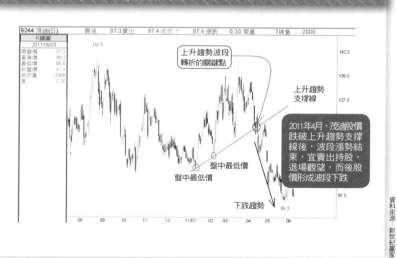

狀況2》下跌轉上漲

下跌趨勢（又稱空頭市場或熊市）何時會結束？何時會轉為橫向趨勢（又稱箱型整理或區間盤整）或上漲趨勢（又稱多頭市場或牛市）？其最重要的趨勢轉折關鍵點為——「下降趨勢壓力線被突破」。「下降趨勢壓力線被突破」表示波段跌勢結束，盤勢將進入「橫向趨勢」或「上漲趨勢」。如下圖：

圖7-4 大盤加權指數下降趨勢壓力線被突破

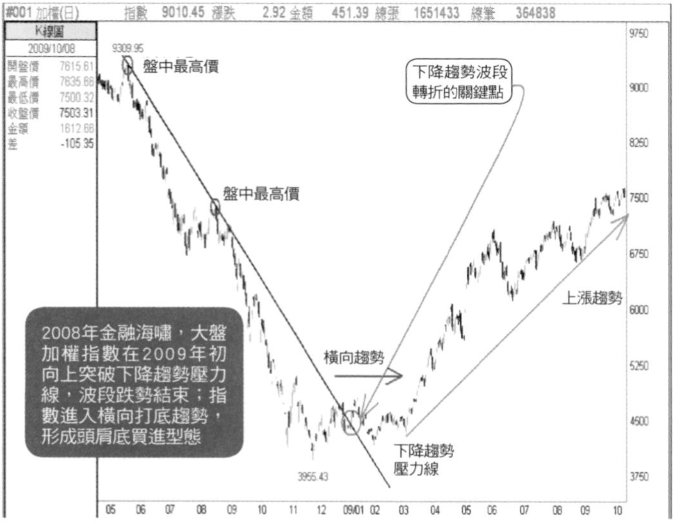

資料來源：新世紀贏家

圖7-5 觸控面板類股下降趨勢壓力線被突破

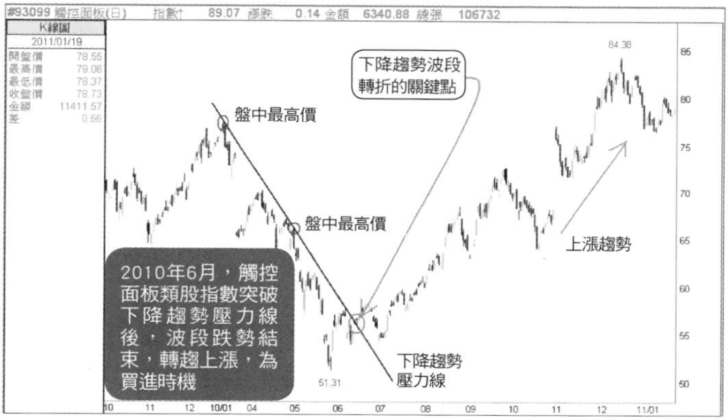

圖7-6 宏達電（2498）日線圖

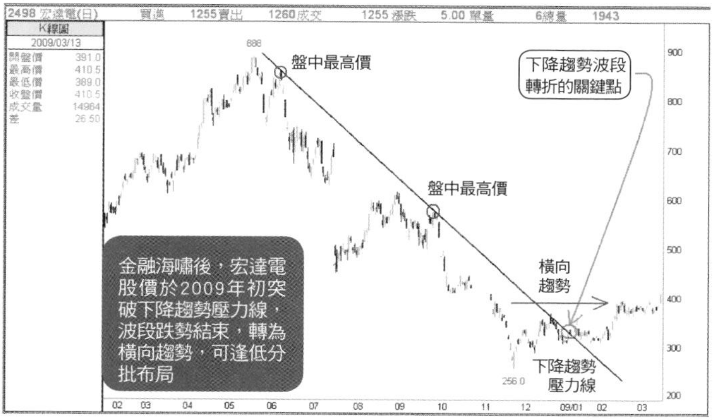

資料來源：新世紀贏家

狀況3》盤整轉下跌

橫向趨勢（又稱箱型整理或區間盤整）何時會結束？何時會轉為下跌趨勢（又稱空頭市場或熊市）？其最重要的趨勢轉折關鍵點為──「橫向趨勢支撐線被跌破」。「橫向趨勢支撐線被跌破」表示波段整理結束，盤勢將進入「下跌趨勢」。如下圖：

圖7-7 大盤加權指數橫向趨勢支撐線被跌破

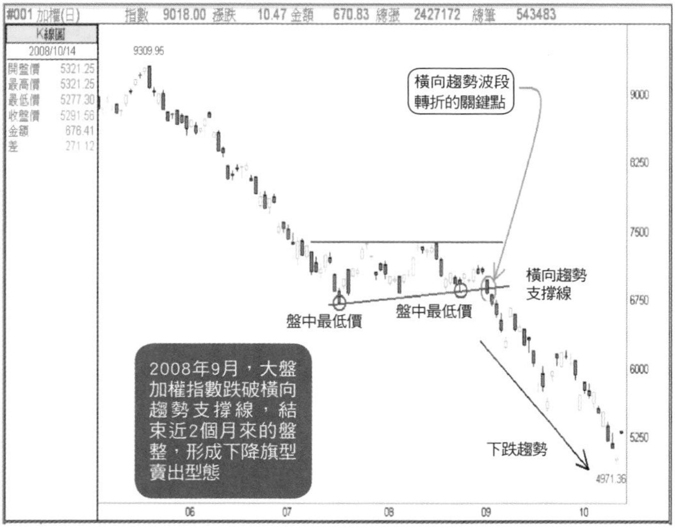

資料來源：新世紀贏家

圖7-8 製藥類股橫向趨勢支撐線被跌破

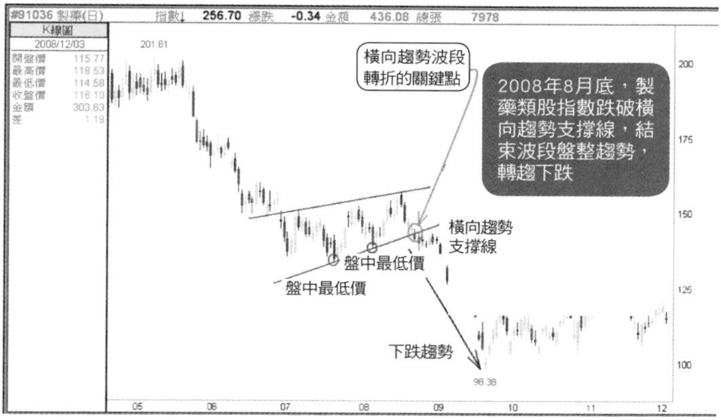

圖7-9 東洋（4105）日線圖

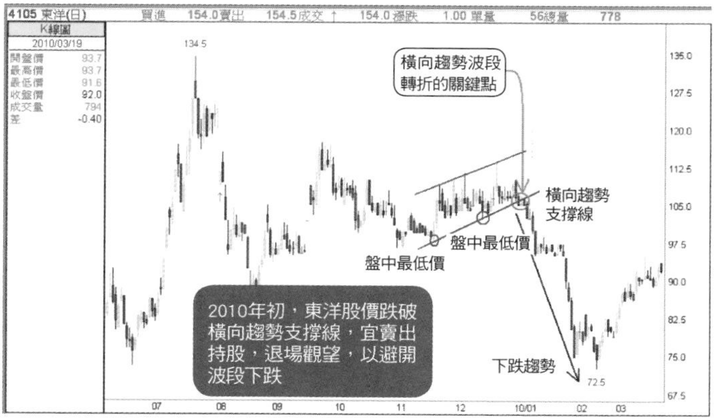

資料來源：新世紀贏家

狀況4》盤整轉上漲

橫向趨勢（又稱箱型整理或區間盤整）何時會結束？何時會轉為上漲趨勢（又稱多頭市場或牛市）？其最重要的趨勢轉折關鍵點為——「橫向趨勢壓力線被突破」。「橫向趨勢壓力線被突破」表示波段整理結束，盤勢將進入「上漲趨勢」。如下圖：

圖7-10 大盤加權指數橫向趨勢壓力線被突破

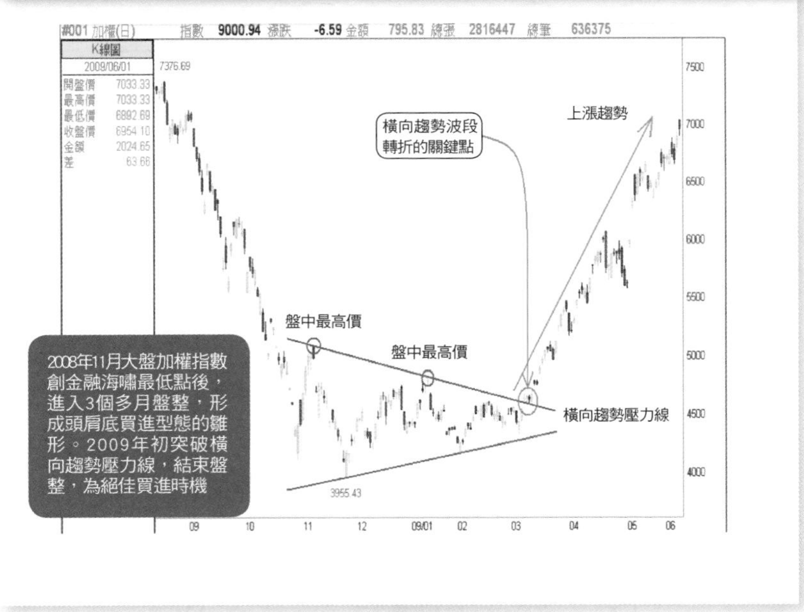

資料來源：新世紀贏家

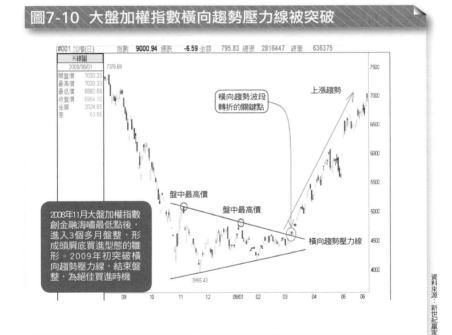

圖7-11 水泥類股橫向趨勢壓力線被突破

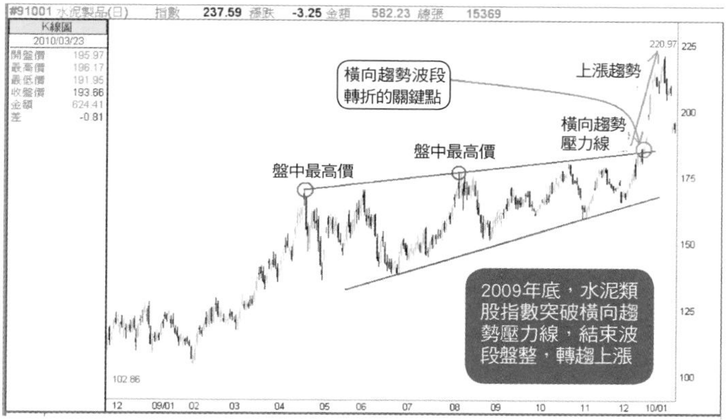

圖7-12 台泥（1101）日線圖

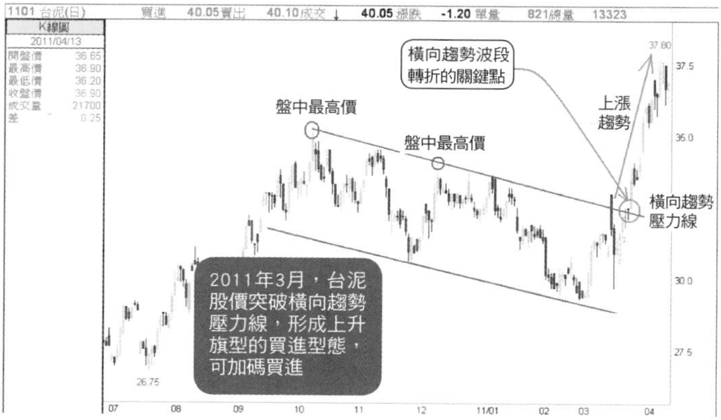

資料來源：新世紀贏家

課後心得

1. 「上升趨勢支撐線被跌破」表示波段漲勢結束，盤勢將進入「橫向趨勢」或「下跌趨勢」。
2. 「下降趨勢壓力線被突破」表示波段跌勢結束，盤勢將進入「橫向趨勢」或「上漲趨勢」。
3. 「橫向趨勢支撐線被跌破」表示波段整理結束，盤勢將進入「下跌趨勢」。
4. 「橫向趨勢壓力線被突破」表示波段整理結束，盤勢將進入「上漲趨勢」。
5. 實務經驗：當「上升趨勢支撐線被跌破」或「橫向趨勢支撐線被跌破」表示波段漲勢或整理結束，盤勢將下跌，操作上必須嚴格執行「停利點」或「停損點」的賣出動作。
6. 當「下降趨勢壓力線被突破」或「橫向趨勢壓力線被突破」表示波段跌勢或整理結束，盤勢將上漲，操作上必須大膽執行買進動作，甚至要敢於追價買強勢股。

8

洞悉多空市場
何時結束

股市再會漲，不可能漲上天，再會跌，不可能跌落深海底，股市漲跌正如景氣有其循環。一個多頭市場，短則15個月，長則3年；一個空頭市場，短則9個月，長則近2年，這告訴我們，多頭或空頭趨勢的成形，並不是一、兩天。因此，要判斷多頭市場或空頭市場的結束，必須要參考多項要件是否同時成立，否則便容易發生誤判。

狀況1》多頭市場結束（空頭市場開始）

必要條件

1.上升趨勢支撐線被跌破
2.賣出型態成立

在多頭市場，上漲趨勢何時會結束，轉為空頭市場？當①「上升趨勢支撐線被跌破」且②「賣出型態」同時成立，即表示多頭市場結束。

頭部（高檔）區最常出現的賣出型態有3種：①M頭、②頭肩頂、③島狀（型）反轉，筆者為大家逐一介紹如下：

1.M頭賣出型態

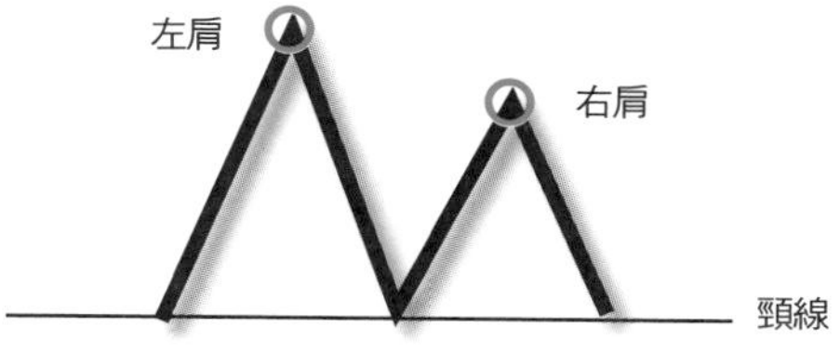

觀察重點：標準M頭，右肩要低於左肩

圖8-1 大盤M頭賣出型態

圖8-2 建漢（3062）日線圖

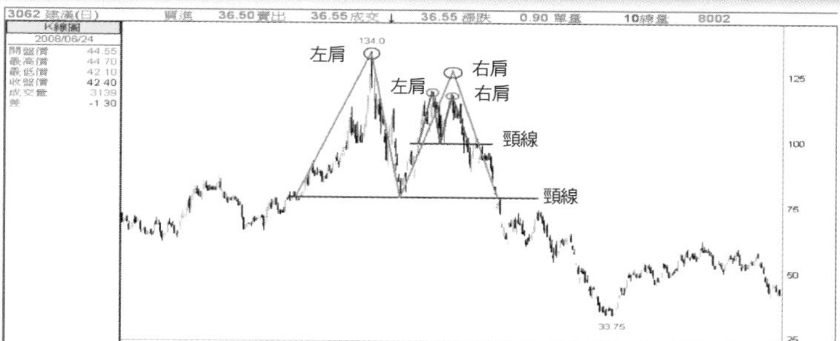

資料來源：新世紀贏家

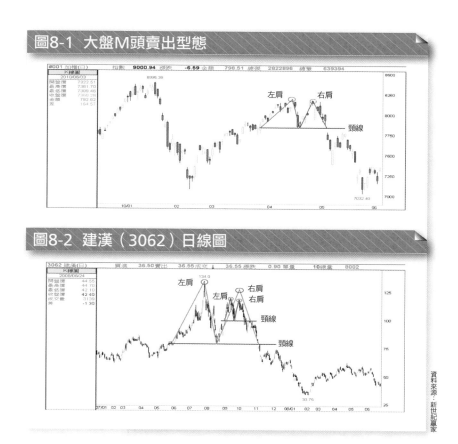

2.頭肩頂賣出型態

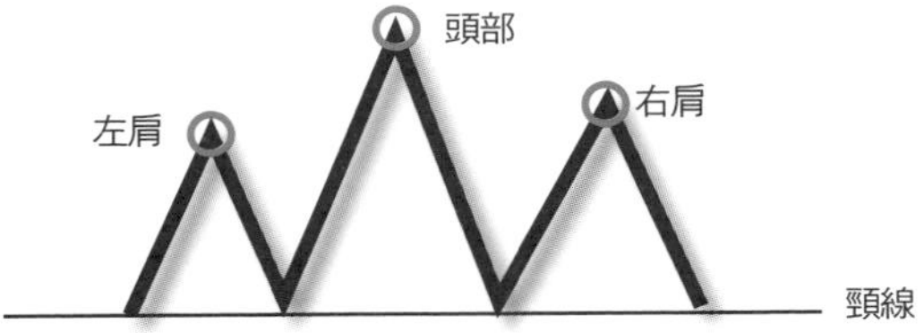

觀察重點：標準頭肩頂的右肩要低於頭部

圖8-3 觀光事業類股頭肩頂賣出型態

圖8-4 勝華（2384）日線圖

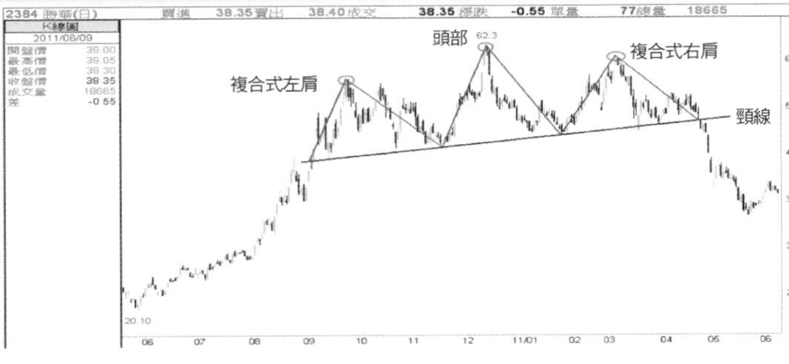

資料來源：新世紀贏家

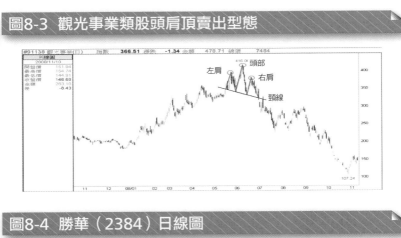

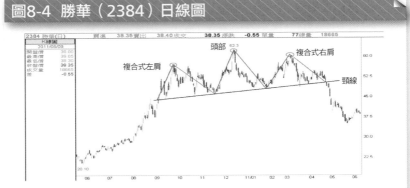

3.島狀（型）反轉賣出型態

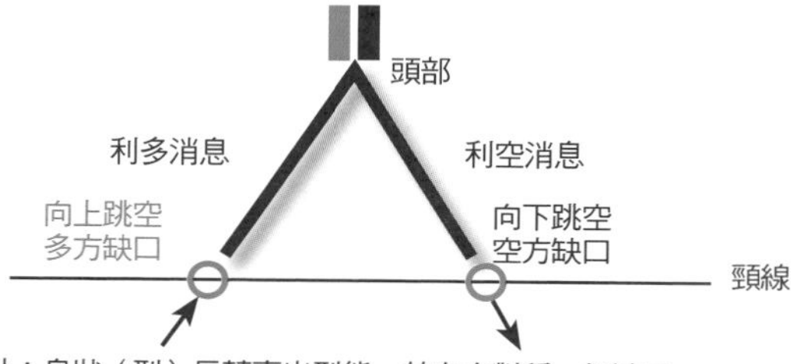

觀察重點：島狀（型）反轉賣出型態，其左右對稱一個缺口，
兩個缺口之間的K線，至少停留2天以上

圖8-5 大盤島狀（型）反轉賣出型態

圖8-6 華亞科（3474）日線圖

資料來源：新世紀贏家

各種條件組合

1.當「上升趨勢支撐線被跌破」且形成「M頭賣出型態」

圖8-7 大盤多頭市場結束

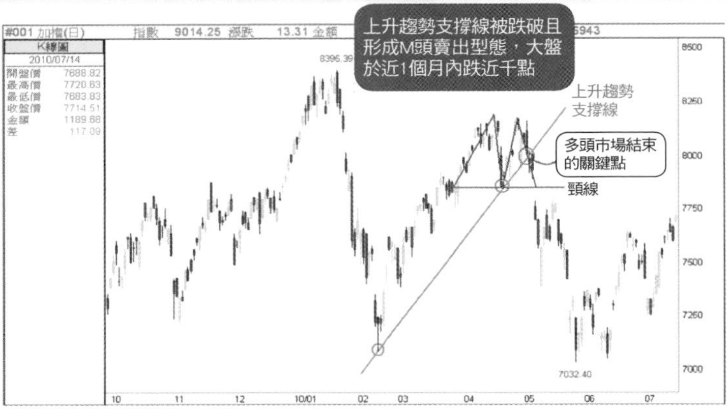
上升趨勢支撐線被跌破且形成M頭賣出型態，大盤於近1個月內跌近千點
上升趨勢支撐線
多頭市場結束的關鍵點
頸線
8395.39
7032.40

圖8-8 建漢（3062）日線圖

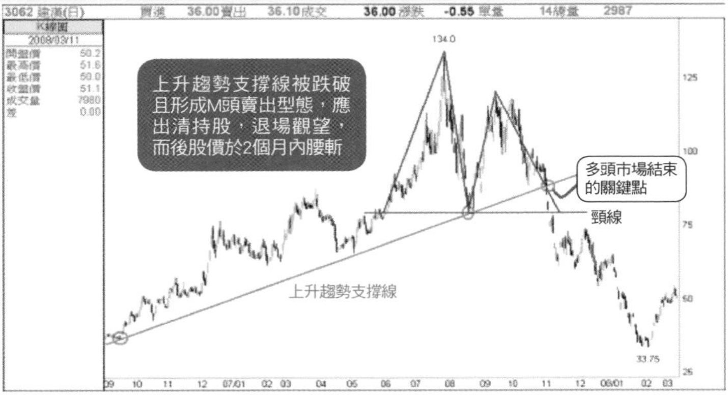
上升趨勢支撐線被跌破且形成M頭賣出型態，應出清持股，退場觀望，而後股價於2個月內腰斬
多頭市場結束的關鍵點
頸線
上升趨勢支撐線
134.0
33.75

資料來源：新世紀贏家

2.當「上升趨勢支撐線被跌破」且形成「頭肩頂賣出型態」

圖8-9 勝華（2384）日線圖

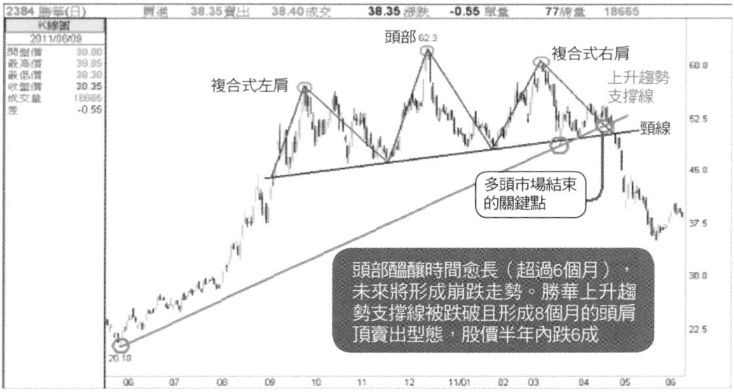
頭部62.3
複合式右肩
複合式左肩
上升趨勢
支撐線
頸線
多頭市場結束
的關鍵點
頭部醞釀時間愈長（超過6個月），
未來將形成崩跌走勢。勝華上升趨
勢支撐線被跌破且形成8個月的頭肩
頂賣出型態，股價半年內跌6成
20.10

圖8-10 宏碁（2353）日線圖

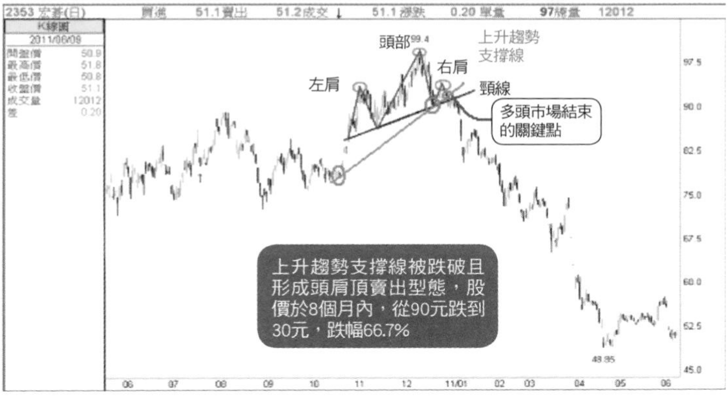
頭部99.4
上升趨勢
支撐線
右肩
左肩
頸線
多頭市場結束
的關鍵點
上升趨勢支撐線被跌破且
形成頭肩頂賣出型態，股
價於8個月內，從90元跌到
30元，跌幅66.7%
48.85

資料來源：新世紀贏家

3.當「上升趨勢支撐線被跌破」且形成「島狀（型）反轉賣出型態」

圖8-11 大盤多頭市場結束

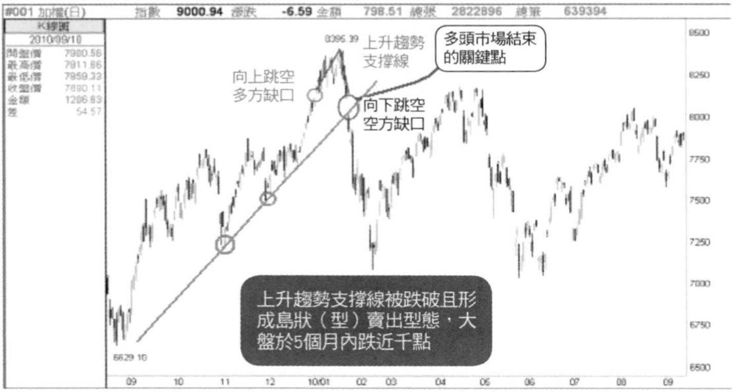

圖8-12 鴻海（2317）日線圖

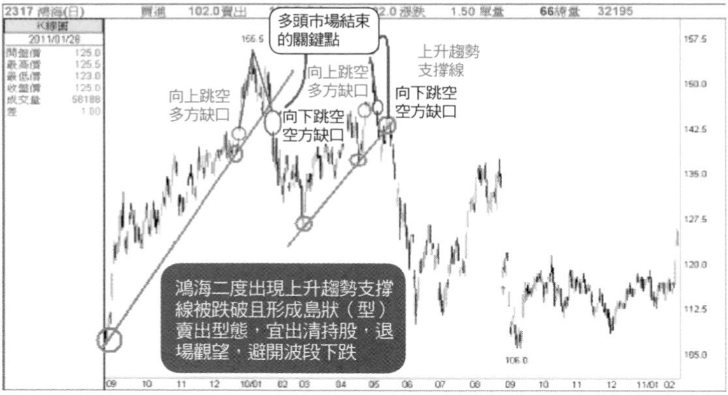

資料來源：新世紀贏家

狀況2》空頭市場結束（多頭市場開始）

必要條件

1.下降趨勢壓力線被突破
2.買進型態成立

在空頭市場，下跌趨勢何時會結束，轉為多頭市場？當①「下降趨勢壓力線被突破」且②「買進型態」同時成立，表示空頭市場結束。

底部（低檔）區最常出現的買進型態有4種：①W底、②頭肩底、③箱型底、④島狀（型）反轉，以下逐一介紹：

1.W底買進型態

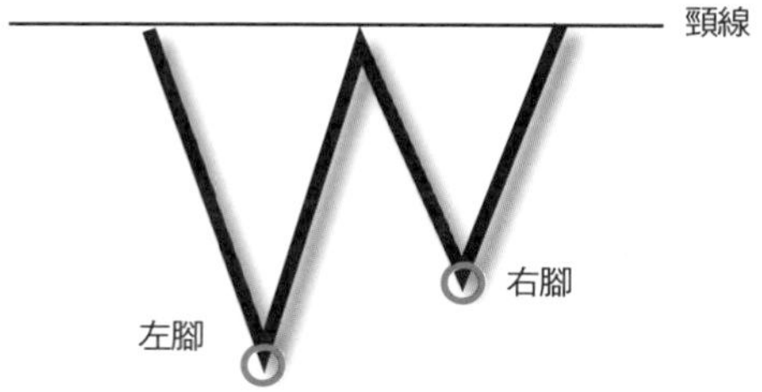

觀察重點：標準的W底買進型態，其右腳必須高於左腳

圖8-13 大盤W底買進型態

圖8-14 建大（2106）日線圖

資料來源：新世紀贏家

2.頭肩底買進型態

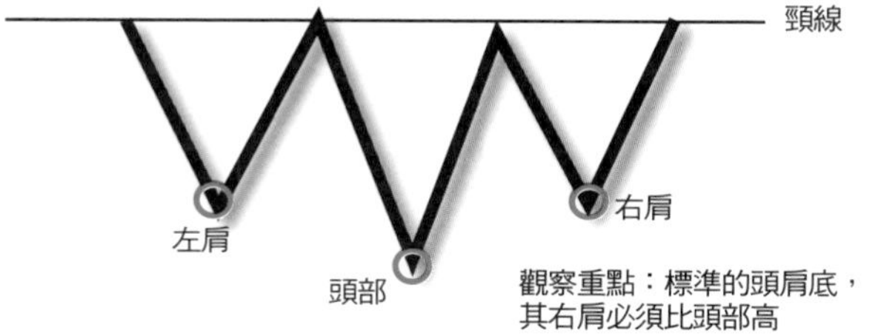
頸線
左肩
右肩
頭部
觀察重點：標準的頭肩底，
其右肩必須比頭部高

圖8-15 大盤頭肩底買進型態

頸線
左肩
右肩
頭部
6232.49
7999.42

圖8-16 台積電（2330）日線圖

頸線
複合式左肩
複合式右肩
複合式頭部

資料來源：新世紀贏家

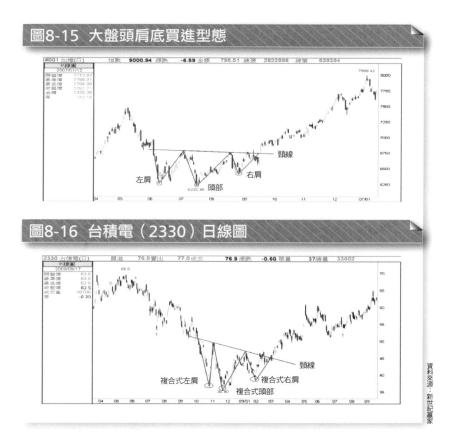

3.箱型底買進型態

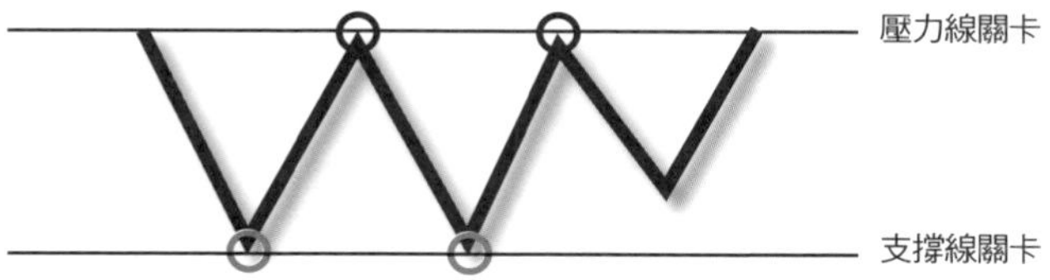

圖8-17 大盤箱型底買進型態

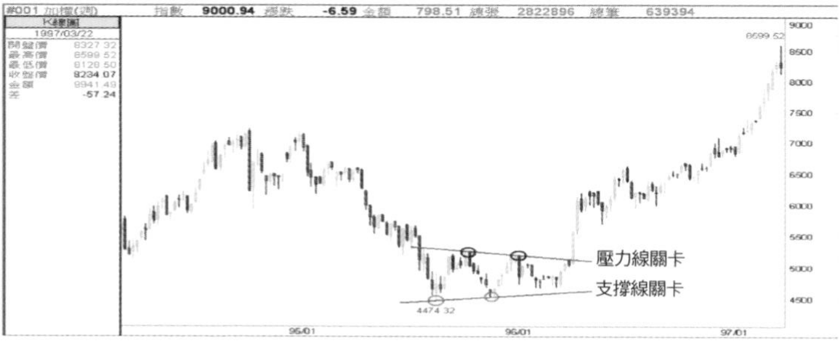

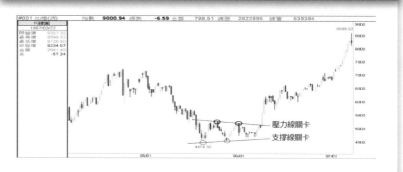

圖8-18 第一銅（2009）日線圖

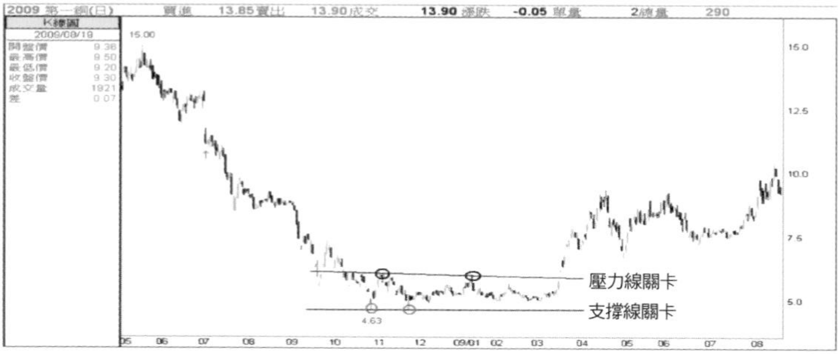

資料來源：新世紀贏家

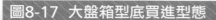

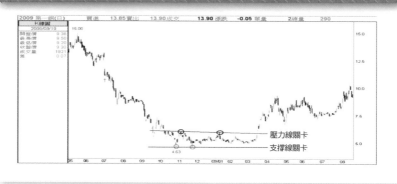

4.島狀（型）反轉買進型態

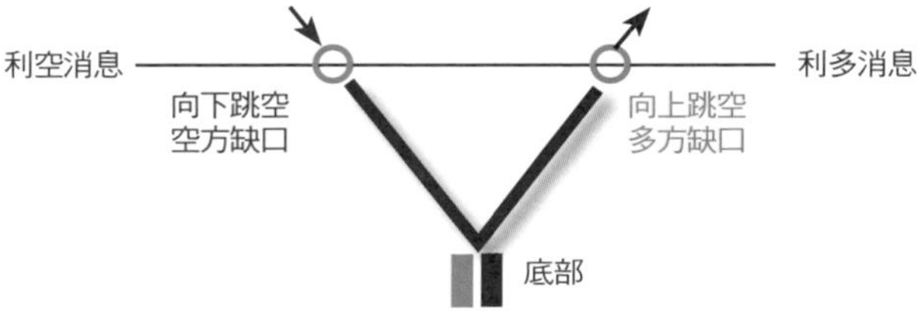
利空消息
向下跳空
空方缺口
向上跳空
多方缺口
利多消息
底部

觀察重點：島狀（型）反轉買進型態，左右對稱一個缺口，
兩個缺口之間的K線，必須停留2天以上

圖8-19 大盤島狀（型）反轉買進型態

向下跳空
空方缺口
向上跳空
多方缺口
向下跳空
空方缺口
向上跳空
多方缺口
向下跳空
空方缺口
向上跳空
多方缺口
二次島狀（型）
反轉買進型態

圖8-20 宏達電（2498）日線圖

向下跳空
空方缺口
向上跳空多方缺口
二次島狀（型）
反轉買進型態

資料來源：新世紀贏家

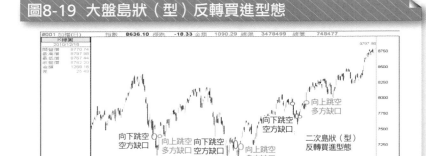

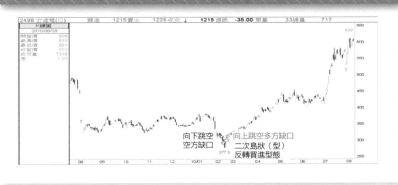

各種條件組合

1.「下降趨勢壓力線被突破」且形成「W底買進型態」

圖8-21 大盤空頭市場結束

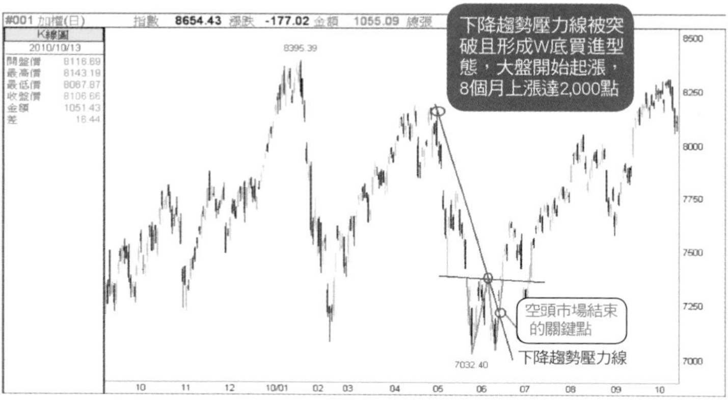
下降趨勢壓力線被突破且形成W底買進型態，大盤開始起漲，8個月上漲達2,000點
空頭市場結束的關鍵點
下降趨勢壓力線
8395.39
7032.40

圖8-22 愛之味（1217）日線圖

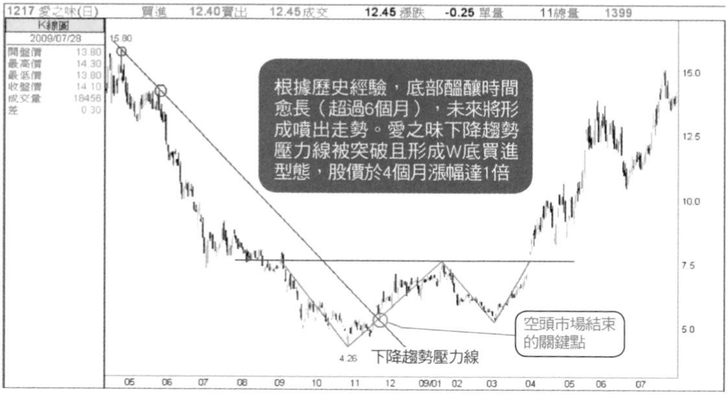
根據歷史經驗，底部醞釀時間愈長（超過6個月），未來將形成噴出走勢。愛之味下降趨勢壓力線被突破且形成W底買進型態，股價於4個月漲幅達1倍
空頭市場結束的關鍵點
下降趨勢壓力線
15.80
4.26

資料來源：新世紀贏家

2.「下降趨勢壓力線被突破」且形成「頭肩底買進型態」

圖8-23 大盤空頭市場結束

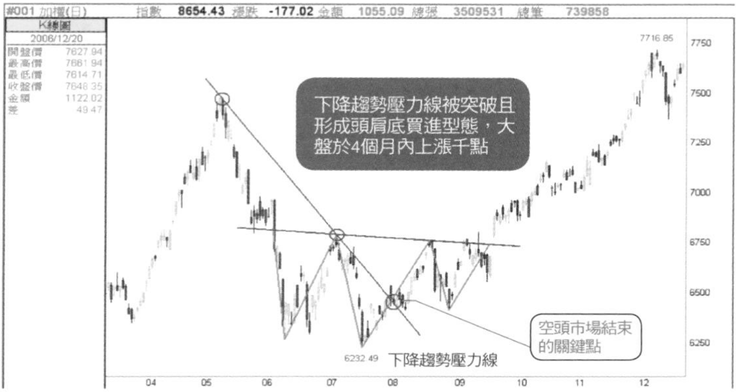

圖8-24 緯創（3231）日線圖

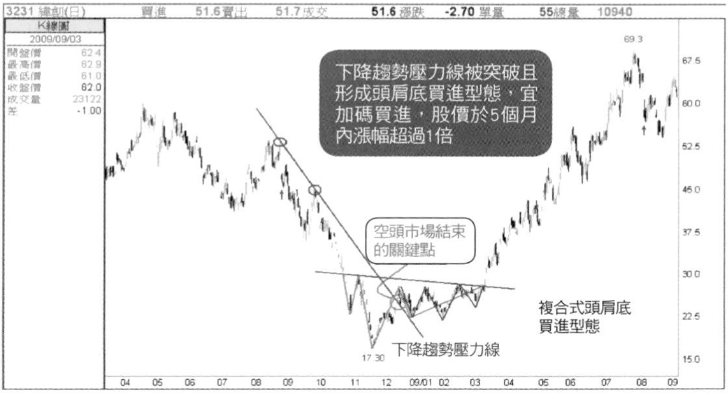

資料來源：新世紀贏家

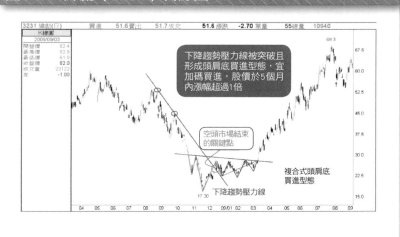

3.「下降趨勢壓力線被突破」且形成「箱型底買進型態」

圖8-25 大盤空頭市場結束

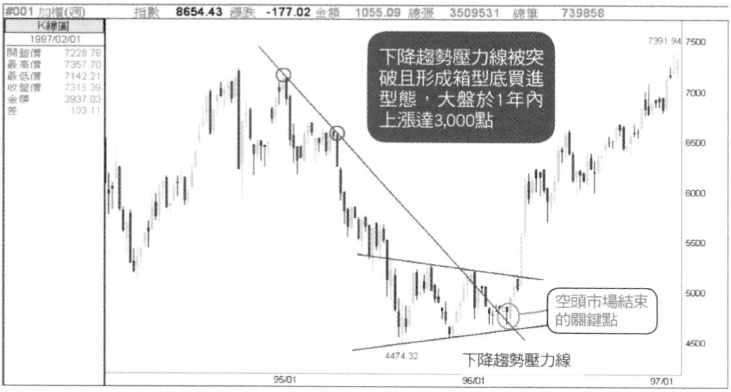
下降趨勢壓力線被突破且形成箱型底買進型態，大盤於1年內上漲達3,000點
空頭市場結束的關鍵點
下降趨勢壓力線
4474.32
7391.94

圖8-26 第一銅（2009）日線圖

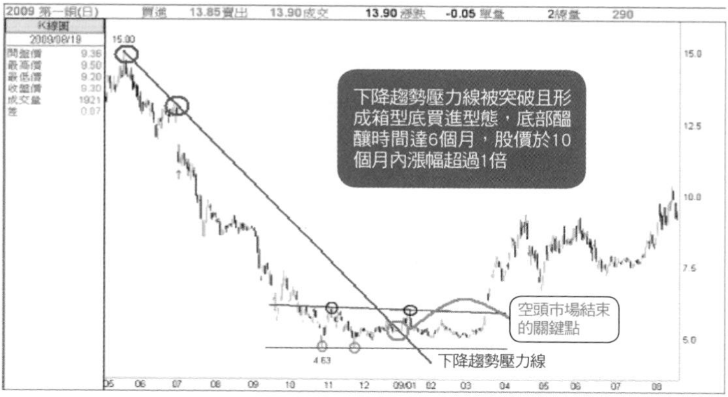
下降趨勢壓力線被突破且形成箱型底買進型態，底部醞釀時間達6個月，股價於10個月內漲幅超過1倍
空頭市場結束的關鍵點
下降趨勢壓力線
15.80
4.63

資料來源：新世紀贏家

4.「下降趨勢壓力線被突破」且形成「島狀（型）反轉買進型態」

圖8-27 大盤空頭市場結束

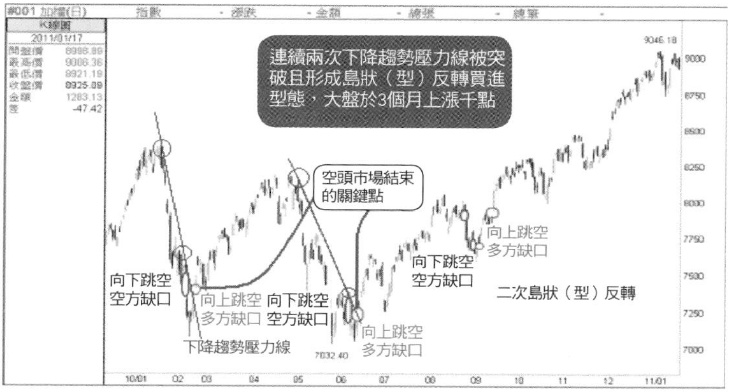

圖8-28 宏達電（2498）日線圖

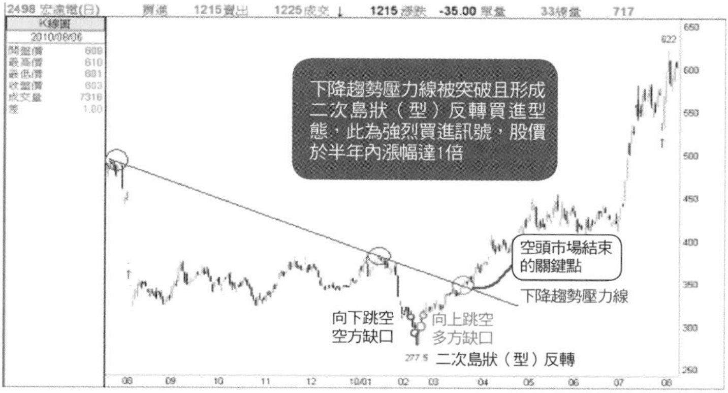

資料來源：新世紀贏家

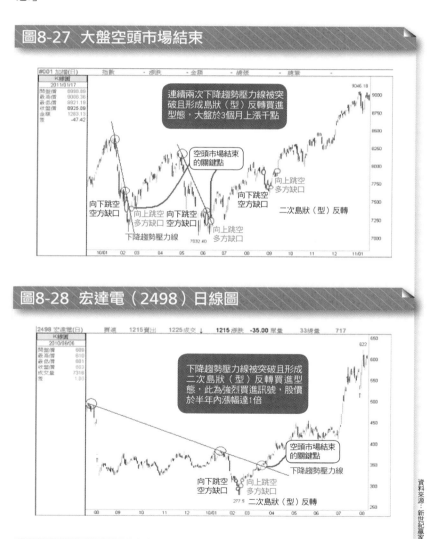

課後心得

1. 「多頭市場結束」的模式之一：上升趨勢支撐線被跌破且形成M頭賣出型態。
2. 「多頭市場結束」的模式之二：上升趨勢支撐線被跌破且形成頭肩頂賣出型態。
3. 「多頭市場結束」的模式之三：上升趨勢支撐線被跌破且形成島狀（型）反轉賣出型態。
4. 「空頭市場結束」的模式之一：下降趨勢壓力線被突破且形成W底買進型態。
5. 「空頭市場結束」的模式之二：下降趨勢壓力線被突破且形成頭肩底買進型態。
6. 「空頭市場結束」的模式之三：下降趨勢壓力線被突破且形成箱型底買進型態。
7. 「空頭市場結束」的模式之四：下降趨勢壓力線被突破且形成島狀（型）反轉買進型態。

9

用兩條趨勢線判別盤勢

在完整的上漲波段中，當股價漲了一波，通常會先進入一段時間的盤整趨勢（上升旗型）。若漲勢能持續，則會在盤整休息後繼續上攻；若漲勢不再，則會轉為空頭，直到打底完成後才醞釀上漲。

但是，歷經盤整之後，盤勢會往哪裡走？該如何操作股票？總是讓投資人摸不著頭緒。這個時候，只要藉由兩條線——上升趨勢線、下降趨勢線，就能從近期的日線圖或週線圖，判讀目前所處的盤勢位置，並且觀察接下來的變化。

如果盤勢只是漲多拉回休息，盤整之後，會啟動下一波多頭漲勢，投資人則可以趁股價突破壓力線時買進；如果盤勢已經轉空，則可趁股價跌破支撐線時賣出，或暫不進場做多。

判讀方法是以最近一波盤整趨勢為基準，畫出上升趨勢支撐線、下降趨勢壓力線，構成一個X圖，而X圖會區分出以下4個空間：

A.盤整市場1：左方的空間，位於上升趨勢支撐線與下降趨勢壓力線之間。

B.多頭市場：正上方的空間，位於兩條支撐線之上，此時上升趨勢線與下降趨勢線皆為支撐線。

C.空頭市場：正下方的空間，位於兩條壓力線之下，此時上升趨勢線與下降趨勢線皆為壓力線。

D.盤整市場2：右方的空間，位於上升趨勢壓力線與下降趨勢支撐線之間。

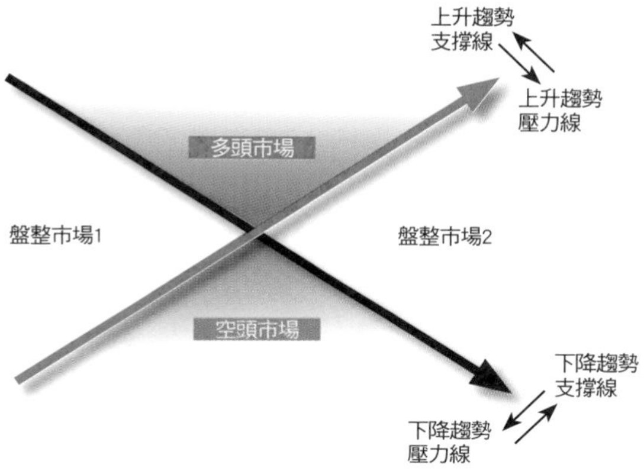

畫出X圖之後，則可看到目前股價所在的空間及方向，並做為投資的操作參考。以下說明這4個空間的位置與變化方向：

盤整市場1

股價上漲到一個階段，會向右收斂進入橫向盤整市場1（上升旗型），此時盤勢會有以下兩種發展方向：

方向1》盤整市場1轉為多頭市場

若股價是從盤整市場1向上突破下降趨勢壓力線，進入多頭市場空間，代表此波盤整為漲多拉回，將續創新高；因此突破之後，即為買進時機。而被突破的下降趨勢壓力線，在多頭市場則轉變為下降趨勢支撐線。

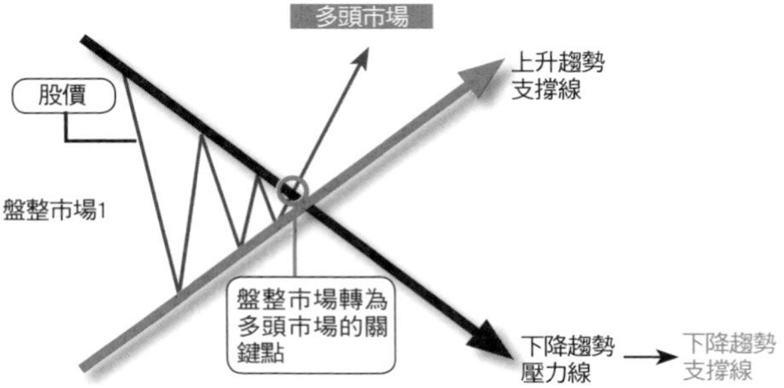

圖9-1 台積電（2330）日線圖

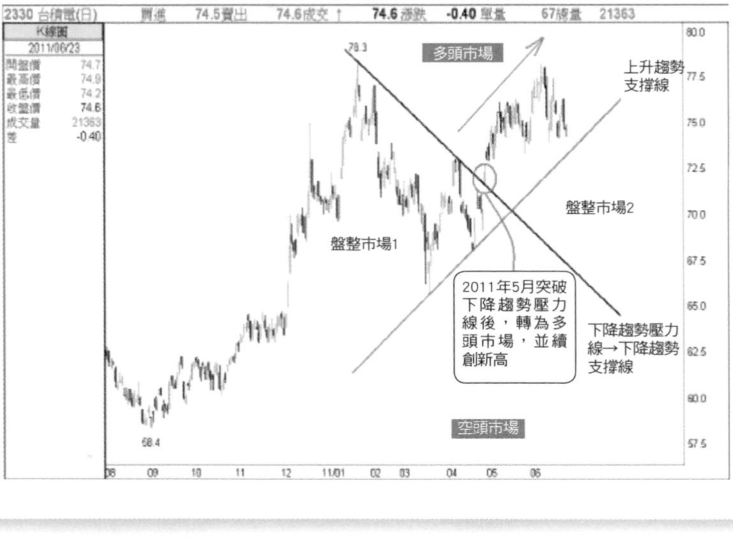

資料來源：新世紀贏家

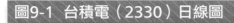

圖9-2 亞泥（1102）日線圖

資料來源：新世紀贏家

方向2》盤整市場1轉為空頭市場

若股價是從盤整市場1向下跌破上升趨勢支撐線，進入空頭市場空間，代表此波盤整為多頭力道已無法再持續，將進入一波跌勢；因此確認跌破之後，為賣出時機，空手者則避免進場做多。而被跌破的上升趨勢支撐線，在空頭市場則轉變為上升趨勢壓力線。

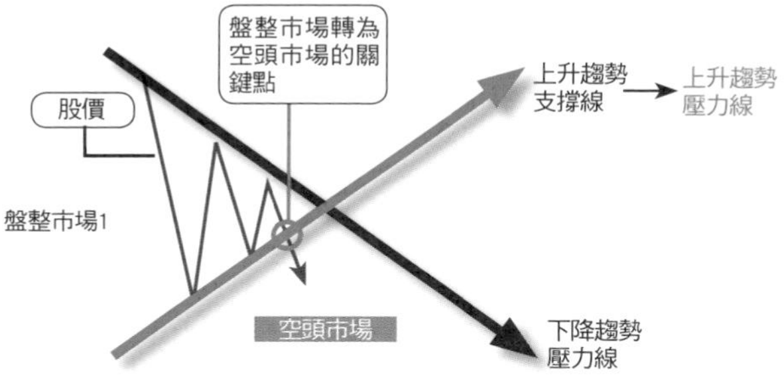

圖9-3 光寶科（2301）日線圖

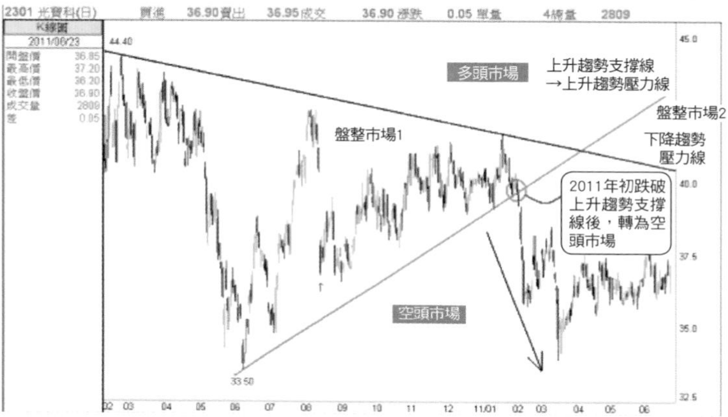

圖9-4 友訊（2332）日線圖

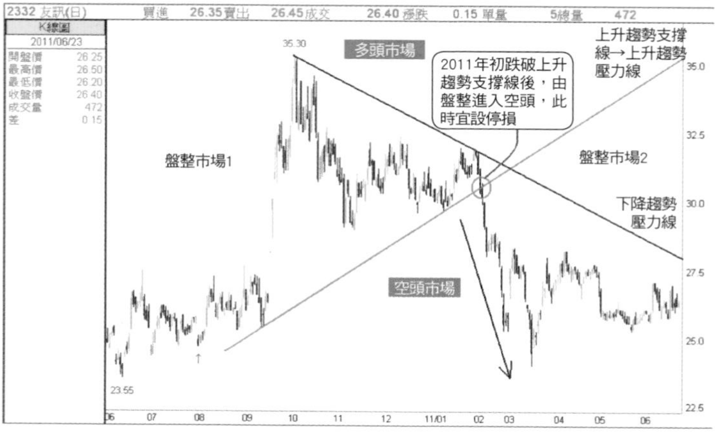

資料來源：新世紀贏家

多頭市場

當股價漲多拉回到橫向盤整市場1後，又向上進入多頭市場，則盤勢會有以下兩種發展方向：

方向1》多頭市場持續

股價持續位於上升趨勢支撐線之上，代表多頭漲勢持續，持股可續抱。

方向2》多頭市場轉為盤整市場2

若股價又拉回，並向下跌破上升趨勢支撐線，代表多頭漲勢停止，進入盤整市場2；因此確認跌破之後，為賣出時機，空手者則避免進場做多。而被跌破的上升趨勢支撐線，在盤整市場2則轉變為上升趨勢壓力線。

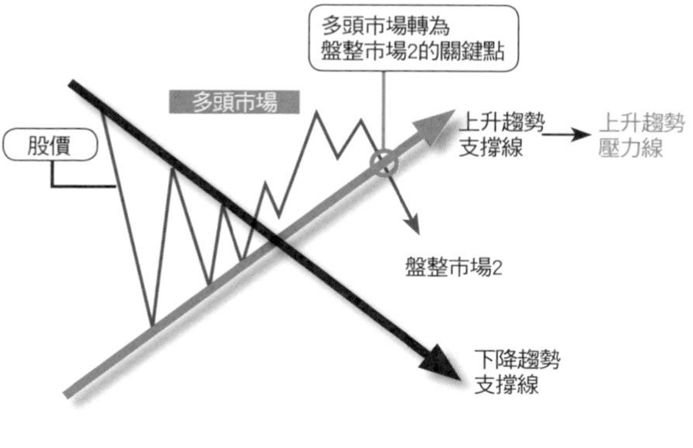

圖9-5 旺宏（2337）日線圖

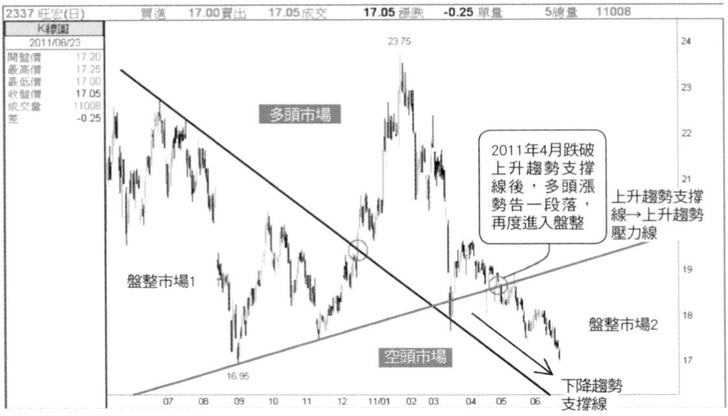

圖9-6 茂迪（6244）日線圖

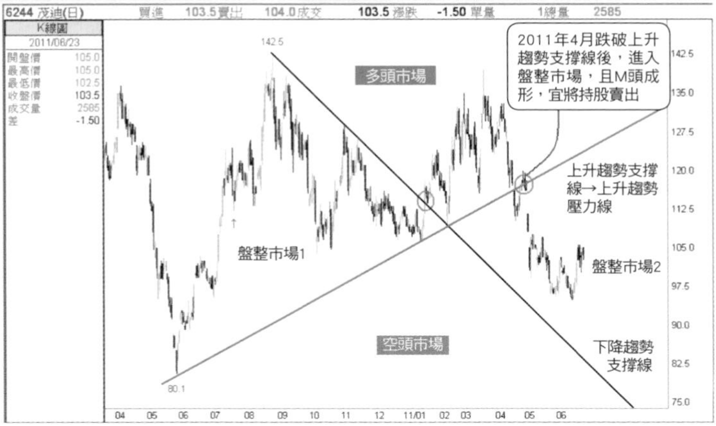

資料來源：新世紀贏家

空頭市場

當股價從橫向盤整市場1，向下進入空頭市場，則盤勢會有以下兩種發展方向：

方向1》空頭市場續破新低

股價持續位於下降趨勢壓力線之下，代表空頭跌勢持續，投資人不宜搶進。

方向2》空頭市場轉為盤整市場2

若股價反彈，並向上突破下降趨勢壓力線，代表空頭跌勢停止，進入盤整市場2；因此當股價突破之後，可先保持觀望，確認後市將起漲時再買進。而被突破的下降趨勢壓力線，在盤整市場2則轉變為下降趨勢支撐線。

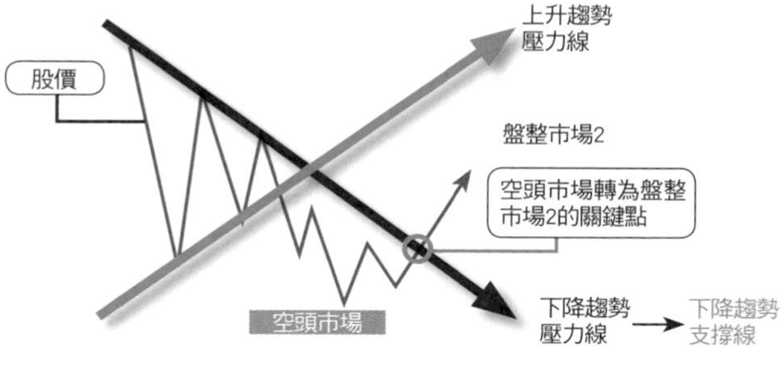

圖9-7 資通（2471）日線圖

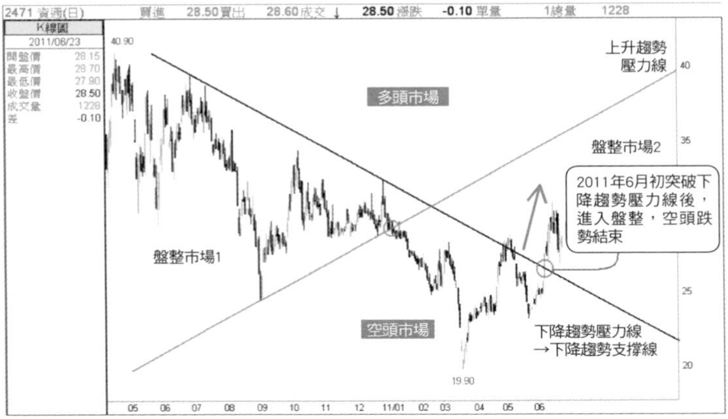

圖9-8 敦陽（2480）日線圖

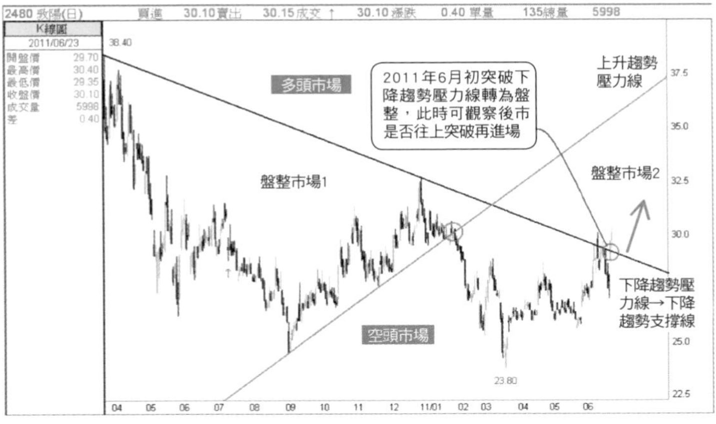

資料來源：新世紀贏家

盤整市場2

經歷了盤整→多頭→多頭市場無力持續；或是盤整→空頭→空頭市場告一段落時，會繼續往右進入盤整市場2。此時盤勢不再往右收斂，而是延續漲勢或跌勢，出現以下兩種發展方向：

方向1》盤整市場2轉為多頭市場

空頭市場結束後，上漲進入盤整市場2，當漲勢延續，會向上突破上升趨勢壓力線，進入多頭市場空間；因此突破之後，即為買進時機。而被突破的上升趨勢壓力線，在多頭市場則轉變為上升趨勢支撐線。

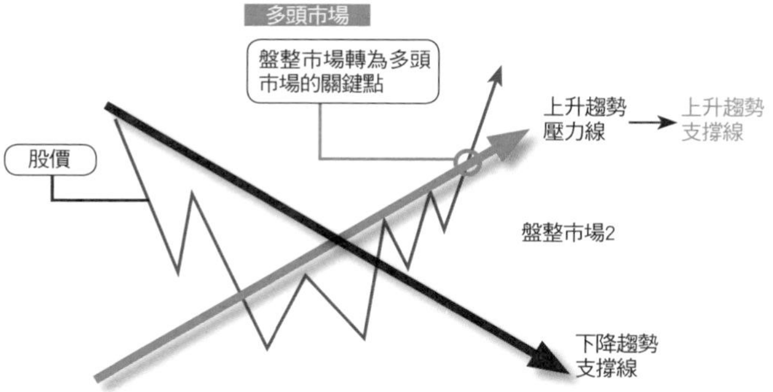

圖9-9 正新（2105）日線圖

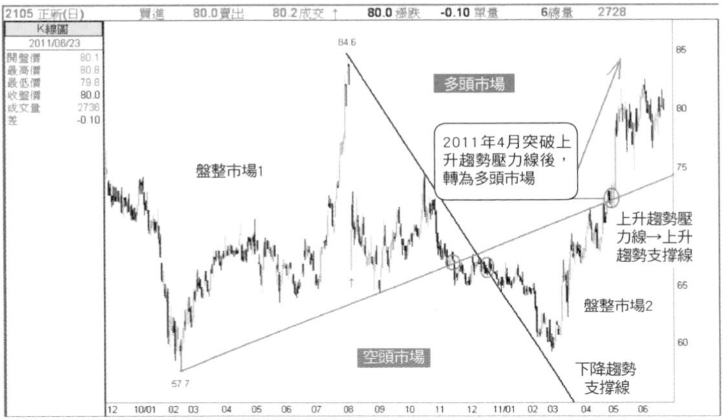

圖9-10 宏達電（2498）週線圖

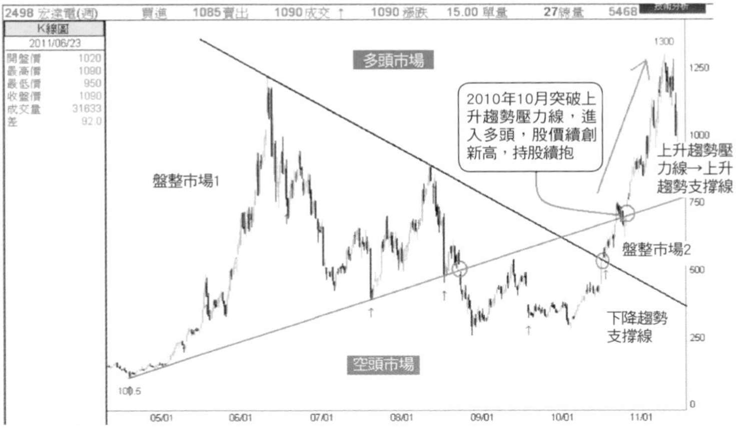

資料來源：新世紀贏家

方向2》盤整市場2轉為空頭市場

多頭市場結束後，下跌進入盤整市場2，當跌勢延續，會向下跌破下降趨勢支撐線，進入空頭市場空間；因此跌破之後，即為賣出時機，或避免進場做多。而被跌破的下降趨勢支撐線，在空頭市場則轉變為下降趨勢壓力線。

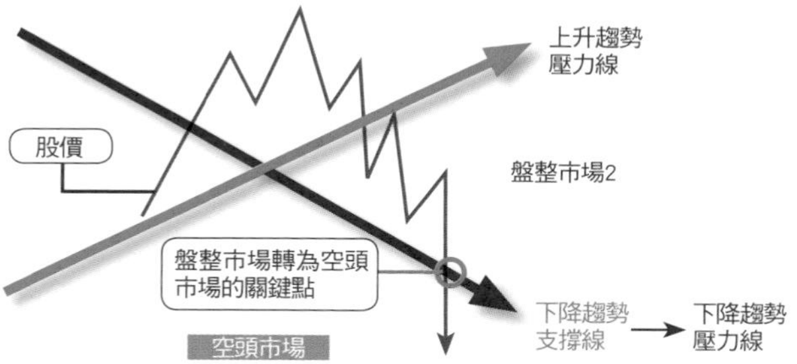

圖9-11 彰源（2030）日線圖

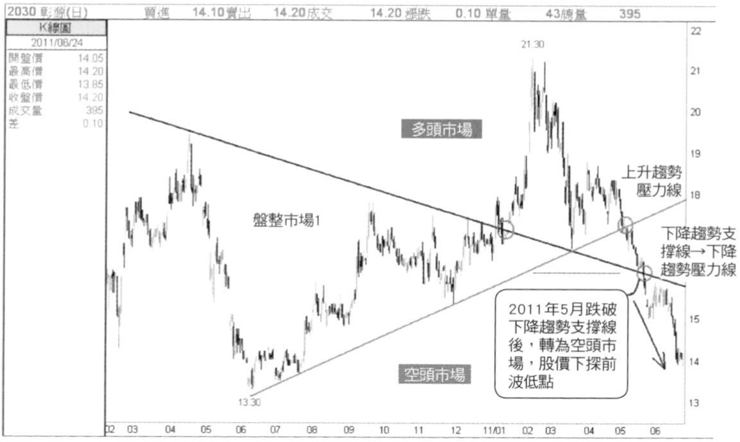

資料來源：新世紀贏家

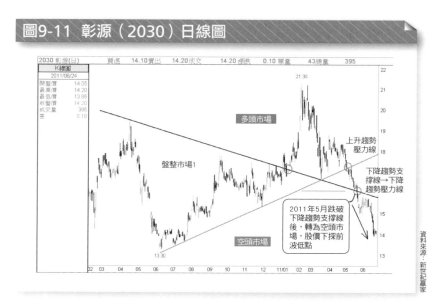

圖9-12 璨圓（3061）日線圖

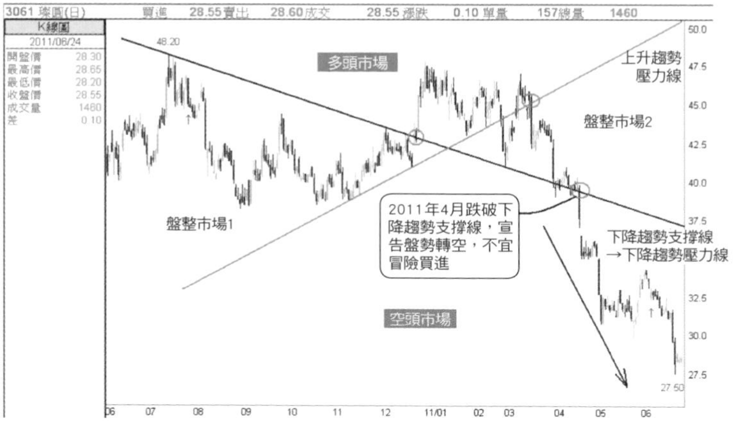

資料來源：新世紀贏家

課後心得

1. 多頭市場：股價位於兩條支撐線之上（下降趨勢支撐線、上升趨勢支撐線）。
2. 空頭市場：股價位於兩條壓力線之下（下降趨勢壓力線、上升趨勢壓力線）。
3. 盤整市場：股價位於一條支撐線和一條壓力線之間（一條上升趨勢支撐線和一條下降趨勢壓力線，或一條上升趨勢壓力線和一條下降趨勢支撐線）。

10

從移動平均線
抓對短中長期趨勢

前面章節主要講述採用連續股價K線的高低點，來畫出趨勢線，本章則要介紹另一個投資老手也常用的趨勢研判工具——移動平均線。

移動平均線，簡而言之，乃是平均成本的概念，譬如5日移動平均線，就是最近5個交易日收盤價的平均價格所連結繪製而成的線。

在大多數的股票圖形與分析系統中，移動平均線的日期均可以自行設定，一般區分為：短期移動平均線、中期移動平均線和長期移動平均線，以下分別介紹：

短期移動平均線

通常短線操作的投資人，慣用5日和10日移動平均線，故5日和10日兩條移動平均線，被股市老手稱為短期移動平均線，簡稱「短線」。

5日移動平均線因為是最近5天收盤價的平均成本，台股每週交易5天，故也被稱之為「週線」；10日移動平均線就是最近10天收盤價的平均成本，稱之為「雙週線」。

讀者要如何藉由短期移動平均線，來判讀短線趨勢是處於多頭市場、空頭市場或盤整市場？請根據以下的經驗法則，多看圖練習，就會熟能生巧。

【經驗法則】

1.收盤價＞5日移動平均線＞10日移動平均線

➜ 通常表示短線呈上漲趨勢的多頭市場。

2.收盤價＜5日移動平均線＜10日移動平均線

➜ 通常表示短線呈下跌趨勢的空頭市場。

3.10日移動平均線＜收盤價＜5日移動平均線

➜ 通常表示短線呈橫向趨勢的盤整市場。

實際運用

◎收盤價＞5日移動平均線＞10日移動平均線

情況1》出現在股價呈上漲趨勢時，短線續創新高。以順達（3211）、台泥（1101）為例：

圖10-1 順達（3211）日線圖

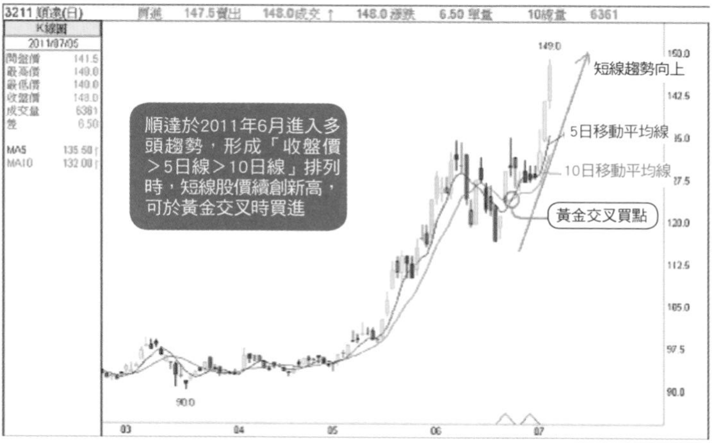

圖10-2 台泥（1101）日線圖

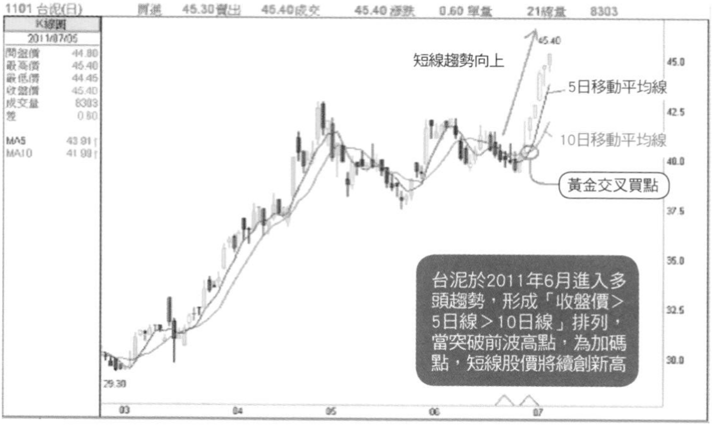

資料來源：新世紀贏家

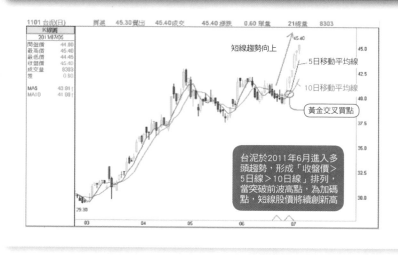

情況2》出現在股價呈下跌趨勢時，短線跌深反彈。以勤益（1437）、士紙（1903）為例：

圖10-3 勤益（1437）日線圖

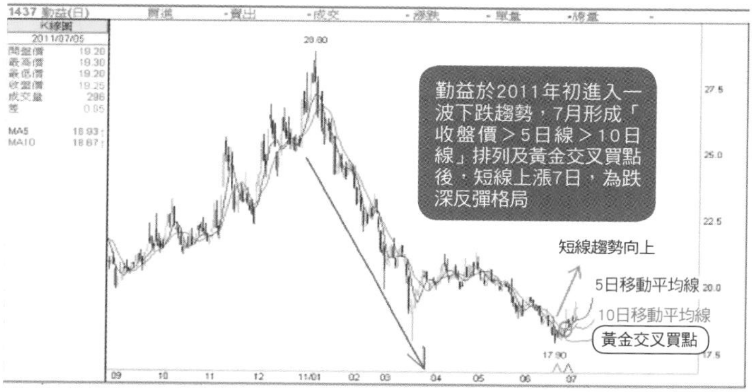
1437 勤益(日)
K線圖
2011/07/05
勤益於2011年初進入一波下跌趨勢，7月形成「收盤價＞5日線＞10日線」排列及黃金交叉買點後，短線上漲7日，為跌深反彈格局
短線趨勢向上
5日移動平均線
10日移動平均線
黃金交叉買點
28.80
17.90

圖10-4 士紙（1903）日線圖

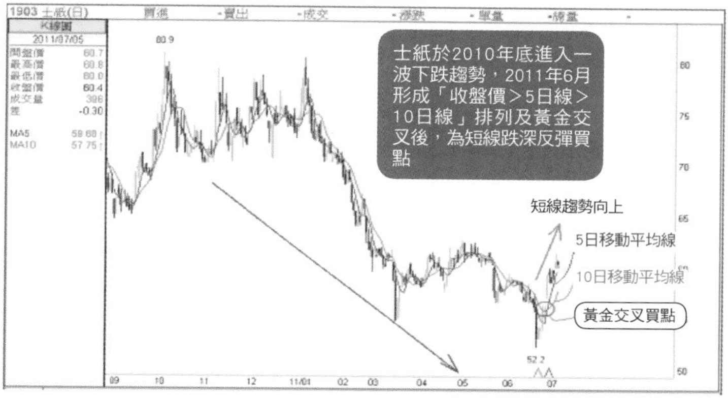
1903 士紙(日)
K線圖
2011/07/05
士紙於2010年底進入一波下跌趨勢，2011年6月形成「收盤價＞5日線＞10日線」排列及黃金交叉後，為短線跌深反彈買點
短線趨勢向上
5日移動平均線
10日移動平均線
黃金交叉買點
80.9
52.2

資料來源：新世紀贏家

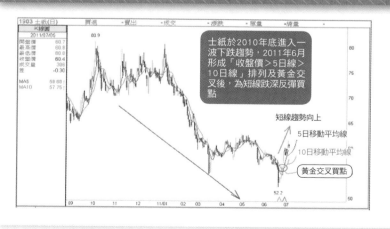

情況3》出現在股價呈橫向趨勢時，短線轉強偏多。以全新（2455）、華豐（2109）為例：

圖10-5 全新（2455）日線圖

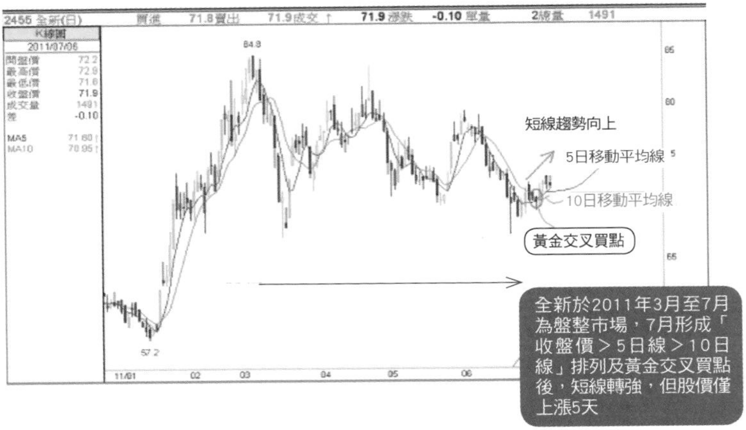
短線趨勢向上
5日移動平均線
10日移動平均線
黃金交叉買點
全新於2011年3月至7月為盤整市場，7月形成「收盤價＞5日線＞10日線」排列及黃金交叉買點後，短線轉強，但股價僅上漲5天

圖10-6 華豐（2109）日線圖

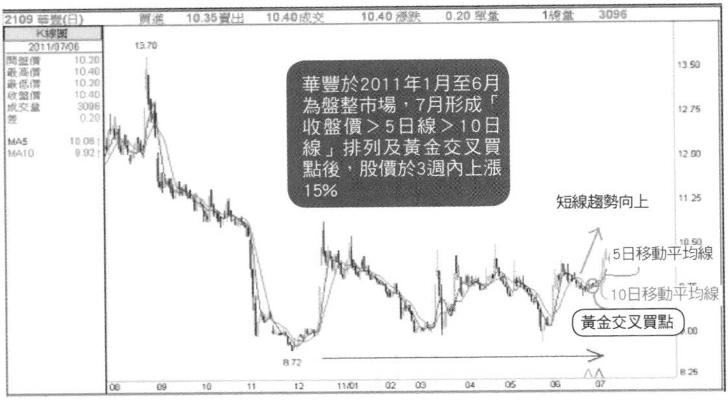
華豐於2011年1月至6月為盤整市場，7月形成「收盤價＞5日線＞10日線」排列及黃金交叉買點後，股價於3週內上漲15%
短線趨勢向上
5日移動平均線
10日移動平均線
黃金交叉買點

資料來源：新世紀贏家

◎收盤價＜5日移動平均線＜10日移動平均線

情況1》出現在股價呈下跌趨勢時，短線續創新低。以友達（2409）、奇美電（3481）為例：

圖10-7 友達（2409）日線圖

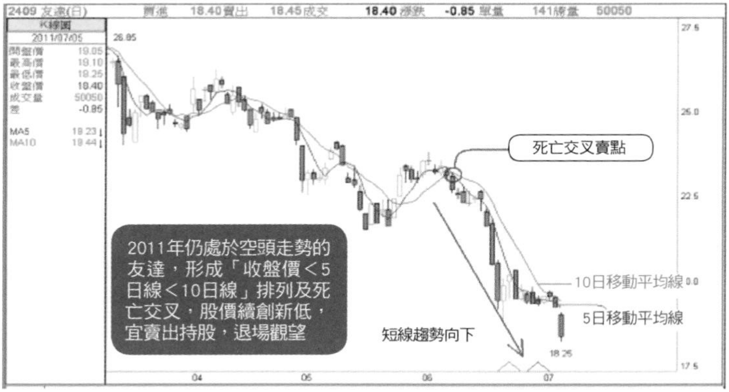

圖10-8 奇美電（3481）日線圖

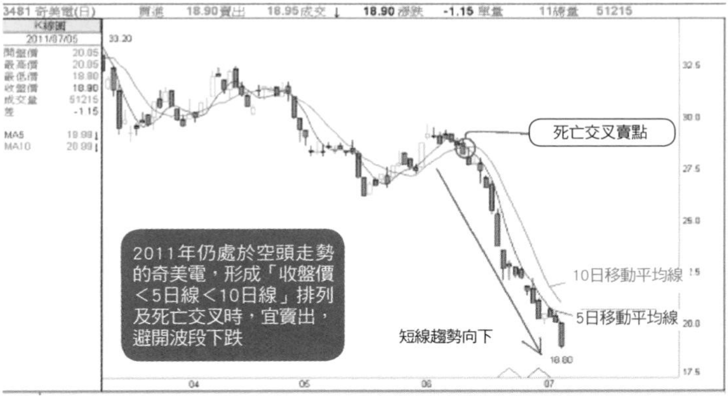

資料來源：新世紀贏家

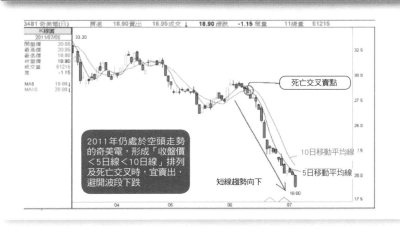

情況2》出現在股價呈上漲趨勢時，短線漲多拉回。以晟銘電（3013）、宏達電（2498）為例：

圖10-9 晟銘電（3013）日線圖

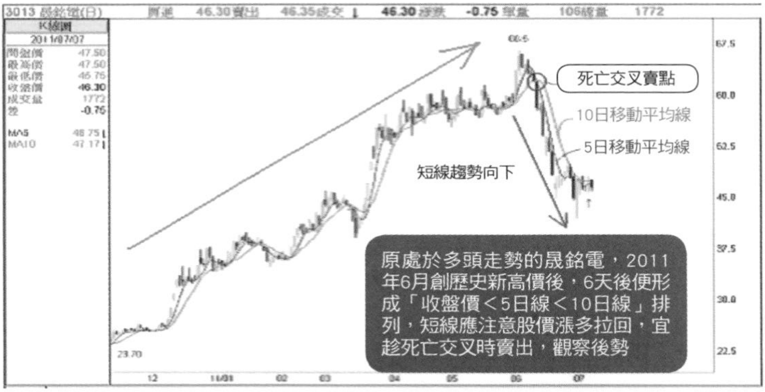
死亡交叉賣點
10日移動平均線
5日移動平均線
短線趨勢向下
原處於多頭走勢的晟銘電，2011年6月創歷史新高價後，6天後便形成「收盤價＜5日線＜10日線」排列，短線應注意股價漲多拉回，宜趁死亡交叉時賣出，觀察後勢
67.5
60.0
52.5
45.0
37.5
30.0
22.5
23.70
12
11/01
02
03
04
05
06
07

圖10-10 宏達電（2498）日線圖

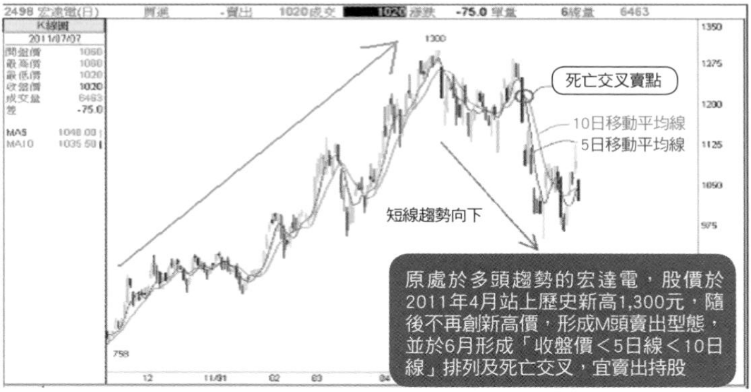
1300
死亡交叉賣點
10日移動平均線
5日移動平均線
短線趨勢向下
原處於多頭趨勢的宏達電，股價於2011年4月站上歷史新高1,300元，隨後不再創新高價，形成M頭賣出型態，並於6月形成「收盤價＜5日線＜10日線」排列及死亡交叉，宜賣出持股
1350
1275
1200
1125
1050
975
758
12
11/01
02
03
04

資料來源：新世紀贏家

情況3》出現在股價呈橫向趨勢時，短線轉弱偏空。以新焦點（9106）、晶豪科（3006）為例：

圖10-11 新焦點（9106）日線圖

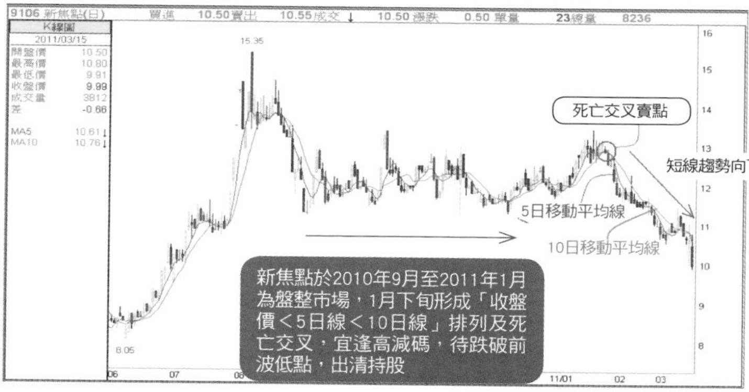

圖10-12 晶豪科（3006）日線圖

資料來源：新世紀贏家

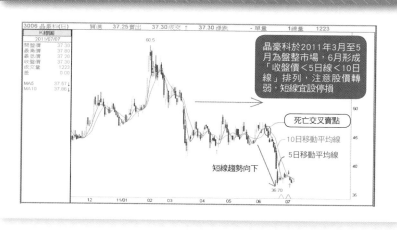

◎10日移動平均線＜收盤價＜5日移動平均線

短線走勢：代表短線為橫向趨勢的盤整市場，可暫時保持觀望。以晶電（2448）、建國（5515）為例：

圖10-13 晶電（2448）日線圖

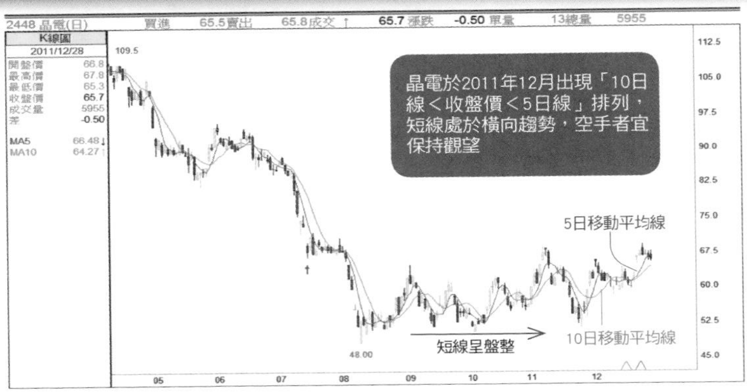
2448 晶電(日)
K線圖
2011/12/28
開盤價 66.8
最高價 67.8
最低價 65.3
收盤價 65.7
成交量 5955
差 -0.50
MA5 66.48
MA10 64.27
晶電於2011年12月出現「10日線＜收盤價＜5日線」排列，短線處於橫向趨勢，空手者宜保持觀望
5日移動平均線
10日移動平均線
短線呈盤整
109.5
48.00

圖10-14 建國（5515）日線圖

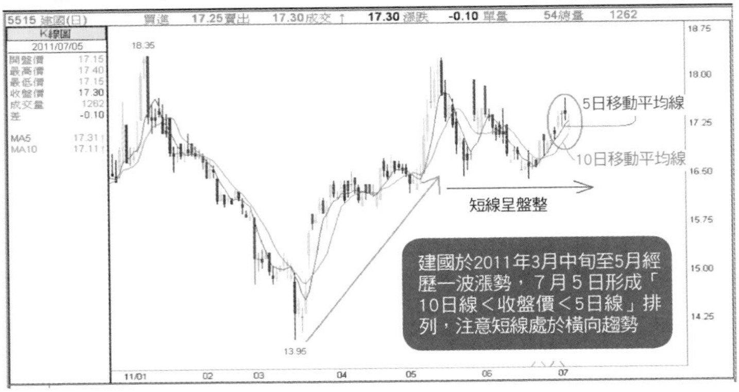
5515 建國(日)
K線圖
2011/07/05
開盤價 17.15
最高價 17.40
最低價 17.15
收盤價 17.30
成交量 1262
差 -0.10
MA5 17.31
MA10 17.11
5日移動平均線
10日移動平均線
短線呈盤整
建國於2011年3月中旬至5月經歷一波漲勢，7月5日形成「10日線＜收盤價＜5日線」排列，注意短線處於橫向趨勢
18.35
13.95

資料來源：新世紀贏家

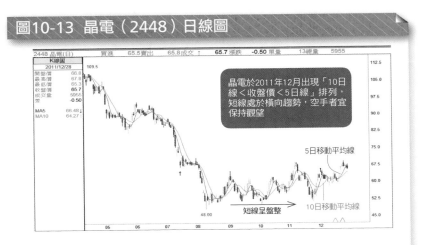

中期移動平均線

通常中線操作的投資人，慣用20日和60日移動平均線，故20日和60日兩條移動平均線，被股市老手稱為「中期移動平均線」。

20日移動平均線就是最近20天收盤價的平均成本，也稱之為「月線」；60日移動平均線就是最近60天收盤價的平均成本，也稱之為「季線」。

【經驗法則】

1.收盤價＞20日移動平均線＞60日移動平均線

➜ 通常表示中線呈上漲趨勢的多頭市場。

2.收盤價＜20日移動平均線＜60日移動平均線

➜ 通常表示中線呈下跌趨勢的空頭市場。

3.20日移動平均線＜收盤價＜60日移動平均線

➜ 通常表示中線呈橫向趨勢的盤整市場。

實際運用

◎收盤價＞20日移動平均線＞60日移動平均線

中期走勢：呈上漲趨勢的多頭市場，波段投資人可於黃金交叉時買進。以亞泥（1102）、新普（6121）為例：

圖10-15 亞泥（1102）日線圖

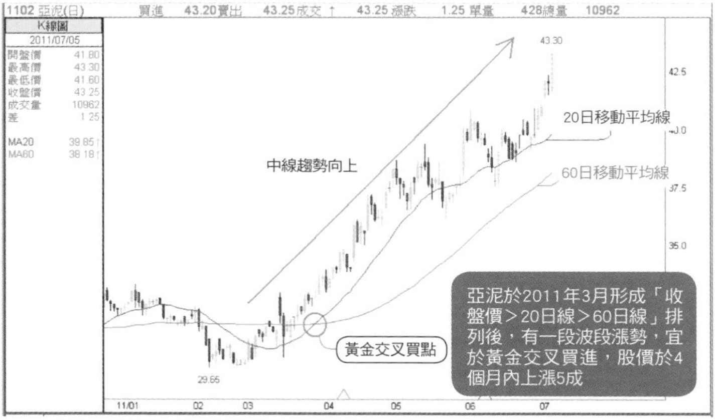

圖10-16 新普（6121）日線圖

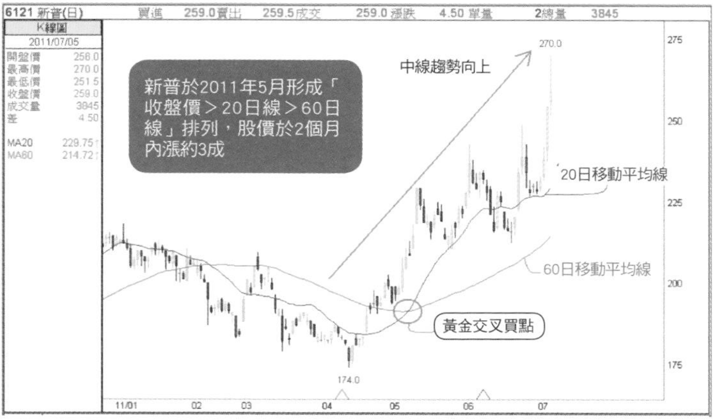

資料來源：新世紀贏家

◎收盤價＜20日移動平均線＜60日移動平均線

中期走勢：呈下跌趨勢的空頭市場，波段投資人可於死亡交叉時賣出。以友達（2409）、奇美電（3481）為例：

圖10-17 友達（2409）日線圖

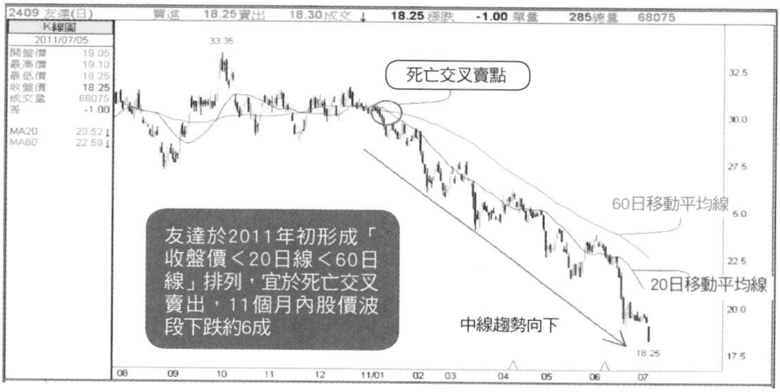
2409 友達(日) 買進 18.25 賣出 18.30 成交 ↓ 18.25 漲跌 -1.00 單量 285 總量 68075
K線圖
2011/07/05
開盤價 19.05
最高價 19.10
最低價 18.25
收盤價 18.25
成交量 68075
差 -1.00
MA20 20.52↓
MA60 22.59↓
33.35
死亡交叉賣點
60日移動平均線
20日移動平均線
友達於2011年初形成「收盤價＜20日線＜60日線」排列，宜於死亡交叉賣出，11個月內股價波段下跌約6成
中線趨勢向下
18.25
32.5
30.0
27.5
25.0
22.5
20.0
17.5
08 09 10 11 12 11/01 02 03 04 05 06 07

圖10-18 奇美電（3481）日線圖

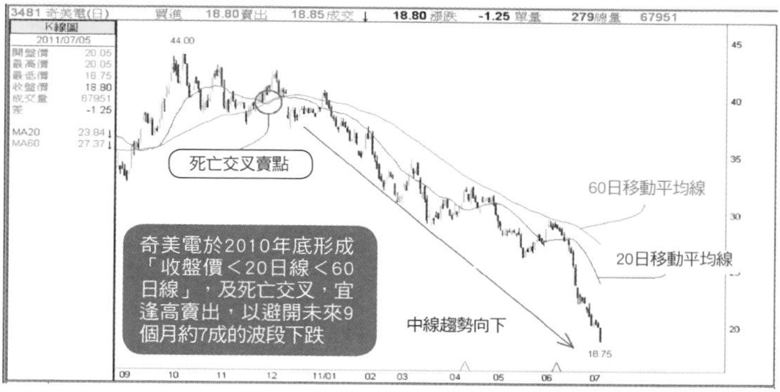
3481 奇美電(日) 買進 18.80 賣出 18.85 成交 ↓ 18.80 漲跌 -1.25 單量 279 總量 67951
K線圖
2011/07/05
開盤價 20.05
最高價 20.05
最低價 18.75
收盤價 18.80
成交量 67951
差 -1.25
MA20 23.84↓
MA60 27.37↓
44.00
死亡交叉賣點
60日移動平均線
20日移動平均線
奇美電於2010年底形成「收盤價＜20日線＜60日線」，及死亡交叉，宜逢高賣出，以避開未來9個月約7成的波段下跌
中線趨勢向下
18.75
45
40
35
30
20
09 10 11 12 11/01 02 03 04 05 06 07

資料來源：新世紀贏家

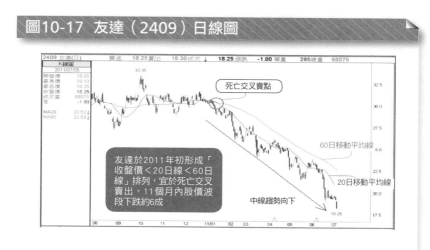

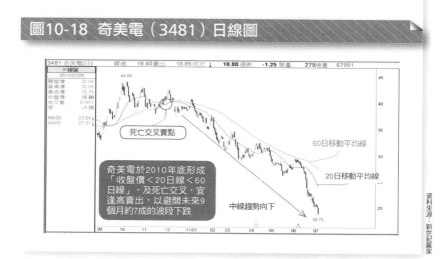

◎20日移動平均線＜收盤價＜60日移動平均線

中期走勢：呈橫向趨勢的盤整市場，波段投資人可保持觀望。以台榮（1220）、大成（1210）為例：

圖10-19 台榮（1220）日線圖

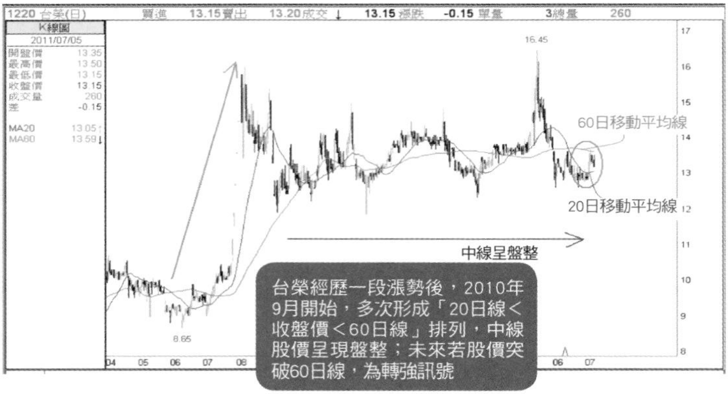
60日移動平均線
20日移動平均線
中線呈盤整
16.45
8.65
台榮經歷一段漲勢後，2010年9月開始，多次形成「20日線＜收盤價＜60日線」排列，中線股價呈現盤整；未來若股價突破60日線，為轉強訊號

圖10-20 大成（1210）日線圖

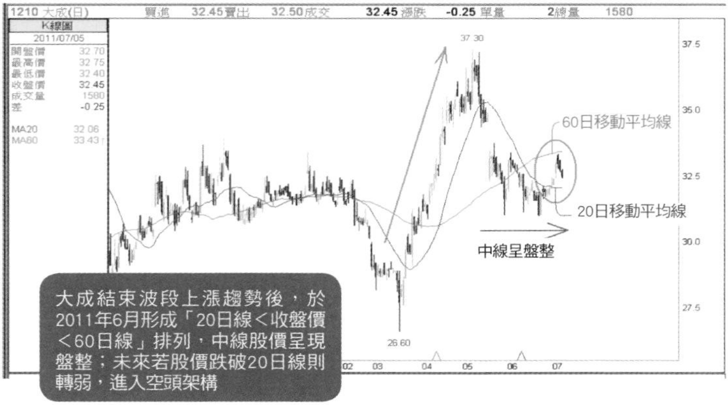
60日移動平均線
20日移動平均線
中線呈盤整
37.30
26.60
大成結束波段上漲趨勢後，於2011年6月形成「20日線＜收盤價＜60日線」排列，中線股價呈現盤整；未來若股價跌破20日線則轉弱，進入空頭架構

資料來源：新世紀贏家

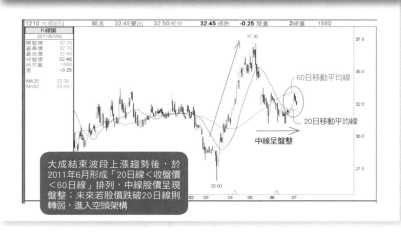

長期移動平均線

通常長線操作的投資人，慣用130日和260日移動平均線，故130日和260日兩條移動平均線，被股市投資人稱為「長期移動平均線」。130日移動平均線就是最近130天收盤價的平均成本，也稱之為「半年線」；260日移動平均線就是最近260天收盤價的平均成本，也稱之為「年線」。

【經驗法則】

1.收盤價＞130日移動平均線＞260日移動平均線

→ 通常表示長線呈上漲趨勢的多頭市場。

2.收盤價＜130日移動平均線＜260日移動平均線

→ 通常表示長線呈下跌趨勢的空頭市場。

3.260日移動平均線＜收盤價＜130日移動平均線

→ 通常表示長線呈橫向趨勢的多頭盤整市場。

4.130日移動平均線＜收盤價＜260日移動平均線

→ 通常表示長線呈橫向趨勢的空頭盤整市場。

實際運用

◎收盤價＞130日移動平均線＞260日移動平均線

長期走勢：呈上漲趨勢的多頭市場，長線投資人可於黃金交叉時買進。以順達（3211）、遠百（2903）為例：

圖10-21 順達（3211）日線圖

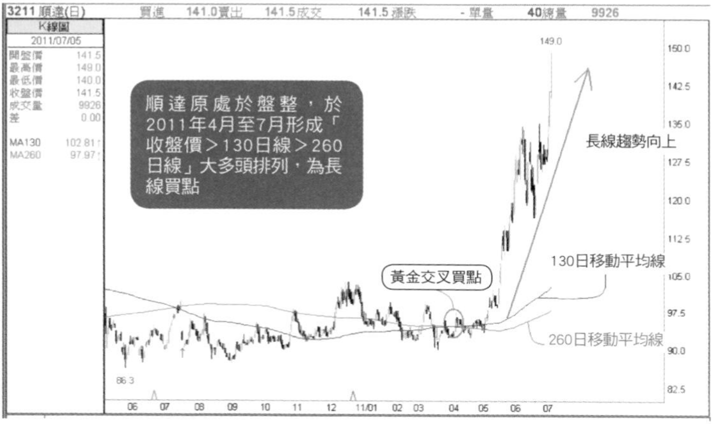

圖10-22 遠百（2903）日線圖

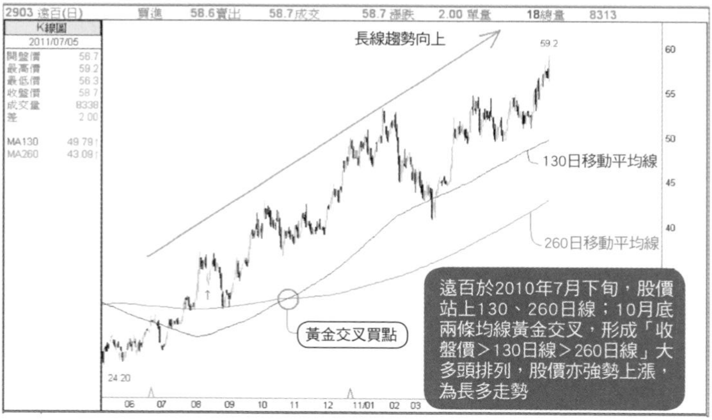

資料來源：新世紀贏家

◎收盤價＜130日移動平均線＜260日移動平均線

長期走勢：呈下跌趨勢的空頭市場，長線投資人可於死亡交叉時賣出。以友達（2409）、南科（2408）為例：

圖10-23 友達（2409）日線圖

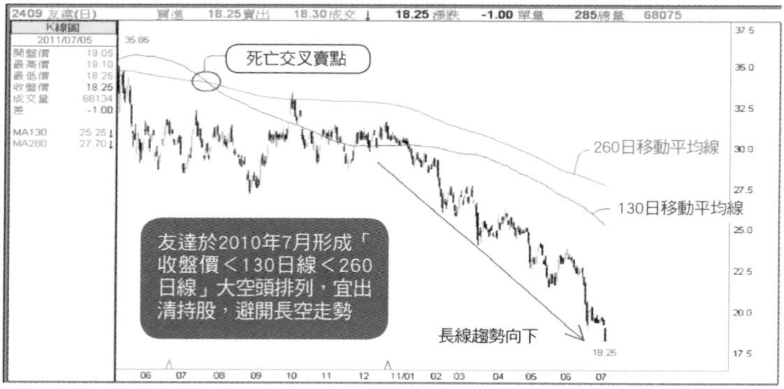

圖10-24 南科（2408）日線圖

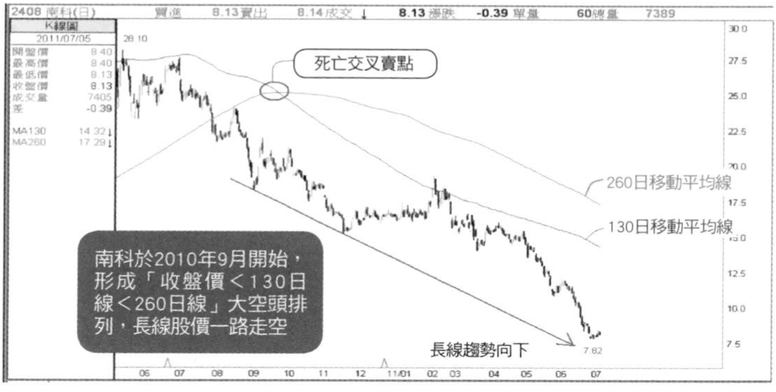

資料來源：新世紀贏家

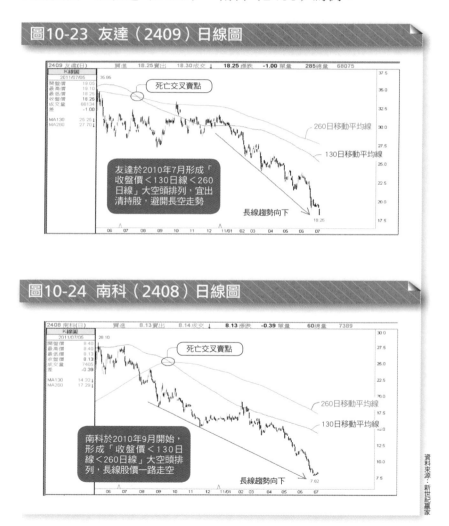

◎260日移動平均線＜收盤價＜130日移動平均線

長期走勢：多頭市場漲多拉回，進入長線盤整，醞釀多頭市場即將結束，恐將形成空頭市場。以第一金（2892）、合庫金（5880）為例：

圖10-25　第一金（2892）日線圖

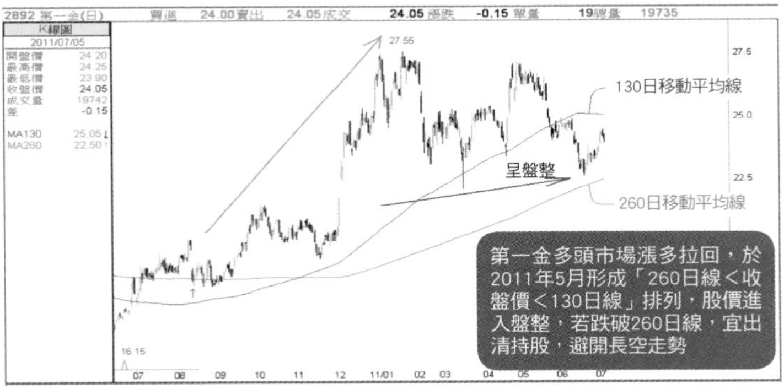

圖10-26　合庫金（5880）日線圖

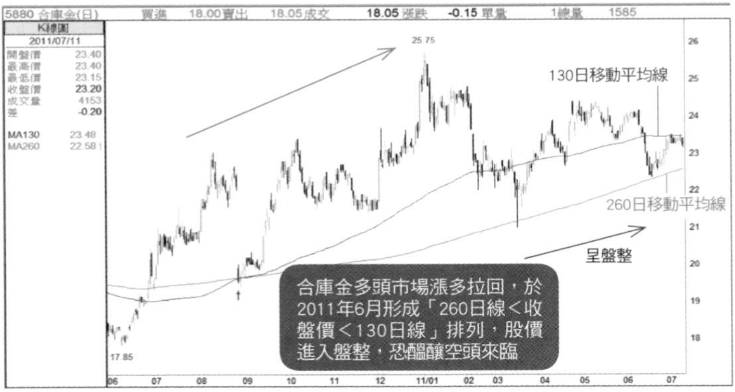

資料來源：新世紀贏家

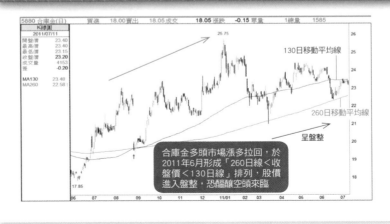

◎130日移動平均線＜收盤價＜260日移動平均線

長期走勢：空頭市場中期反彈，進入長線盤整，醞釀空頭市場即將結束，準備迎接多頭市場的來臨。以仁寶（2324）、華豐（2109）為例：

圖10-27 仁寶（2324）日線圖

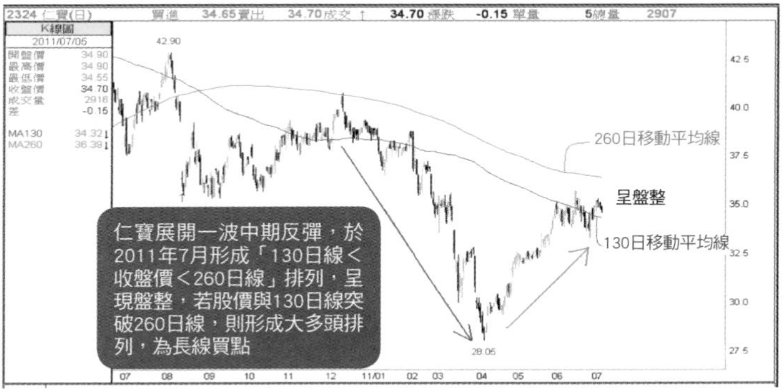
2324 仁寶(日)
K線圖
2011/07/05
42.90
260日移動平均線
呈盤整
130日移動平均線
仁寶展開一波中期反彈，於2011年7月形成「130日線＜收盤價＜260日線」排列，呈現盤整，若股價與130日線突破260日線，則形成大多頭排列，為長線買點
28.05

圖10-28 華豐（2109）日線圖

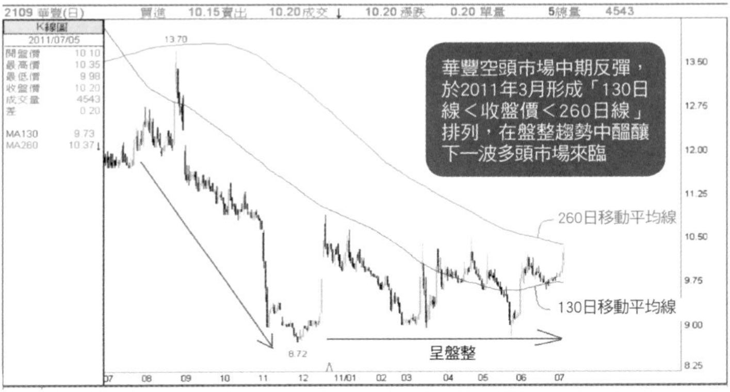
2109 華豐(日)
K線圖
2011/07/05
13.70
華豐空頭市場中期反彈，於2011年3月形成「130日線＜收盤價＜260日線」排列，在盤整趨勢中醞釀下一波多頭市場來臨
260日移動平均線
130日移動平均線
8.72
呈盤整

資料來源：新世紀贏家

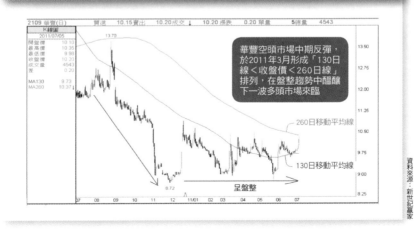

移動平均線、趨勢線的差異與互補

在前面的章節中，我們學習到用趨勢線來研判趨勢，這一章則學習採用移動平均線來看趨勢，究竟這兩者的差異為何，其各自的優缺點，以及是否能互為參照使用？請見以下分析：

表1 移動平均線vs.趨勢線比較

	移動平均線	趨勢線
分類方式	短線趨勢、中線趨勢、長線趨勢	趨勢向上、趨勢向下
判斷趨勢多空工具	**短線趨勢**：參考5日和10日均線（平均成本）；**中線趨勢**：參考20日和60日均線（平均成本）；**長線趨勢**：參考130日和260日均線（平均成本）	日線圖、週線圖、月線圖
操作方式	參考過去平均成本與現在平均成本的位置高低，若現在的指數位置高於過去的位置，則研判趨勢將是向上（偏多）；反之，則趨勢將是向下（偏空）	無法預測未來短線、中線和長線的趨勢是向上或向下，只能畫出多條趨勢線的未來支撐區和壓力區
優點	**細膩**：可以區分為短線、中線和長線趨勢；還可以預測未來短線、中線和長線的趨勢是向上（偏多）或向下（偏空）	**簡單**：觀察何時跌破上升趨勢支撐線，即可判斷上漲的多頭市場何時會結束；何時突破下降趨勢壓力線，即可判斷下跌的空頭市場何時會結束
缺點	**費時耗工**：須花很多時間去觀察短、中、長期趨勢的位置變化	**賣點準確度較差**：必須搭配其他理論，譬如配合型態理論，才能增加準確度

移動平均線＋趨勢線　提高買賣點準確度

不過，雖然「移動平均線」和「趨勢線」都是可以單獨研判趨勢的方法，但如果一起使用，就能產生互補作用，提高買、賣點的準確度。例如：

1.上漲的多頭市場何時會結束？

當「移動平均線」的短線趨勢（5日和10日均線）和中線趨勢（20日和60日均線）形成「死亡交叉」，且短線、中線的趨勢是向下；接下來就要密切留意「趨勢線」的上升趨勢支撐線何時被跌破。一旦上升趨勢支撐線被跌破，就是絕佳的賣點，表示波段漲勢結束。

2.下跌的空頭市場何時會結束？

當「移動平均線」的短線趨勢（5日和10日均線）和中線趨勢（20日和60日均線）形成「黃金交叉」，且短線、中線的趨勢是向上；接下來就要密切留意「趨勢線」的下降趨勢壓力線何時被突破。一旦下降趨勢壓力線被突破，就是絕佳的買點，表示波段跌勢結束。

課後心得

1. 移動平均線就是平均成本的意思。
2. 短線投資者：參考5日和10日均線（平均成本）操作，當股價跌破5日線，要減碼賣出，一旦跌破10日線，要全部賣出，暫作觀望。
3. 中線投資者：參考20日和60日均線（平均成本）操作，當股價跌破20日線，要減碼賣出，一旦跌破60日線，要全部賣出，暫作觀望。
4. 長線投資者：參考130日和260日均線（平均成本）操作，當股價跌破130日線，要減碼賣出，一旦跌破260日線，要全部賣出，暫作觀望。

11

掌握多空趨勢背離的特徵

千金難買早知道，在股價上漲或下跌的過程中，會出現某些異常狀況，預示原有的趨勢即將改變，投資人若能及早察覺這些徵兆，就可以提早做準備，免於陷入套牢或賠錢的處境，以下為讀者逐項分析多、空趨勢背離的特徵。

多頭反轉跡象

跡象1》價量背離

股價上漲時，成交量卻下跌，稱之為「價量背離」。

在多頭市場（上漲趨勢）的正常情況下，其量價關係的標準模式是：

1. 價漲量增：當股價上漲時，其成交量會同步增加，表示買氣旺盛，投資人有追價買進意願。

2. 價跌量縮：當股價下跌時，其成交量會同步減少，表示買、賣雙方觀望，投資人沒有追價買進和追殺賣出的意願。

當價量關係呈現上述「價漲量增」和「價跌量縮」兩種狀況時，表示多頭市場（上漲趨勢）的漲勢不變，持股仍可續抱。一旦盤勢出現「價漲量縮」的反常模式，稱之為「價量背離」；表示多頭市場（上漲趨勢）將要結束，醞釀反轉向下。參閱下列兩個例子：

圖11-1 大盤加權指數價量背離

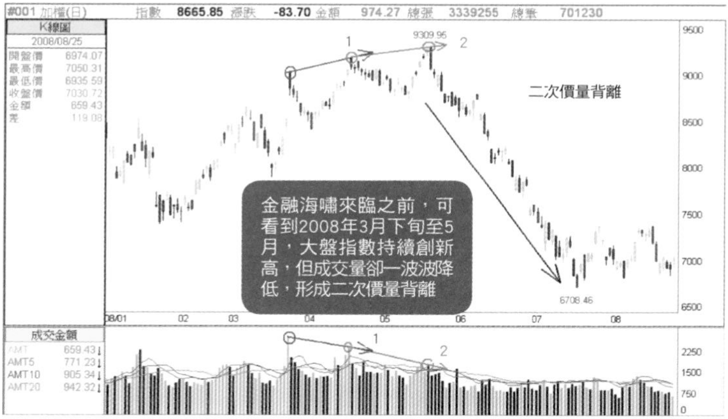
#001 加權(日) 指數 8665.85 漲跌 -83.70 金額 974.27 總張 3339255 總筆 701230
K線圖
2008/08/25
開盤價 6974.07
最高價 7050.31
最低價 6935.59
收盤價 7030.72
金額 659.43
差 119.08
9309.95
1
2
二次價量背離
金融海嘯來臨之前，可看到2008年3月下旬至5月，大盤指數持續創新高，但成交量卻一波波降低，形成二次價量背離
6708.46
成交金額
AMT 659.43
AMT5 771.23
AMT10 905.34
AMT20 942.32

圖11-2 群聯（8299）日線圖

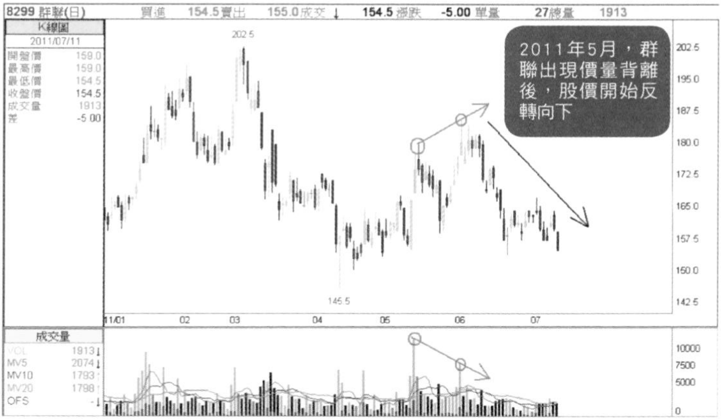
8299 群聯(日) 買進 154.5 賣出 155.0 成交 154.5 漲跌 -5.00 單量 27 總量 1913
K線圖
2011/07/11
開盤價 159.0
最高價 159.0
最低價 154.5
收盤價 154.5
成交量 1913
差 -5.00
202.5
145.5
2011年5月，群聯出現價量背離後，股價開始反轉向下
成交量
VOL 1913
MV5 2074
MV10 1793
MV20 1798
OFS

資料來源：新世紀贏家

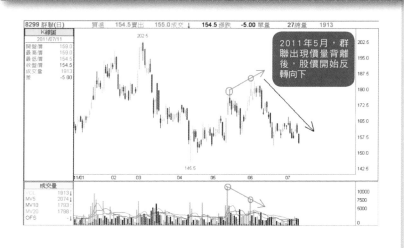

跡象2》股價和指標背離（熊市背離）

股價上漲時，技術指標卻未同步上漲，稱之為「股價和指標背離」；股市的專業術語稱之為「熊市背離」賣出訊號。

在多頭市場（上漲趨勢）的正常情況下，其股價和指標關係的標準模式是：

1. 價漲，指標漲：當股價上漲時，其技術指標會同步上漲，表示買氣旺盛，投資人有追價買進意願。

2. 價跌，指標跌：當股價下跌時，其技術指標會同步下跌，表示買方觀望，投資人減碼賣出，空方略勝一籌。

當股價和指標關係呈現上述「價漲，指標漲」和「價跌，指標跌」兩種情況時，表示多頭市場（上漲趨勢）的漲勢不變，持股仍可續抱。一旦盤勢出現「價漲，指標跌」的反常模式，稱之為「股價和指標背離」，亦稱「熊市背離」賣出訊號；表示多頭市場（上漲趨勢）將要結束，醞釀反轉向下。常用的技術指標為：RSI、KD、MACD和多空指標，這裡將各種指標所形成的狀況分述如下：

狀況1》股價和RSI指標背離：

RSI指標又叫「相對強弱指標」。在多頭市場（上漲趨勢）的正常情況下，其股價和RSI指標關係的標準模式是：

1. 「價漲，RSI指標漲」：當股價上漲時，其RSI指標會同步上漲，表示買氣旺盛，投資人有追價買進意願。

2. 「價跌，RSI指標跌」：當股價下跌時，其RSI指標會同步下跌，表示買方觀望，投資人減碼賣出，空方略勝一籌。

當股價和指標關係呈現上述「價漲，RSI指標漲」和「價跌，RSI指標跌」時，表示多頭市場（上漲趨勢）的漲勢不變，持股仍可續抱。一旦盤勢出現「價漲，RSI指標跌」的反常模式，稱之為「股價和RSI指標背離」，亦稱「熊市背離」賣出訊號；表示多頭市場（上漲趨勢）將要結束，醞釀反轉向下。參閱下列兩個例子：

圖11-3 大盤加權指數和RSI指標背離

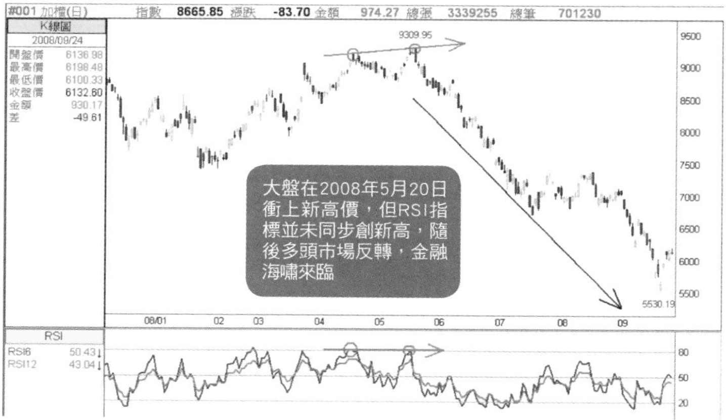
#001 加權(日) 指數 8665.85 漲跌 -83.70 金額 974.27 總張 3339255 總筆 701230
K線圖
2008/09/24
開盤價 6136.98
最高價 6198.48
最低價 6100.33
收盤價 6132.80
金額 930.17
差 -49.61
9309.95
5530.19
大盤在2008年5月20日衝上新高價，但RSI指標並未同步創新高，隨後多頭市場反轉，金融海嘯來臨
9500
9000
8500
8000
7500
7000
6500
6000
5500
08/01
02
03
04
05
06
07
08
09
RSI
RSI6 50.43
RSI12 43.04
80
50
20

資料來源：新世紀贏家

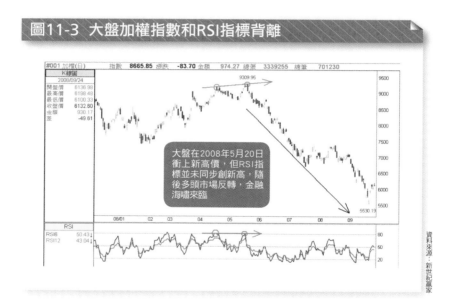

圖11-4 瑞昱（2379）日線圖

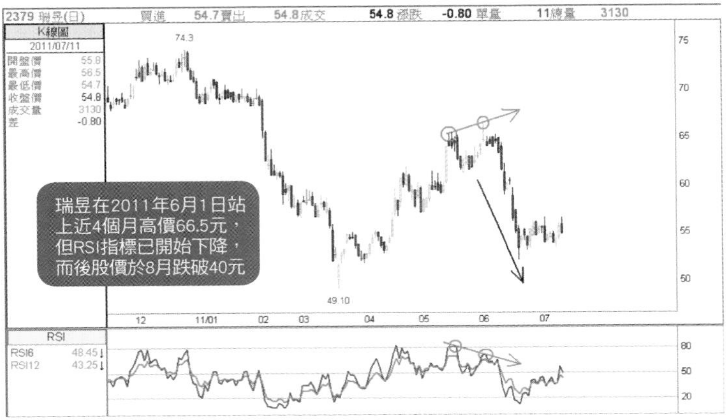
2379 瑞昱(日) 買進 54.7 賣出 54.8 成交 54.8 漲跌 -0.80 單量 11 總量 3130
K線圖
2011/07/11
開盤價 55.8
最高價 56.5
最低價 54.7
收盤價 54.8
成交量 3130
差 -0.80
74.3
49.10
瑞昱在2011年6月1日站上近4個月高價66.5元，但RSI指標已開始下降，而後股價於8月跌破40元
RSI
RSI6 48.45
RSI12 43.25

資料來源：新世紀贏家

狀況2》股價和KD指標背離：

KD指標又叫「隨機指標」。在多頭市場（上漲趨勢）的正常情況下，其股價和KD指標關係的標準模式是：

1.「價漲，KD指標漲」：當股價上漲時，其KD指標會同步上漲，表示買氣旺盛，投資人有追價買進意願。

2.「價跌，KD指標跌」：當股價下跌時，其KD指標會同步下跌，表示買方觀望，投資人減碼賣出，空方略勝一籌。

當股價和指標關係呈現上述「價漲，KD指標漲」和「價跌，KD指標跌」時，表示多頭市場（上漲趨勢）的漲勢不變，持股仍可續抱。一旦盤勢出現「價漲，KD指標跌」的反常模式，稱之為「股價和KD指標背離」，亦稱「熊市背離」賣出訊號；表示多頭

市場（上漲趨勢）將要結束，醞釀反轉向下。參閱下列兩個例子：

圖11-5 大盤加權指數和KD指標背離

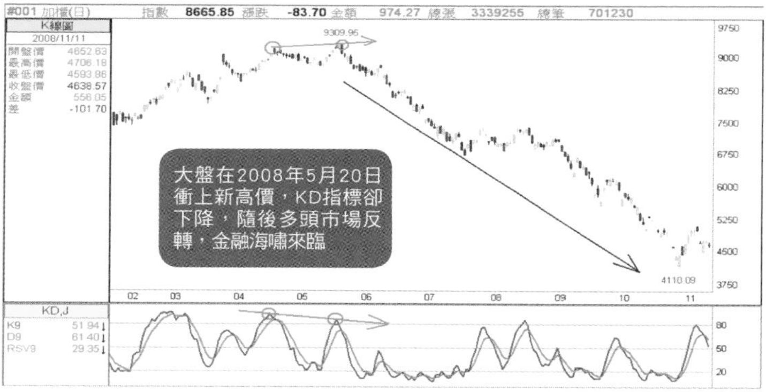
#001 加權(日) 指數 8665.85 漲跌 -83.70 金額 974.27 總張 3339255 總筆 701230
K線圖
2008/11/11
開盤價 4652.83
最高價 4706.18
最低價 4593.86
收盤價 4638.57
金額 556.05
差 -101.70
9309.95
4110.09
大盤在2008年5月20日衝上新高價，KD指標卻下降，隨後多頭市場反轉，金融海嘯來臨
KD,J
K9 51.94
D9 61.40
RSV9 29.35

圖11-6 瑞昱（2379）日線圖

2379 瑞昱(日) 買進 54.7 賣出 54.8 成交 54.8 漲跌 -0.80 單量 11 總量 3130
K線圖
2011/07/11
開盤價 55.8
最高價 56.5
最低價 54.7
收盤價 54.8
成交量 3130
差 -0.80
74.3
49.10
1
2
二次背離
瑞昱在2011年6月1日站上近4個月高價66.5元，但KD指標在4月底達到高點後便開始下降，出現二次背離，而後股價起跌
KD,J
K9 43.56
D9 39.96
RSV9 45.16

資料來源：新世紀贏家

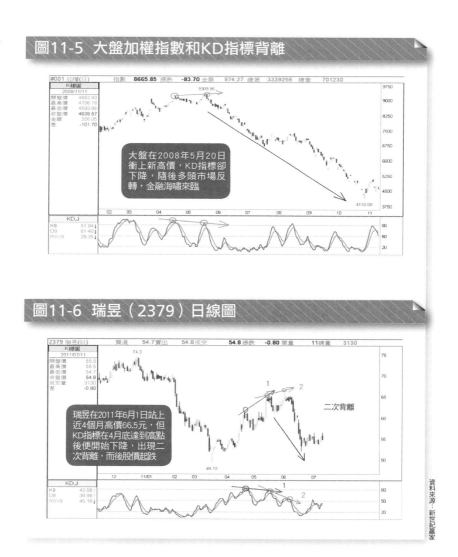

狀況3》股價和MACD指標背離：

MACD指標又叫「指數平滑異同平均線指標」。在多頭市場（上漲趨勢）的正常情況下，其股價和MACD指標關係的標準模式是：

1.「價漲，MACD指標漲」：當股價上漲時，其MACD指標會同步上漲，表示買氣旺盛，投資人有追價買進意願。

2.「價跌，MACD指標跌」：當股價下跌時，其MACD指標會同步下跌，表示買方觀望，投資人減碼賣出，空方略勝一籌。

當股價和指標關係呈現上述「價漲，MACD指標漲」和「價跌，MACD指標跌」時，表示多頭市場（上漲趨勢）的漲勢不變，持股仍可續抱。一旦盤勢出現「價漲，MACD指標跌」的反常模式，稱之為「股價和MACD指標背離」，亦稱「熊市背離」賣出訊號；表示多頭市場（上漲趨勢）將要結束，醞釀反轉向下。參閱下圖：

圖11-7 洋華（3622）日線圖

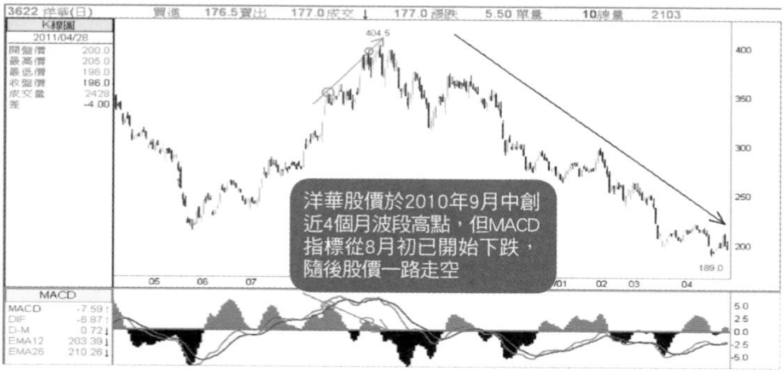
洋華股價於2010年9月中創近4個月波段高點，但MACD指標從8月初已開始下跌，隨後股價一路走空

資料來源：新世紀贏家

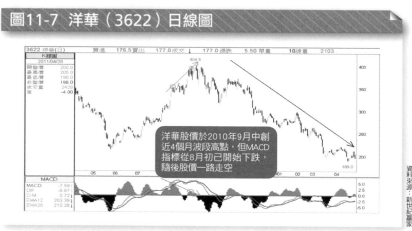

圖11-8 群聯（8299）日線圖

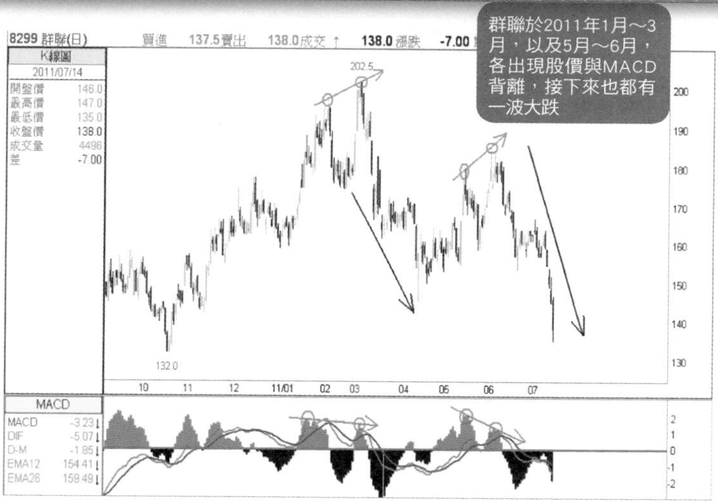
群聯於2011年1月～3月，以及5月～6月，各出現股價與MACD背離，接下來也都有一波大跌
8299 群聯(日) 買進 137.5 賣出 138.0 成交 ↑ 138.0 漲跌 -7.00
K線圖
2011/07/14
開盤價 146.0
最高價 147.0
最低價 135.0
收盤價 138.0
成交量 4496
差 -7.00
202.5
132.0
MACD
MACD -3.23
DIF -5.07
D-M -1.85
EMA12 154.41
EMA26 159.49

資料來源：新世紀贏家

狀況4》股價和多空指標背離

在多頭市場（上漲趨勢）的正常情況下，其股價和多空指標關係的標準模式是：

1.**「價漲，多空指標漲」**：當股價上漲時，其多空指標會同步上漲，表示買氣旺盛，投資人有追價買進意願。

2.**「價跌，多空指標跌」**：當股價下跌時，其多空指標會同步下跌，表示買方觀望，投資人減碼賣出，空方略勝一籌。

當股價和指標關係呈現上述「價漲，多空指標漲」和「價跌，多空指標跌」時，表示多頭市場（上漲趨勢）的漲勢不變，持股仍可續抱。一旦盤勢出現「價漲多空指標跌」的反常模式，稱之為「股

價和多空指標背離」，亦稱「熊市背離」賣出訊號；表示多頭市場（上漲趨勢）將要結束，醞釀反轉向下。參閱下圖：

圖11-9 日月光（2311）日線圖

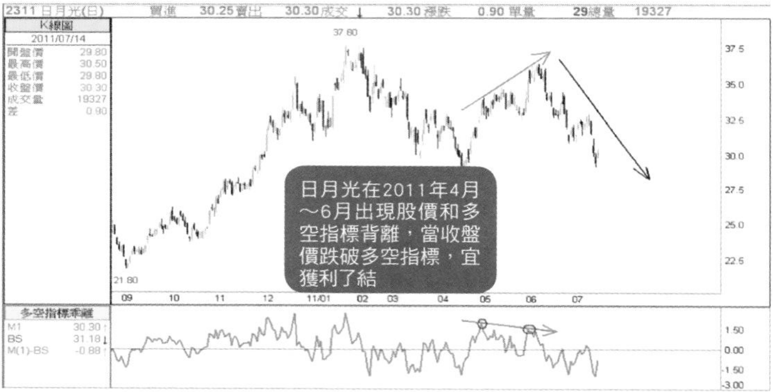
2311 日月光(日) 買進 30.25 賣出 30.30 成交 30.30 漲跌 0.90 單量 29 總量 19327
K線圖
2011/07/14
開盤價 29.80
最高價 30.50
最低價 29.80
收盤價 30.30
成交量 19327
差 0.90
37.80
21.80
日月光在2011年4月～6月出現股價和多空指標背離，當收盤價跌破多空指標，宜獲利了結
多空指標乖離
M1 30.30
BS 31.18
M(1)-BS -0.88

圖11-10 科風（3043）日線圖

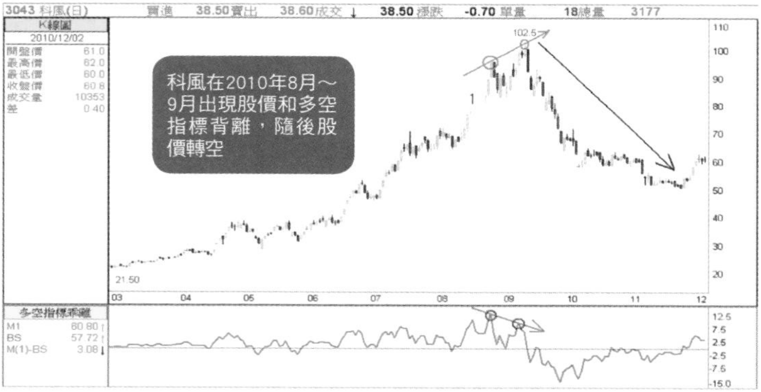
3043 科風(日) 買進 38.50 賣出 38.60 成交 38.50 漲跌 -0.70 單量 18 總量 3177
K線圖
2010/12/02
開盤價 61.0
最高價 62.0
最低價 60.0
收盤價 60.8
成交量 10353
差 0.40
102.5
21.50
科風在2010年8月～9月出現股價和多空指標背離，隨後股價轉空
多空指標乖離
M1 60.80
BS 57.72
M(1)-BS 3.08

資料來源：新世紀贏家

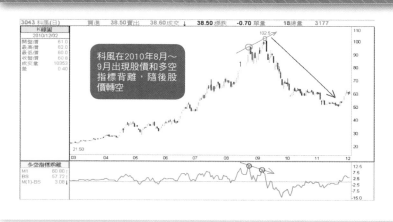

空頭反轉跡象

跡象1》價量背離

股價上漲時，成交量亦同步增加，稱之為空頭市場的「價量背離」。

在空頭市場（下跌趨勢）的正常情況下，其量價關係的標準模式是：

1.價漲量縮：當股價上漲時，其成交量卻萎縮減少，表示投資人買盤追價意願不高。

2.價跌量增：當股價下跌時，其成交量卻大增，表示投資人沒有買進的意願，停損賣壓沉重。

當價量關係呈現上述「價漲量縮」和「價跌量增」時，表示空頭市場（下跌趨勢）的跌勢不變，持股宜賣出觀望。一旦盤勢出現「價漲量增」的反常模式，稱之為「價量背離」；表示空頭市場（下跌趨勢）將要結束，醞釀反轉向上。

空頭市場還有兩種底部反轉的「價量關係」，其經驗法則如下：

1. 在空頭市場（下跌趨勢）出現「價量背離」之前，會先出現底部低檔區的凹洞量（新低量），3天之內，股價未再創新低價，且成交量亦未見新低量，接著出現 「價漲量增」的反常模式，稱之為「價量背離」，表示空頭市場（下跌趨勢）將要結束，醞釀反轉向上。

2. 在空頭市場（下跌趨勢）出現「價量背離」之前，會先出現底部低檔區爆大量，3天之內，股價未再創新低價，量縮止跌，接著出現「價漲量增」的反常模式，稱之為「價量背離」。參閱下列三個例子：

圖11-11 大盤加權指數價量背離

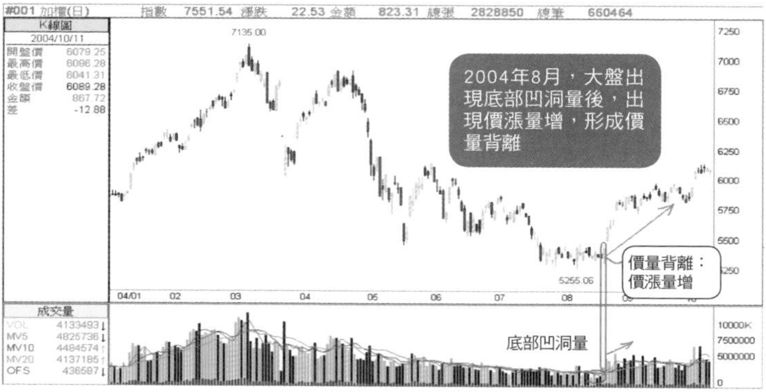
2004年8月，大盤出現底部凹洞量後，出現價漲量增，形成價量背離
價量背離：價漲量增
底部凹洞量

圖11-12 聯發科（2454）日線圖

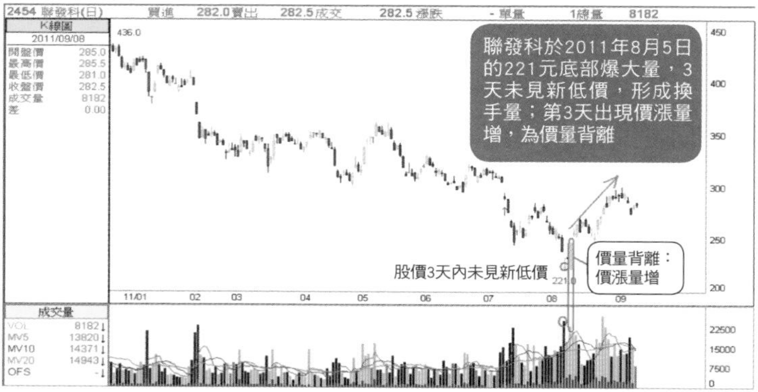
聯發科於2011年8月5日的221元底部爆大量，3天未見新低價，形成換手量；第3天出現價漲量增，為價量背離
股價3天內未見新低價
價量背離：價漲量增

資料來源：新世紀贏家

圖11-13 KY晨星（3697）日線圖

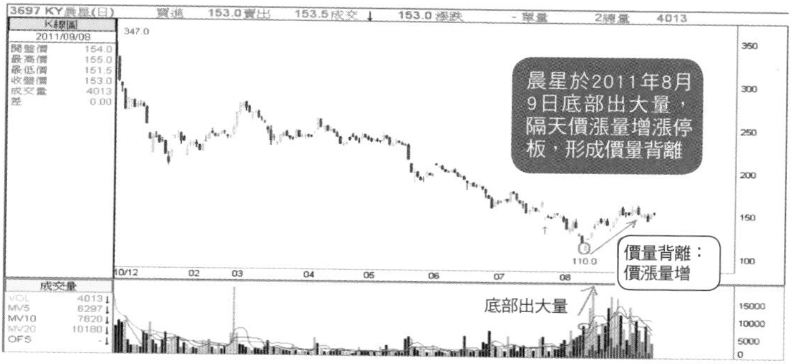
晨星於2011年8月9日底部出大量，隔天價漲量增漲停板，形成價量背離
價量背離：價漲量增
底部出大量

資料來源：新世紀贏家

跡象2》股價和指標背離（牛市背離）

股價下跌時，技術指標卻上漲，稱之為「股價和指標背離」。

在空頭市場（下跌趨勢）的正常情況下，其股價和指標關係的標準模式是：

1.價漲，指標漲：當股價上漲時，其技術指標會同步上漲，表示投資人有搶反彈買進意願。

2.價跌，指標跌：當股價下跌時，其技術指標會同步下跌，表示買方觀望，投資人減碼賣出，空方略勝一籌。

當股價和指標關係呈現上述「價漲指標漲」和「價跌指標跌」時，表示空頭市場（下跌趨勢）的跌勢不變，宜減碼觀望。一旦盤勢出現「價跌，指標漲」的反常模式，稱之為「股價和指標背離」，亦稱「牛市背離」買進訊號；表示空頭市場（下跌趨勢）將結束，醞釀反轉向上。常用技術指標為：RSI、KD、MACD和多空

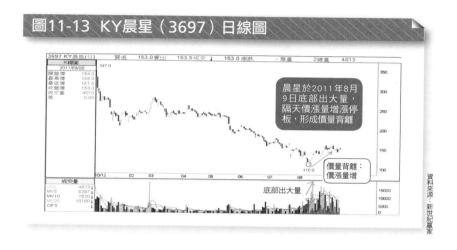

指標，這裡將各種指標所形成的狀況分述如下：

狀況1》股價和RSI指標背離

在空頭市場（下跌趨勢）的正常情況下，其股價和RSI指標關係的標準模式是：

1.**「價漲，RSI指標漲」**：股價上漲，其RSI指標同步上漲。

2.**「價跌，RSI指標跌」**：股價下跌，其RSI指標同步下跌。

當股價和指標關係呈現上述「價漲，RSI指標漲」和「價跌，RSI指標跌」時，表示空頭市場（下跌趨勢）的跌勢不變，持股宜減碼觀望。

一旦盤勢出現「價跌，RSI指標漲」的反常模式，稱之為「股價和RSI指標背離」；因出現在空頭市場的「背離現象」，我們稱之為「牛市背離」買進訊號。表示空頭市場（下跌趨勢）將要結束，醞釀反轉向上，可以逢低布局買進。參閱下列兩個例子：

圖11-14 IML（3638）日線圖

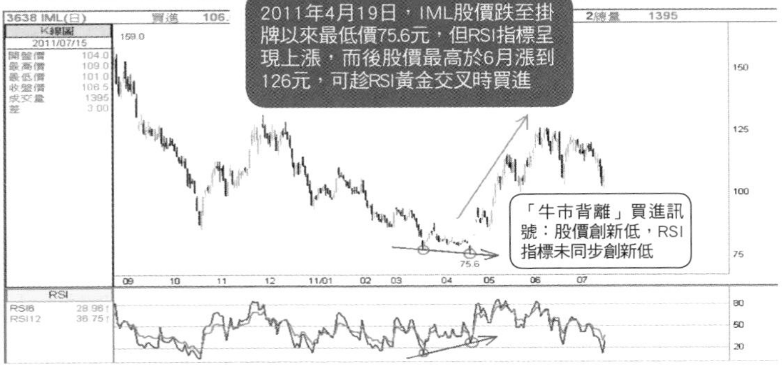
2011年4月19日，IML股價跌至掛牌以來最低價75.6元，但RSI指標呈現上漲，而後股價最高於6月漲到126元，可趁RSI黃金交叉時買進
「牛市背離」買進訊號：股價創新低，RSI指標未同步創新低
75.6

資料來源：新世紀贏家

圖11-15 大成（1210）日線圖

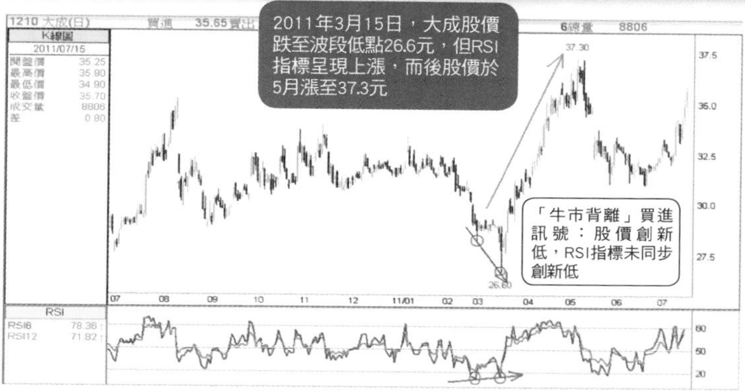

2011年3月15日，大成股價跌至波段低點26.6元，但RSI指標呈現上漲，而後股價於5月漲至37.3元
「牛市背離」買進訊號：股價創新低，RSI指標未同步創新低
37.30
26.60
RSI

資料來源：新世紀贏家

狀況2》股價和KD指標背離

在空頭市場（下跌趨勢）的正常情況下，其股價和KD指標關係的標準模式是：

1. **「價漲，KD指標漲」**：股價上漲，其KD指標同步上漲。
2. **「價跌，KD指標跌」**：股價下跌，其KD指標同步下跌。

當股價和指標關係呈現上述「價漲，KD指標漲」和「價跌，KD指標跌」時，表示空頭市場（下跌趨勢）的跌勢不變，持股宜減碼觀望。

一旦盤勢出現「價跌，KD指標漲」的反常模式，稱之為「牛市背離」買進訊號，表示空頭市場（下跌趨勢）將要結束，醞釀反轉向上，可以逢低布局買進。 參閱下列兩個例子：

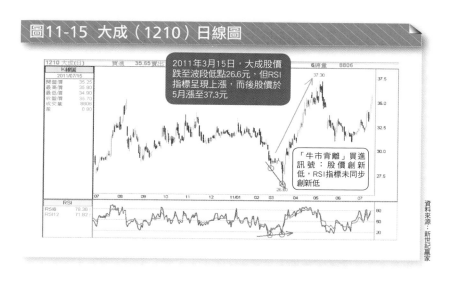

圖11-16 碩禾（3691）日線圖

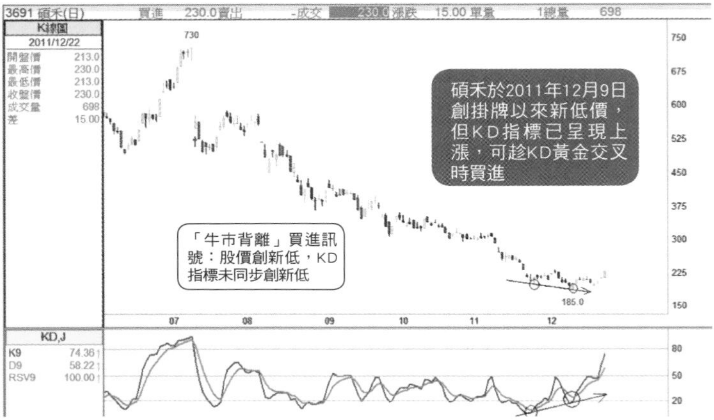

圖11-17 友達（2409）日線圖

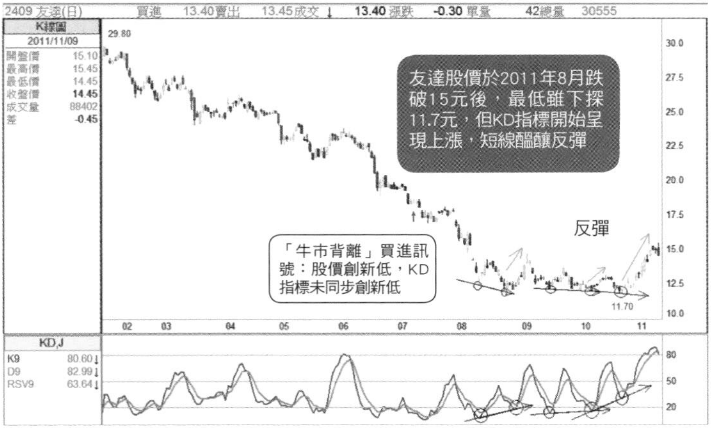

資料來源：新世紀贏家

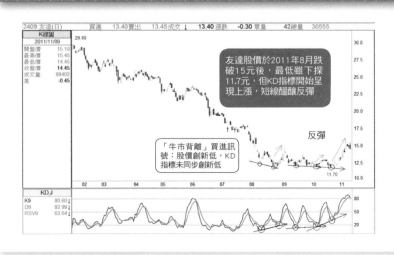

狀況3》股價和MACD指標背離

在空頭市場（下跌趨勢）的正常情況下，其股價和MACD指標關係的標準模式是：

1.「價漲，MACD指標漲」：當股價上漲時，其MACD指標會同步上漲。

2.「價跌，MACD指標跌」：當股價下跌時，其MACD指標會同步下跌。

當股價和指標關係呈現上述「價漲，MACD指標漲」和「價跌，MACD指標跌」時，表示空頭市場（下跌趨勢）的跌勢不變，持股宜減碼觀望。一旦盤勢出現「價跌，MACD指標漲」的反常模式，稱之為「牛市背離」買進訊號，表示空頭市場（下跌趨勢）將要結束，醞釀反轉向上，可以逢低布局買進。參閱下列兩個例子：

圖11-18 大成（1210）日線圖

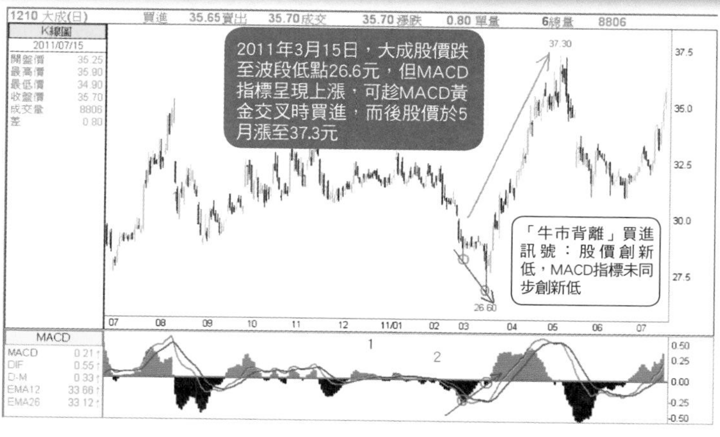
1210 大成(日) 買進 35.65 賣出 35.70 成交 35.70 漲跌 0.80 單量 6 總量 8806
K線圖
2011/07/15
開盤價 35.25
最高價 35.90
最低價 34.90
收盤價 35.70
成交量 8806
差 0.80
2011年3月15日，大成股價跌至波段低點26.6元，但MACD指標呈現上漲，可趁MACD黃金交叉時買進，而後股價於5月漲至37.3元
37.30
26.60
「牛市背離」買進訊號：股價創新低，MACD指標未同步創新低
37.5
35.0
32.5
30.0
27.5
07 08 09 10 11 12 11/01 02 03 04 05 06 07
MACD
MACD 0.21
DIF 0.55
D-M 0.33
EMA12 33.66
EMA26 33.12
1
2
0.50
0.25
0.00
-0.25
-0.50

資料來源：新世紀贏家

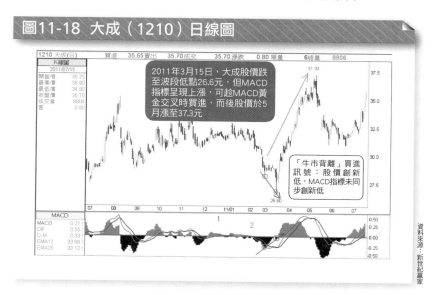

圖11-19 新普（6121）日線圖

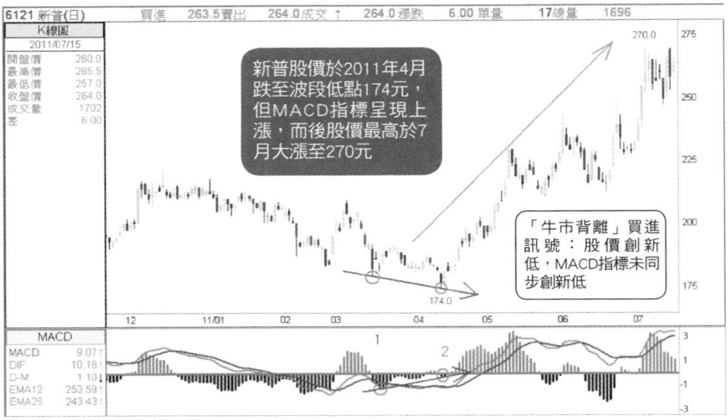
新普股價於2011年4月跌至波段低點174元，但MACD指標呈現上漲，而後股價最高於7月大漲至270元
「牛市背離」買進訊號：股價創新低，MACD指標未同步創新低
270.0
174.0
MACD
1
2

資料來源：新世紀贏家

狀況4》股價和多空指標背離

在空頭市場（下跌趨勢）的正常情況下，其股價和多空指標關係的標準模式是：

1.「價漲，多空指標漲」：當股價上漲時，其多空指標會同步上漲。

2.「價跌，多空指標跌」：當股價下跌時，其多空指標會同步下跌。

當股價和指標關係呈現上述「價漲，多空指標漲」和「價跌，多空指標跌」時，表示空頭市場（下跌趨勢）的跌勢不變，持股宜減碼觀望。當盤勢出現「價跌，多空指標漲」的反常模式，稱之為「牛市背離」買進訊號，表示空頭市場（下跌趨勢）將要結束，醞釀反轉向上，可以逢低布局買進。參閱下列兩個例子：

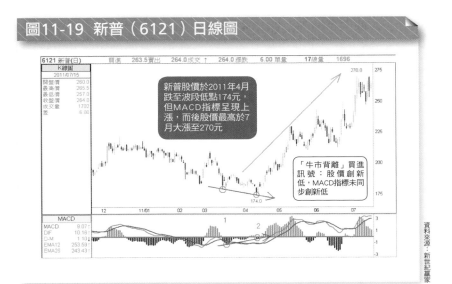

圖11-20 新普（6121）日線圖

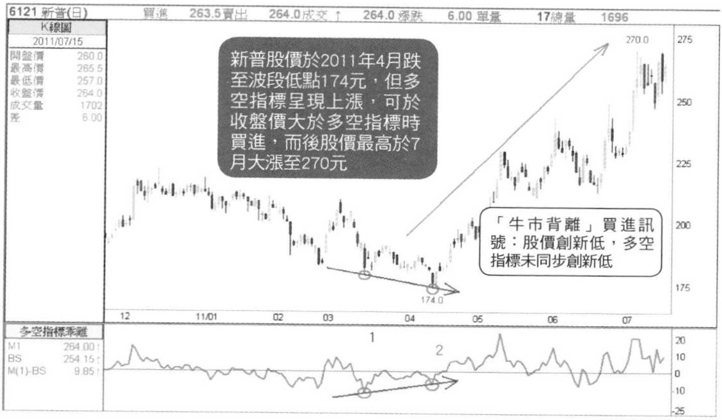

圖11-21 大成（1210）日線圖

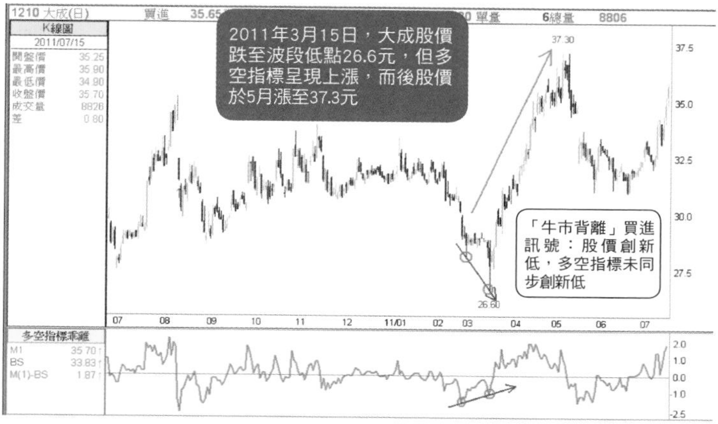

資料來源：新世紀贏家

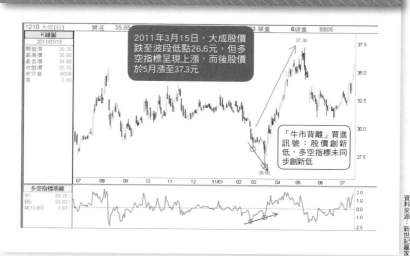

物極必反的股市運用之道

股市常言：「量先價行」，故價量關係的常態經驗法則分為：多頭市場：1.價漲量增、2.價跌量縮；空頭市場：1.價漲量縮、2.價跌量增。

在多頭市場出現異常的價量模式——「價漲量縮」，千萬要小心，可能是多頭市場反轉前的「警訊」；實務操作上：宜賣不宜買，宜逢高獲利減碼，落袋為安。反之，若是在空頭市場出現異常的價量模式——「價漲量增」，或是底部爆大量後之「價跌量增」，3天之內，量縮而股價不再破底創新低，第4天進而轉變成「價漲量增」，千萬要小心，可能是空頭市場反轉前的「訊號」；實務操作上：宜買不宜賣，宜逢低分批布局買進。

除成交量是股價的領先指標外，各項常用的技術指標，亦是股價的領先指標。在多頭市場出現「股價和技術指標背離」，例如：「股價和RSI指標背離」、「股價和KD指標背離」、「股價和MACD指標背離」、「股價和多空指標背離」，上述這些出現在多頭市場的「背離現象」，我們稱之為「熊市背離」賣出訊號。反之，若是在空頭市場出現「股價和技術指標背離」，例如：「股價和RSI指標背離」、「股價和KD指標背離」、「股價和MACD指標背離」、「股價和多空指標背離」，上述這些出現在空頭市場的「背離現象」，我們稱之為「牛市背離」買進訊號。

中國智者「老子」云：「物極必反」，這句話運用在股市的準確度非常高。也就是說：當股市大漲，形成全民運動時，連擦鞋童和市場菜販都在討論股市時，表示股市產生異常的熱絡現象，「物極必反」的效應就要發生，股市將大跌修正。上述乃經驗法則，沒有量化的數據可做為判斷；現在讀者可以透過「股價和技術指標背離」所產生的「熊市背離」賣出訊號，做為賣出操作的依據，當眾人皆極度樂觀瘋狂買進時，就是我們「逢高獲利了結」的大好機會，如此必能全身而退且避開高檔區套牢的夢魘。

反之，當股市大跌，投資人悲觀情緒和論調，四處蔓延時，成交量大幅萎縮，菜籃族都不再討論股市或看盤，表示股市產生異常的低迷現象，「物極必反」的效應就要發生，股市將反彈大漲。讀者可以透過「股價和技術指標背離」所產生的「牛市背離」買進訊號，做為買進操作的依據，當眾人皆極度悲觀認賠賣出時——「貴出如糞土」，便是我們開心逢低買進時——「賤取如珠玉」的大好機會，如此必能逢低買到好股票，未來波段獲利可期。

課後心得

1. 多頭市場價量關係的常態經驗法則：（1）價漲量增、（2）價跌量縮。
2. 空頭市場價量關係的常態經驗法則：（1）價漲量縮、（2）價跌量增。
3. 多頭市場出現「價漲量縮」，宜賣不宜買。
4. 空頭市場出現「價漲量增」，宜買不宜賣。
5. 「物極必反」，當股價與技術指標出現背離，稱為「牛市背離」或「熊市背離」，均代表原有趨勢即將生變，須審慎為之。

12

善用軌道線
賺波段獲利

軌道線的定義為，在兩條平行的支撐線和壓力線之間，選定一條適用的移動平均線，當作軌道中線。其上、下所構成的區域稱之為軌道區間。軌道線也可稱為包覆線，是移動平均線理論的精華，可研判股價的多空趨勢，是非常實用的波段操作指標。

1.軌道線公式

以短線為例》

軌道線上緣壓力線：MA10（10日均線）×（1+7%）

移動平均線：MA10（10日均線）

軌道線下緣支撐線：MA10（10日均線）×（1-7%）

2.軌道線的參數設定

參數可因不同商品、不同股性和不同操作模式（短線或波段）而調整。筆者研究和使用軌道線16年，得出短線和波段操作的經驗模式，今日特地提出與各位讀者分享。

◎經驗法則》短線操作

移動平均線採用MA10（10日均線）

上緣壓力線設定+7%

下緣支撐線設定-7%

圖12-1 上漲趨勢的多頭市場

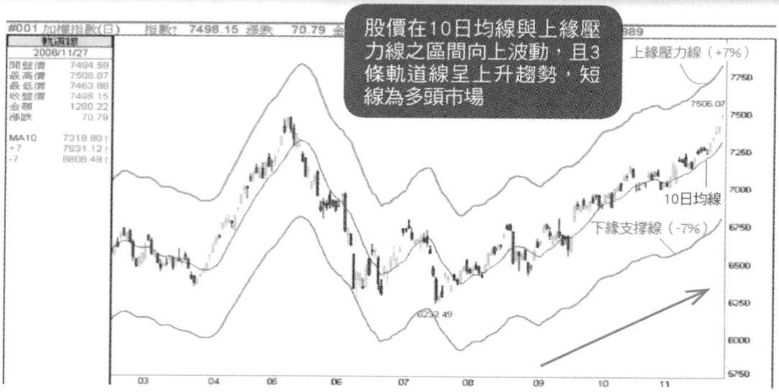
股價在10日均線與上緣壓力線之區間向上波動，且3條軌道線呈上升趨勢，短線為多頭市場
上緣壓力線（+7%）
10日均線
下緣支撐線（-7%）
7506.07
6232.49

圖12-2 下跌趨勢的空頭市場

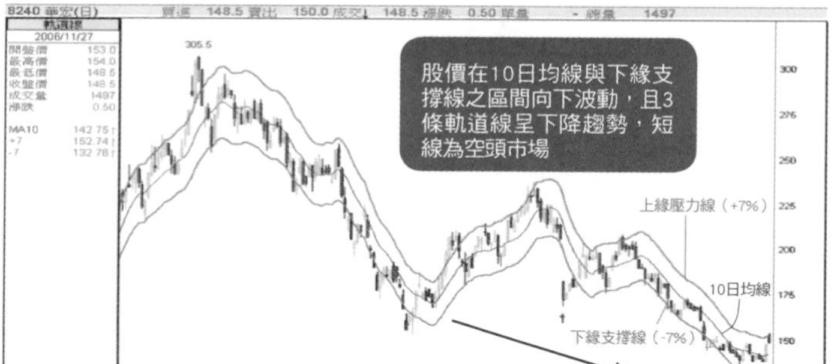
股價在10日均線與下緣支撐線之區間向下波動，且3條軌道線呈下降趨勢，短線為空頭市場
上緣壓力線（+7%）
10日均線
下緣支撐線（-7%）
305.5
136.0

資料來源：新世紀贏家

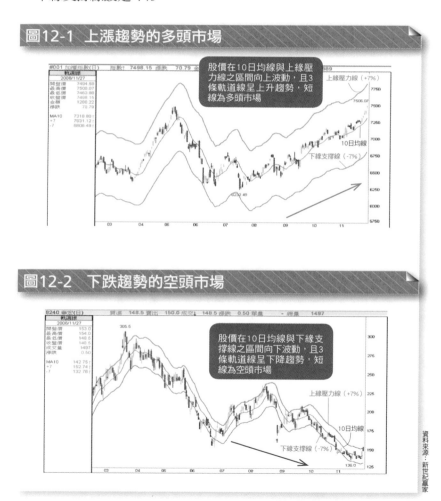

圖12-3 橫向趨勢的盤整市場

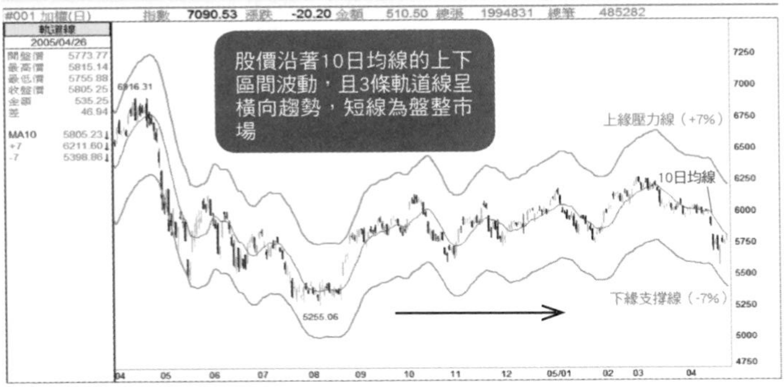
股價沿著10日均線的上下區間波動，且3條軌道線呈橫向趨勢，短線為盤整市場
上緣壓力線（+7%）
10日均線
下緣支撐線（-7%）
6916.31
5255.06

資料來源：新世紀贏家

◎經驗法則》波段操作

移動平均線採用MA50（50日均線）

上緣壓力線設定+10%

下緣支撐線設定-10%

圖12-4 上漲趨勢的多頭市場

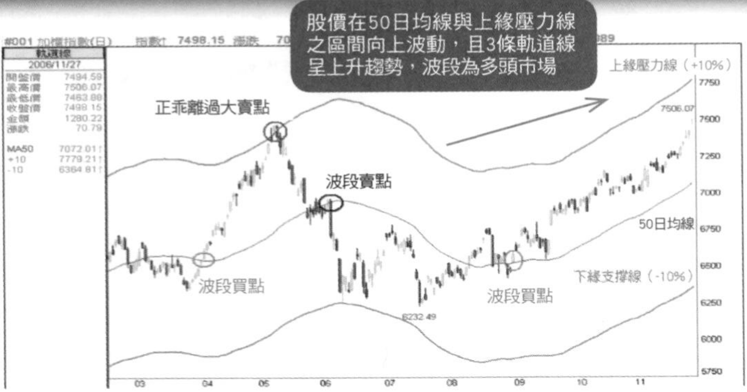
股價在50日均線與上緣壓力線之區間向上波動，且3條軌道線呈上升趨勢，波段為多頭市場
上緣壓力線（+10%）
正乖離過大賣點
波段賣點
50日均線
下緣支撐線（-10%）
波段買點
波段買點
7506.07
6232.49

資料來源：新世紀贏家

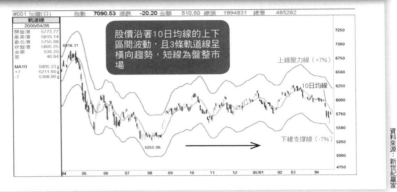

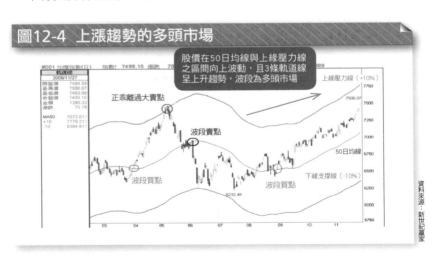

圖12-5 下跌趨勢的空頭市場

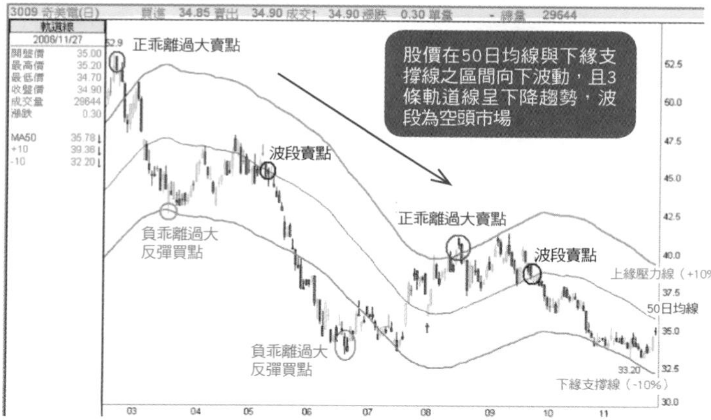

圖12-6 橫向趨勢的盤整市場

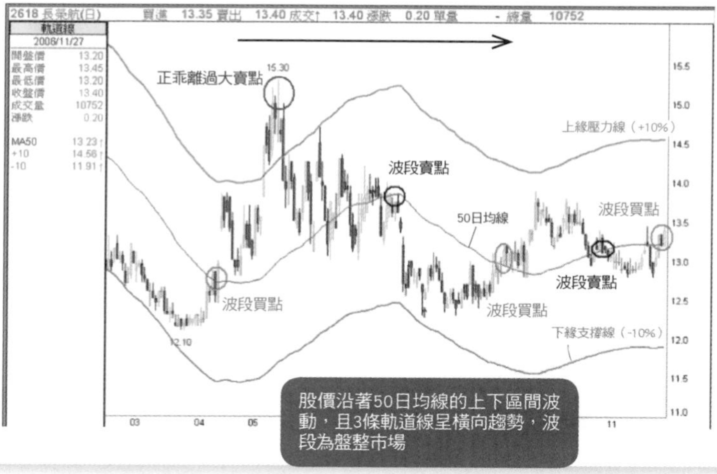

資料來源：新世紀贏家

3.軌道線的使用和研判

◎經驗法則》短線操作

1.上漲趨勢的多頭市場：股價會位於10日均線和上緣壓力線（+7%）之區間，向上波動。當股價穿越10日均線為短線買點，跌破10日均線則為短線賣點。

當股價上漲，碰觸或穿越上緣壓力線，股價形成正乖離過大，醞釀短線拉回修正，操作上不宜追價，反而應該逢高減碼賣出。

圖12-7 上漲趨勢的多頭市場

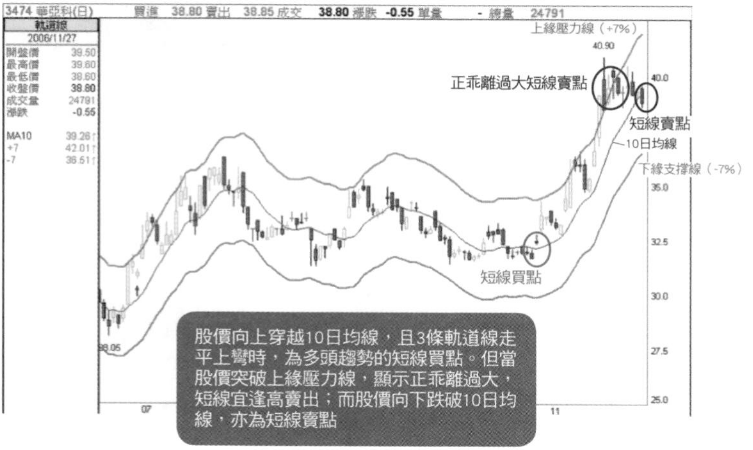
3474 華亞科(日) 買進 38.80 賣出 38.85 成交 38.80 漲跌 -0.55 單量 - 總量 24791
軌道線
2006/11/27
開盤價 39.50
最高價 39.60
最低價 38.60
收盤價 38.80
成交量 24791
漲跌 -0.55
MA10 39.26
+7 42.01
-7 36.51
上緣壓力線（+7%）
40.90
正乖離過大短線賣點
短線賣點
10日均線
下緣支撐線（-7%）
短線買點
28.05
40.0
35.0
32.5
30.0
27.5
25.0
07
11
股價向上穿越10日均線，且3條軌道線走平上彎時，為多頭趨勢的短線買點。但當股價突破上緣壓力線，顯示正乖離過大，短線宜逢高賣出；而股價向下跌破10日均線，亦為短線賣點

資料來源：新世紀贏家

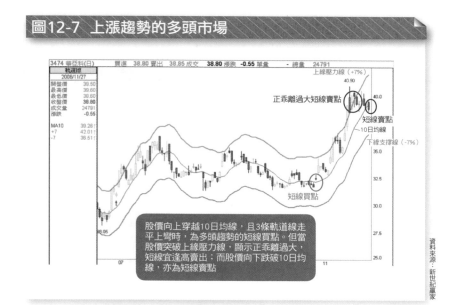

2.下跌趨勢的空頭市場：股價會位於10日均線和下緣支撐線（-7%）之區間，向下波動。當股價跌破10日均線為短線放空賣點，穿越10日均線則為回補買點。

當股價下跌，碰觸或跌破下緣支撐線，股價形成負乖離過大，醞釀短線跌深反彈，操作上不宜追殺，反而應該逢低買進。

圖12-8 下跌趨勢的空頭市場

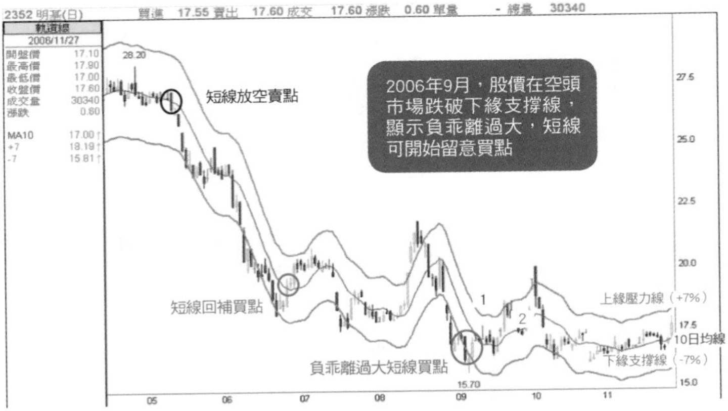

2352 明基(日)
軌道線
2006/11/27
短線放空賣點
2006年9月，股價在空頭市場跌破下緣支撐線，顯示負乖離過大，短線可開始留意買點
短線回補買點
負乖離過大短線買點
上緣壓力線（+7%）
10日均線
下緣支撐線（-7%）
28.20
15.70

資料來源：新世紀贏家

3.橫向趨勢的盤整市場：股價會位於10日均線之上、下區間波動。

當股價上漲，穿越10日均線之上，為短線轉強買進訊號，跌破10日均線則為短線轉弱賣出訊號。

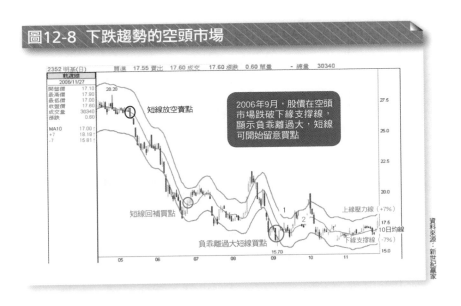

圖12-9 橫向趨勢轉強的盤整市場

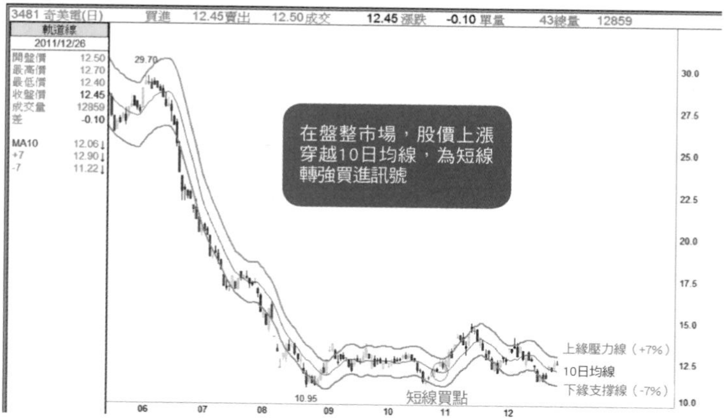

圖12-10 橫向趨勢轉弱的盤整市場

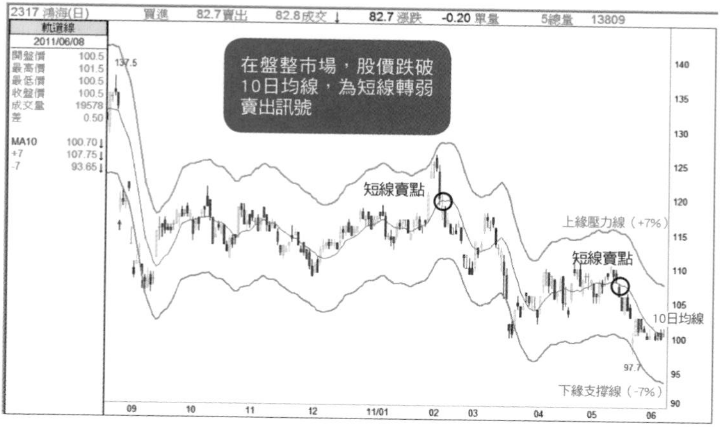

資料來源：新世紀贏家

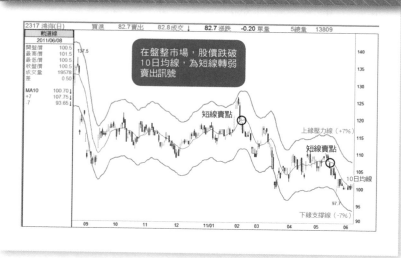

◎經驗法則》波段操作

1.上漲趨勢的多頭市場：股價會位於50日均線和上緣壓力線（+10%）之區間，向上波動。當股價穿越50日均線為波段買點，跌破50日均線則為波段賣點；成功機率71.43%。

當股價上漲，碰觸或穿越上緣壓力線，股價形成正乖離過大，醞釀波段拉回修正，操作上不宜追價，反而應該逢高減碼賣出。

圖12-11 上漲趨勢的多頭市場

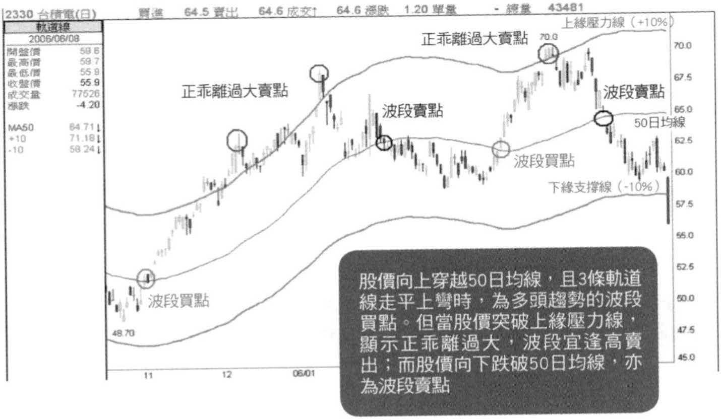
2330 台積電(日)
軌道線
2006/06/08
開盤價 59.6
最高價 59.7
最低價 55.9
收盤價 55.9
成交量 77526
漲跌 -4.20
MA50 64.71
+10 71.18
-10 58.24
上緣壓力線（+10%）
正乖離過大賣點
70.0
正乖離過大賣點
波段賣點
波段賣點
50日均線
波段買點
下緣支撐線（-10%）
波段買點
48.70
股價向上穿越50日均線，且3條軌道線走平上彎時，為多頭趨勢的波段買點。但當股價突破上緣壓力線，顯示正乖離過大，波段宜逢高賣出；而股價向下跌破50日均線，亦為波段賣點
11
12
06/01

資料來源：新世紀贏家

2.下跌趨勢的空頭市場：股價會位於50日均線和下緣支撐線（-10%）之區間，向下波動。當股價跌破50日均線為波段放空賣點，穿越50日均線則為波段回補買點；成功機率70%。

當股價下跌，碰觸或跌破下緣支撐線，股價形成負乖離過大，醞釀波段跌深反彈，操作上不宜追殺，反而應該逢低買進。

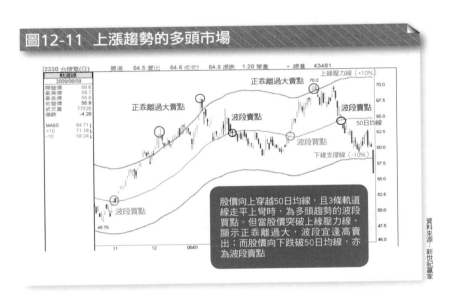

圖12-12 下跌趨勢的空頭市場

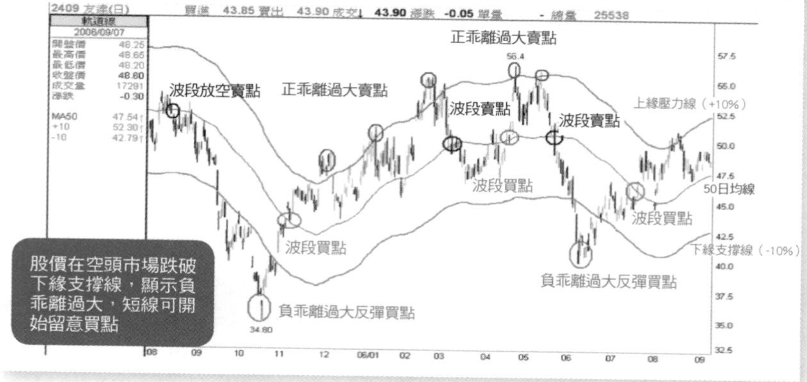

資料來源：新世紀贏家

3.橫向趨勢的盤整市場：股價會位於50日均線之上、下區間波動。

當股價上漲，穿越50日均線之上，為波段轉強買進訊號。

圖12-13 橫向趨勢轉強的盤整市場

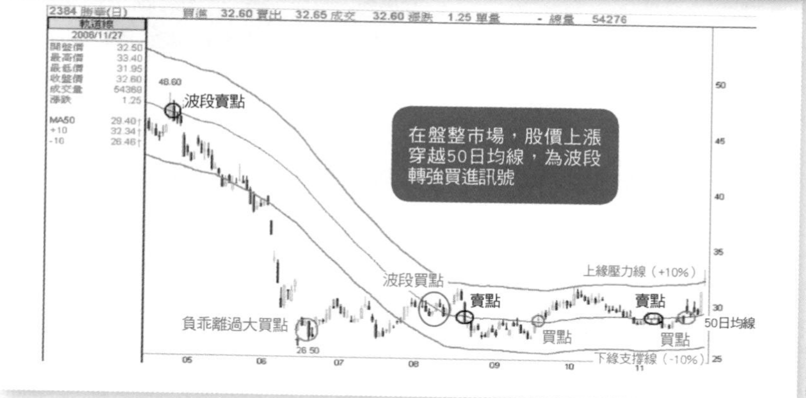

資料來源：新世紀贏家

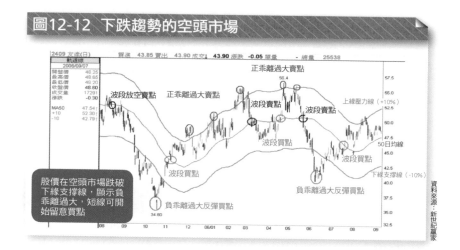

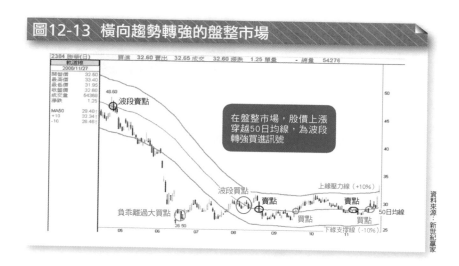

當股價下跌，跌破50日均線之下，為波段轉弱賣出訊號。

圖12-14 橫向趨勢轉弱的盤整市場

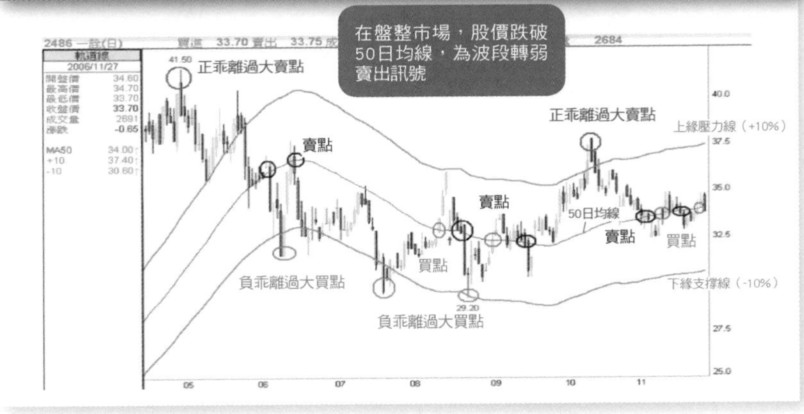

資料來源：新世紀贏家

4.軌道線多空趨勢反轉之研判

◎經驗法則》短線操作

1.上漲趨勢的多頭市場，其趨勢反轉之必要條件：

當股價由上往下跌破10日均線且3條軌道線走平下彎，預告短線上漲趨勢的多頭市場，將反轉向下。

當股價跌破10日均線且3條軌道線走平下彎，表示短線盤勢由多翻空，操作上持股必須全部賣出，退場觀望。

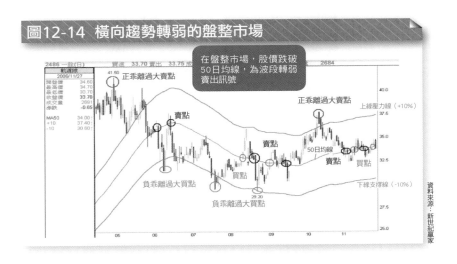

圖12-15 多頭市場反轉向下

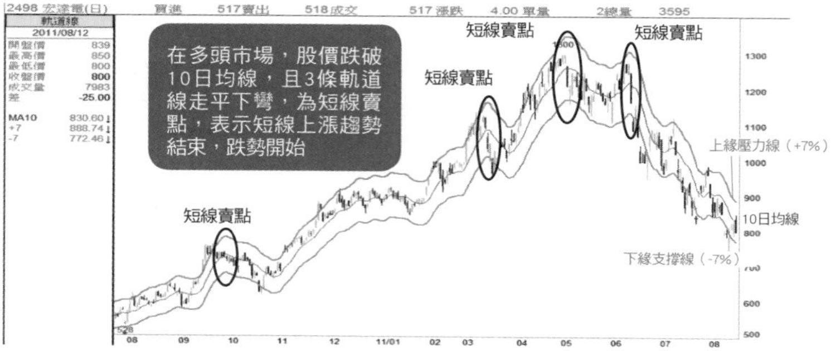
在多頭市場，股價跌破10日均線，且3條軌道線走平下彎，為短線賣點，表示短線上漲趨勢結束，跌勢開始
短線賣點
短線賣點
短線賣點
短線賣點
上緣壓力線（+7%）
10日均線
下緣支撐線（-7%）

資料來源：新世紀贏家

2.下跌趨勢的空頭市場，其趨勢反轉之必要條件：

當股價由下往上穿越10日均線且3條軌道線走平上彎，預告短線下跌趨勢的空頭市場，將反轉向上。

當股價穿越10日均線且3條軌道線走平上彎，表示短線盤勢由空翻多，操作上宜加碼買進。

圖12-16 空頭市場反轉向上

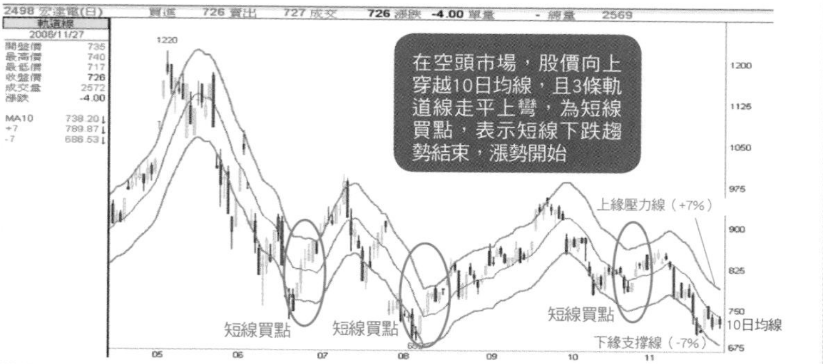
在空頭市場，股價向上穿越10日均線，且3條軌道線走平上彎，為短線買點，表示短線下跌趨勢結束，漲勢開始
上緣壓力線（+7%）
短線買點
短線買點
短線買點
10日均線
下緣支撐線（-7%）

資料來源：新世紀贏家

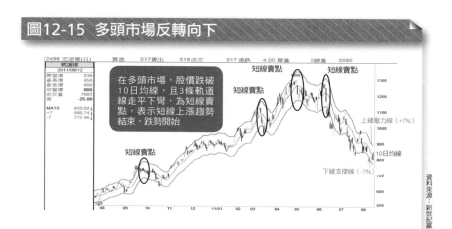

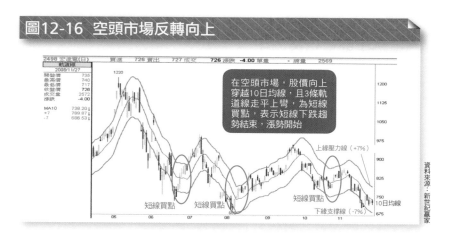

3.橫向趨勢的盤整市場，其趨勢反轉之必要條件：

（1）當股價由上往下跌破10日均線且3條軌道線走平下彎，預告短線橫向趨勢的盤整市場，將反轉向下。

當股價跌破10日均線且3條軌道線走平下彎，表示盤勢翻空，操作上持股必須全部賣出，退場觀望。

圖12-17 盤整市場反轉向下

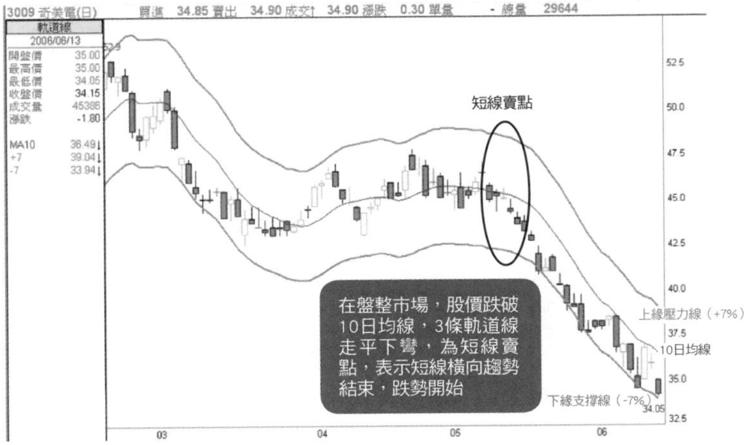

資料來源：新世紀贏家

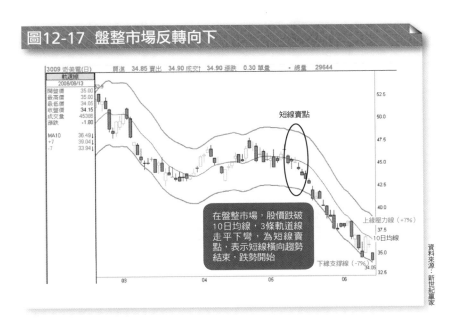

（2）當股價由下往上穿越10日均線且3條軌道線走平上彎，預告短線橫向趨勢的盤整市場，將反轉向上。

當股價穿越10日均線且3條軌道線走平上彎，表示盤勢翻多，操作上宜短線為之。

圖12-18 盤整市場反轉向上

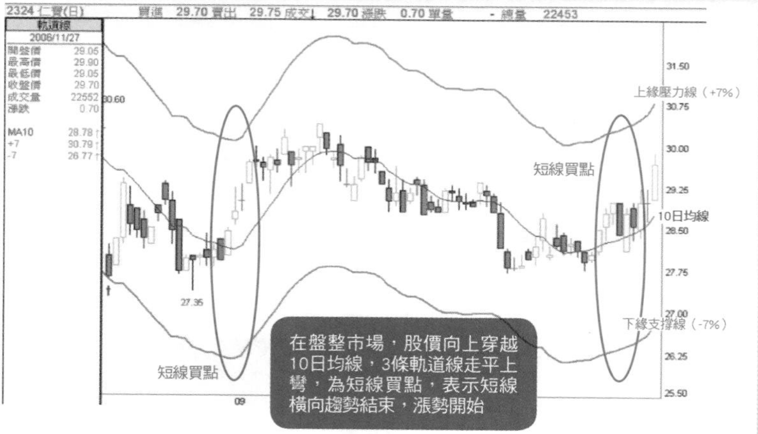

資料來源：新世紀贏家

◎經驗法則》波段操作

1.上漲趨勢的多頭市場，其趨勢反轉之必要條件：

當股價由上往下跌破50日均線且3條軌道線走平下彎，預告中線（波段）上漲趨勢的多頭市場，將反轉向下。

當股價跌破50日均線且3條軌道線走平下彎，表示中線（波段）盤勢由多翻空，操作上持股必須全部賣出，退場觀望。

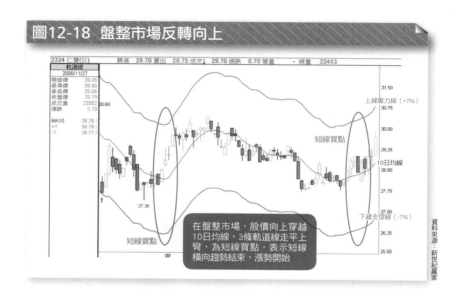

圖12-19 多頭市場反轉向下

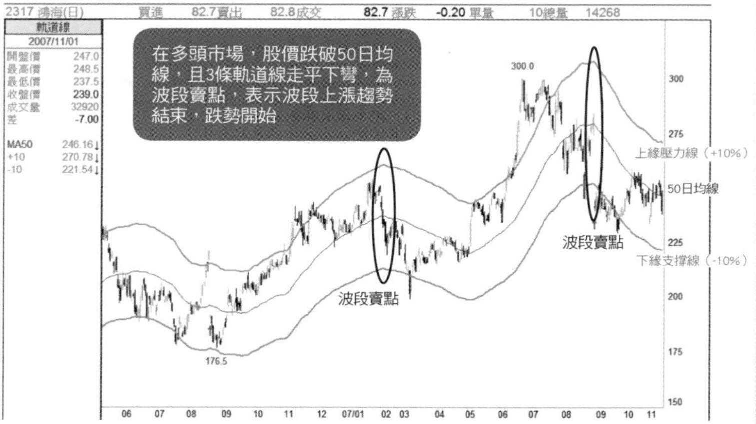
2317 鴻海(日) 買進 82.7賣出 82.8成交 82.7漲跌 -0.20單量 10總量 14268
軌道線
2007/11/01
開盤價 247.0
最高價 248.5
最低價 237.5
收盤價 239.0
成交量 32920
差 -7.00
MA50 246.16
+10 270.78
-10 221.54
在多頭市場，股價跌破50日均線，且3條軌道線走平下彎，為波段賣點，表示波段上漲趨勢結束，跌勢開始
300.0
176.5
波段賣點
波段賣點
上緣壓力線（+10%）
50日均線
下緣支撐線（-10%）
300
275
225
200
175
150
06 07 08 09 10 11 12 07/01 02 03 04 05 06 07 08 09 10 11

資料來源：新世紀贏家

2.下跌趨勢的空頭市場，其趨勢反轉之必要條件：

當股價由下往上穿越50日均線且3條軌道線走平上彎，預告中線（波段）下跌趨勢的空頭市場，將反轉向上。

當股價穿越50日均線且3條軌道線走平上彎，表示中線（波段）盤勢由空翻多，操作上宜加碼買進。

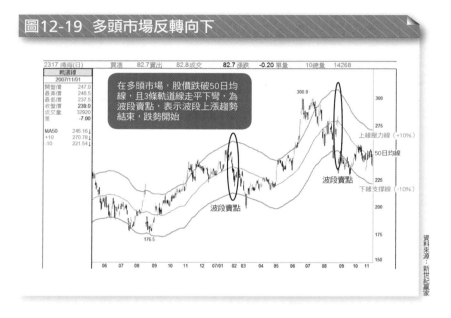

圖12-20 空頭市場反轉向上

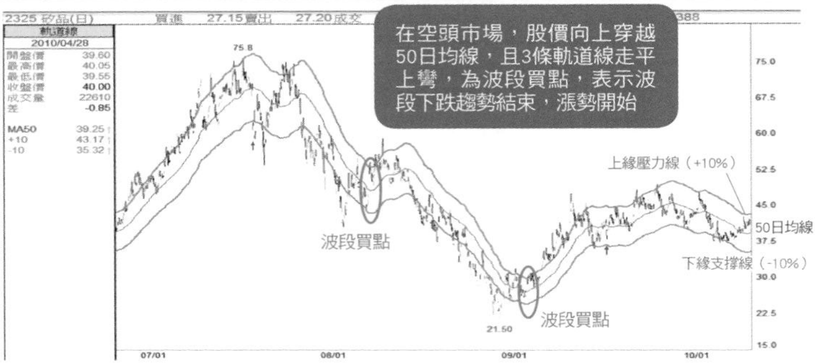
在空頭市場，股價向上穿越50日均線，且3條軌道線走平上彎，為波段買點，表示波段下跌趨勢結束，漲勢開始
波段買點
波段買點
上緣壓力線（+10%）
50日均線
下緣支撐線（-10%）
75.8
21.50
07/01
08/01
09/01
10/01

資料來源：新世紀贏家

3.橫向趨勢的盤整市場，其趨勢反轉之必要條件：

1.當股價由上往下跌破50日均線且3條軌道線走平下彎，預告中線（波段）橫向趨勢的盤整市場，將反轉向下。

當股價跌破50日均線且3條軌道線走平下彎，表示中線（波段）盤勢翻空，操作上持股必須全部賣出，退場觀望。

圖12-21 盤整市場反轉向下

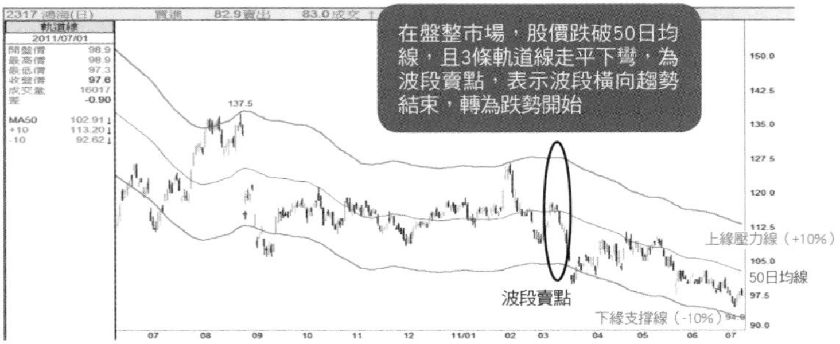
在盤整市場，股價跌破50日均線，且3條軌道線走平下彎，為波段賣點，表示波段橫向趨勢結束，轉為跌勢開始
波段賣點
上緣壓力線（+10%）
50日均線
下緣支撐線（-10%）
137.5

資料來源：新世紀贏家

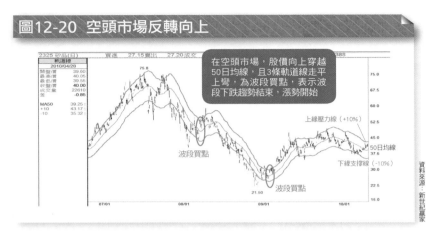

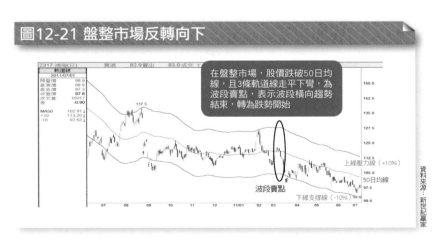

2.當股價由下往上穿越50日均線且3條軌道線走平上彎，預告中線（波段）橫向趨勢的盤整市場，將反轉向上。

當股價穿越50日均線且3條軌道線走平上彎，表示盤勢中線（波段）翻多，操作上宜加碼買進。

圖12-22 盤整市場反轉向上

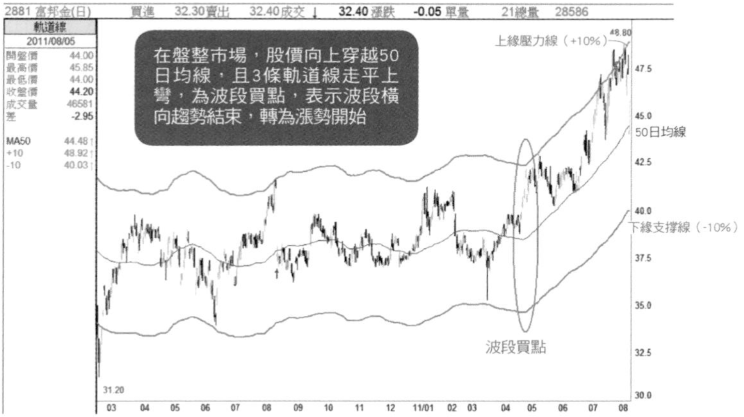
2881 富邦金(日) 買進 32.30 賣出 32.40 成交 ↓ 32.40 漲跌 -0.05 單量 21 總量 28586
軌道線
2011/08/05
開盤價 44.00
最高價 45.85
最低價 44.00
收盤價 44.20
成交量 46581
差 -2.95
MA50 44.48
+10 48.92
-10 40.03
在盤整市場，股價向上穿越50日均線，且3條軌道線走平上彎，為波段買點，表示波段橫向趨勢結束，轉為漲勢開始
上緣壓力線（+10%）
48.80
50日均線
下緣支撐線（-10%）
波段買點
31.20
47.5
45.0
42.5
40.0
37.5
35.0
32.5
30.0
03
04
05
06
07
08
09
10
11
12
11/01
02
03
04
05
06
07
08

資料來源：新世紀贏家

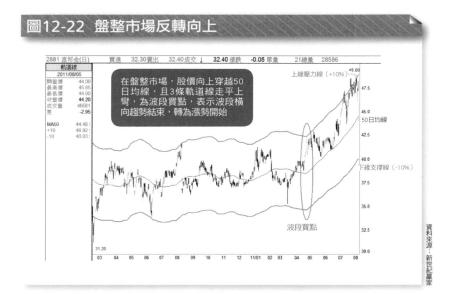

趨勢波段指標（軌道線）是非常好的波段操作指標。筆者經過12年（1995～2007）的實務驗證，期間經歷過兩次上漲趨勢的多頭市場、兩次下跌趨勢的空頭市場和兩次橫向趨勢的盤整市場，剛好是一個完整的多、空趨勢大循環。這期間發生的重大利空事件包括：1995年李前總統發表「兩國論」，造成中共嚴重封鎖台灣的飛彈軍事演習、1997～1998年泰國和印尼引發的亞洲金融風暴、美國LTCM事件、彰化四信擠兌風暴，引發本土性的國內金融風暴、2000年美國網路泡沫、2001年美國911恐怖攻擊事件、2002年美國出兵攻打伊拉克（第二次波灣戰爭）、2003年SARS風暴、2004年總統大選319槍擊事件、2007年美國次級房貸事件。

12年驗證3投資方式

1.上漲趨勢的多頭市場：當股價由下往上穿越50日均線買進，當股價由上往下跌破50日均線賣出，其做多成功機率是71.43%，報酬率為10.39%。

2.下跌趨勢的空頭市場：當股價由上往下跌破50日均線融券放空賣出，當股價由下往上穿越50日均線回補買進，其做空成功機率是70%，報酬率為7.84%。

3.橫向趨勢的盤整市場：當股價由下往上穿越50日均線買進，當股價由上往下跌破50日均線賣出，其做多成功機率是25%，報酬率為負數。

趨勢波段指標（軌道線）的妙用

1.可以清楚地看出波段趨勢：是上漲趨勢的多頭市場或下跌趨勢

的空頭市場或橫向趨勢的盤整市場。

2.明確的趨勢波段買、賣點：當股價由下往上穿越50日均線是波段買點，當股價由上往下跌破50日均線是波段賣點（持股必須全部賣出，才不會套牢在頭部高檔區）。

3.正、負乖離過大，會產生地心引力效應：當股價碰到或穿越上緣壓力線（+10%），形成正乖離過大，將產生地心引力效應，股價會拉回修正，回測50日均線支撐線。反之，當股價碰到或跌破下緣支撐線（-10%），形成負乖離過大，將產生地心引力效應，股價會跌深反彈，回測50日均線壓力線。

4.可以判斷波段多、空趨勢之反轉：當股價由下往上穿越50日均線且3條趨勢軌道線微微向上，表示波段下跌趨勢的空頭市場結束，將形成上漲趨勢的多頭市場。反之，當股價由上往下跌破50日均線且3條趨勢軌道線微微向下，表示波段上漲趨勢的多頭市場結束，將形成下跌趨勢的空頭市場。

課後心得

1. 在2條平行的支撐線和壓力線之間，選定一條適用的移動平均線，當作軌道中線。其上、下所構成的區域稱之為軌道區間，可以用來研判股價的多空趨勢。
2. 「軌道線的參數」可因不同商品、不同股性和不同操作模式（短線或波段）而調整。
3. 當股價由下往上穿越50日均線是波段買點，當股價由上往下跌破50日均線是波段賣點。
4. 正、負乖離過大，會產生地心引力效應：當股價碰到或穿越上緣壓力線（+10%），股價會拉回修正。反之，當股價碰到或跌破下緣支撐線（－10%），股價會跌深反彈。

13

按照趨勢分析抓買點

買賣股票，多、空雙向操作固然較為靈活，但現實而言，大多數投資人偏好做多，不喜歡放空；其實不少高手也是只靠做多就能賺大錢，所以只單向做多若能修練到位，不做空也沒有不好。只是當你做多時，若趨勢利於多頭，你也挑對了股票，卻挑錯了買點，會讓獲利大打折扣；相反的，若看對趨勢，挑對股票，又挑中好買點進場布局或加碼，那麼，在一波大行情中，只要有少數幾次類似這樣的大勝戰役，就足以讓人賺到豐碩的利益。

而當盤勢不利於多頭時，在一個漫長的盤整市場或空頭市場時，就不能做股票嗎？我由衷的建議是，盤整市場還可以做多，空頭市場則應盡量避免做多；即便是盤整市場，也只有短多趨勢，沒有中長多的趨勢，此刻做多應淺嘗即止，見好就收。

以下根據趨勢分析來詳解如何抓買點，一般來說可分為3種：①多頭市場（上漲趨勢）的拉回買點、②空頭市場（下跌趨勢）的反彈買點、③盤整市場（橫向趨勢）的拉回買點。

同樣是買點，如果是買在多頭市場（上漲趨勢）的拉回買點，其結果會有大波段的獲利；若是買在空頭市場（下跌趨勢）的反彈買點，其結果只有短線反彈的小利，搶反彈買錯股票，甚至還會賠錢；若是買在盤整市場（橫向趨勢）的拉回買點，其結果會有區間的小幅獲利。

在盤整市場買進，特別要留意，如果是聽到利多消息才追價買進，實務上都是買到「箱型」區間的高檔區，老鳥隔天便會停損賣出，菜鳥反應不及且不願停損，之後一路逢低攤平，直到無法承受不斷的利空消息和身心煎熬，終於認賠，往往殺在最低點。

若因聽到利空消息才追殺賣出或反手融券放空，實務上都是賣在「箱型」區間的低檔區，股價隔天反彈大漲，賣出或融券放空的老鳥，隔天便反手做多買進（空單回補）。賣出殺在最低點的菜鳥們，最經典的抱怨口頭禪：「『早知道』我就不要認賠賣出。」千金難買早知道啊！若是反手融券放空的菜鳥，股價隔天反彈大漲，大多反應不及且不願停損，之後一路被軋空，直到認輸回補。

3種市場的買點，圖解如下：

1.多頭市場（上漲趨勢）的拉回買點

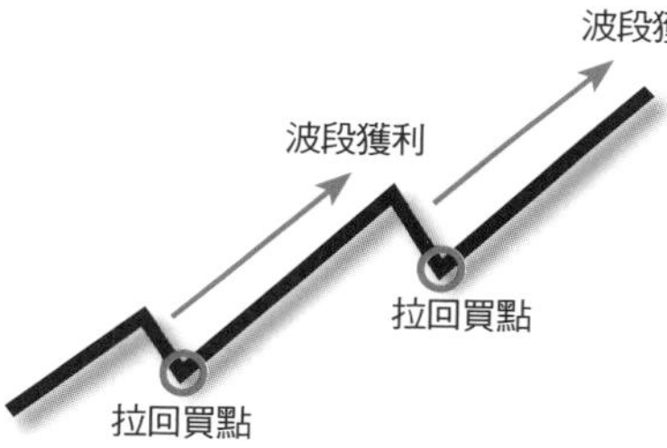

圖13-1 宏達電（2498）日線圖

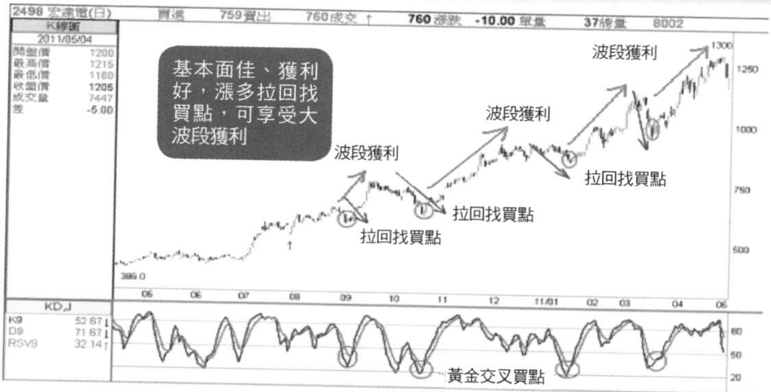

資料來源：新世紀贏家

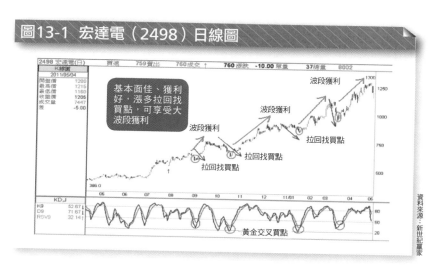

2.空頭市場（下跌趨勢）的反彈買點

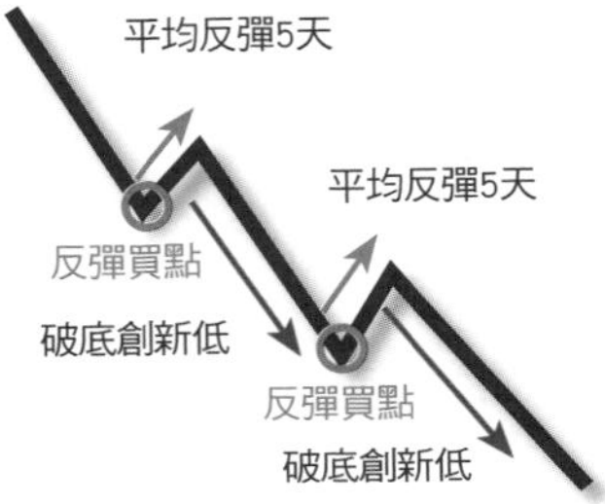
平均反彈5天
平均反彈5天
反彈買點
破底創新低
反彈買點
破底創新低

圖13-2 奇美電（3481）日線圖

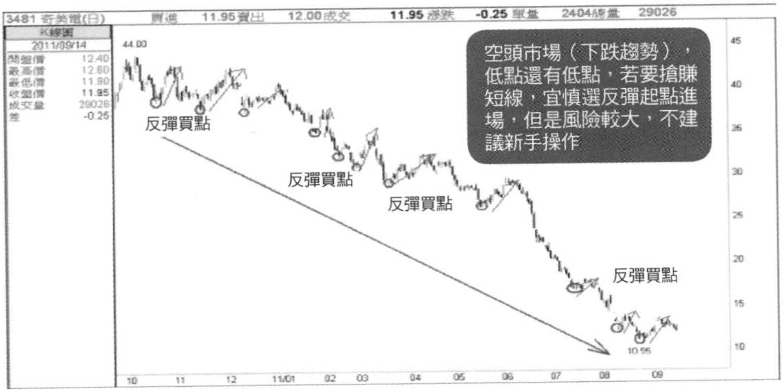
空頭市場（下跌趨勢），低點還有低點，若要搶賺短線，宜慎選反彈起點進場，但是風險較大，不建議新手操作
反彈買點
反彈買點
反彈買點
反彈買點
44.00
10.95

資料來源：新世紀贏家

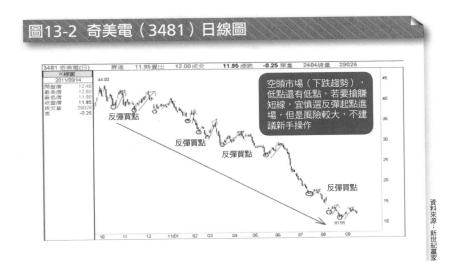

3.盤整市場（橫向趨勢）的拉回買點

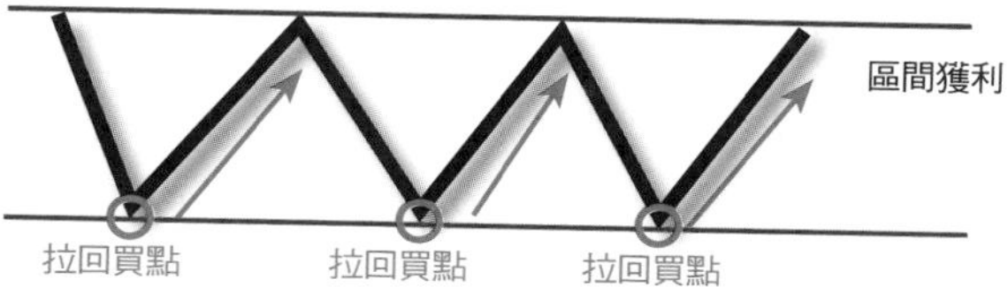
區間獲利
拉回買點
拉回買點
拉回買點

圖13-3 益航（2601）日線圖

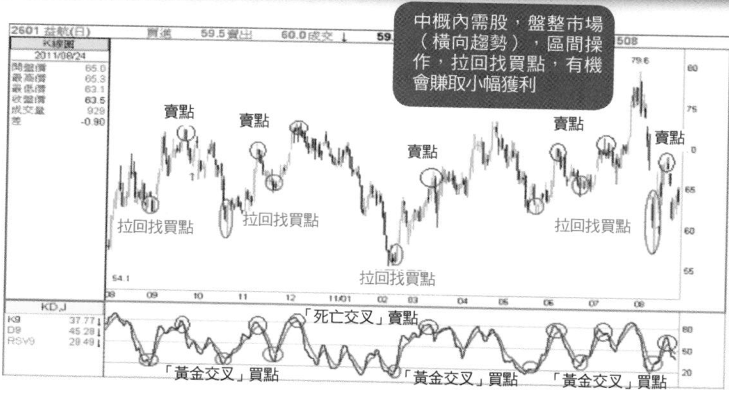
中概內需股，盤整市場（橫向趨勢），區間操作，拉回找買點，有機會賺取小幅獲利
賣點
賣點
賣點
賣點
賣點
拉回找買點
拉回找買點
拉回找買點
拉回找買點
「死亡交叉」賣點
「黃金交叉」買點
「黃金交叉」買點
「黃金交叉」買點

資料來源：新世紀贏家

當心空頭市場的下跌慣性

如前所述，要買進，一定要選擇多頭市場（上漲趨勢）的拉回買點，和盤整市場（橫向趨勢）的拉回買點；千萬不要買空頭市場（下跌趨勢）的股票，因為空頭市場的慣性是，大跌小漲（跌深反彈）。依筆者研究美股和台股多年的經驗：空頭市場的跌深反彈平

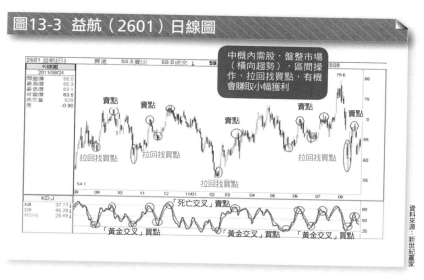

均上漲天數，急漲為5天，緩漲最多8～13天，之後便再度下跌，重新回到空頭市場的下跌趨勢。

空頭市場（下跌趨勢）的股票，僅有短線跌深反彈行情，且來得快、去得也快，絕對不能中長線投資，妄想在空頭市場（下跌趨勢）逆勢做多買進，其結果是抱得愈久賠得愈多。如果投資人是做融資買進，那結果不是一個「慘」字可以形容，而是「非常慘」，我自己早年也曾深受其害，其最終的結局是：

1.小慘者：融資斷頭出場，還可以拿回約20%的本金。

2.中慘者：下跌過程中，不斷接到融資追繳通知，補了錢，暫時化解融資斷頭危機，如此反覆多次的追繳→補錢→追繳→補錢，直到有一天沒錢追繳了或是壓力大到受不了，停損認賠賣出，虧損總額超過原始投入的本金。

3.大慘者：下跌過程中，反覆追繳與補錢的循環，即使沒錢，也到處借錢來補缺口，就是不肯賣，直到融資一年半的期限到期（編按：金管會規定，融資券期限為半年，到期後可延長一次，近期則放寬為可延長兩次，亦即一年半，投資人應留意法規的變動），死心認賠賣出，虧損總額可能已是原始投入本金的數倍，從此灰心喪志，再無投資股市意願，畢業出場。

我長期在證券公司任職，經常全省巡迴演講，跟許多散戶有面對面溝通的機會，我發現，約有80%或90%的散戶投資人，都喜歡或慣性地買進此類空頭市場（下跌趨勢）的股票。散戶都有一種迷思，希望買到便宜的股票，何謂便宜？散戶們的錯誤認知是：①好公司的迷思、②價位便宜的迷思、③低本益比的迷思、④基本面佳的迷思等。舉例如下：

1.好公司的迷思：面板類股的奇美電（3481）和LED類股的億光（2393）是好公司，投資人一般認為跌深了就可以逢低買進，但若買點不對，買在空頭趨勢下，其結果是：低點還有低點，抱得愈久賠得愈多。

圖13-4 奇美電（3481）日線圖

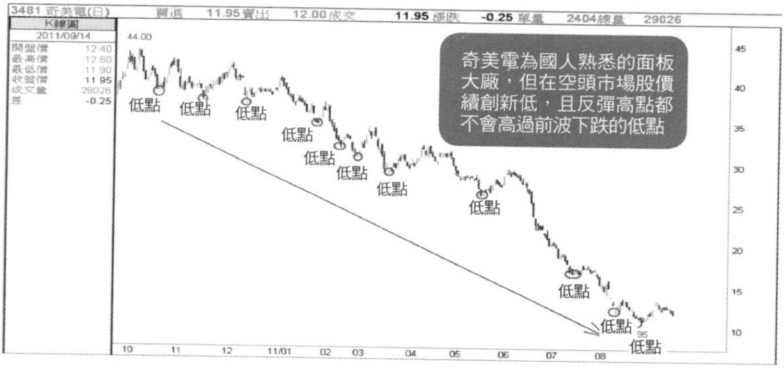
3481 奇美電(日) 買進 11.95 賣出 12.00 成交 11.95 漲跌 -0.25 單量 2404 總量 29026
K線圖
2011/09/14
開盤價 12.40
最高價 12.60
最低價 11.90
收盤價 11.95
成交量 29026
差 -0.25
奇美電為國人熟悉的面板大廠，但在空頭市場股價續創新低，且反彈高點都不會高過前波下跌的低點
低點

圖13-5 億光（2393）日線圖

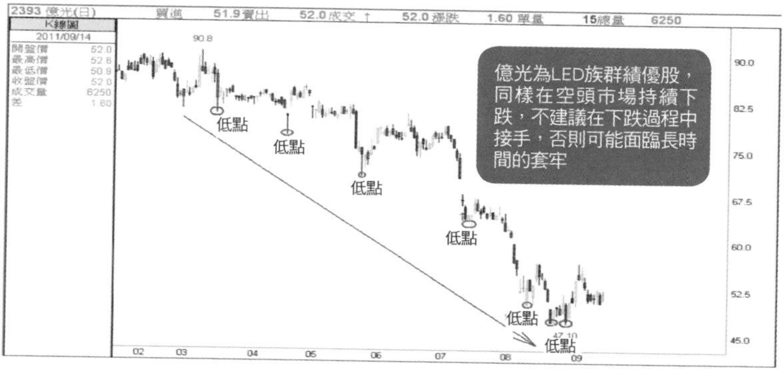
2393 億光(日) 買進 51.9 賣出 52.0 成交 52.0 漲跌 1.60 單量 15 總量 6250
K線圖
2011/09/14
開盤價 52.0
最高價 52.8
最低價 50.9
收盤價 52.0
成交量 6250
差 1.60
億光為LED族群績優股，同樣在空頭市場持續下跌，不建議在下跌過程中接手，否則可能面臨長時間的套牢
低點

資料來源：新世紀贏家

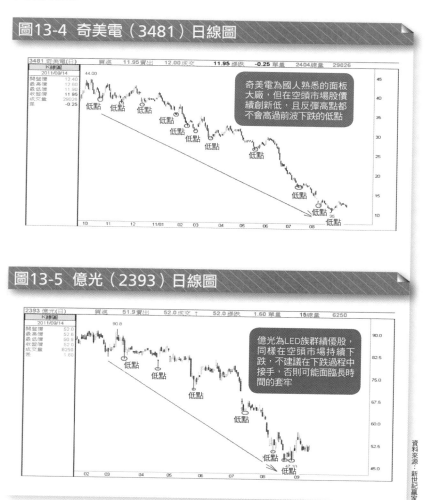

2.價位便宜的迷思：例如，面板股跌很深了，友達（2409）從33.35元跌到20元，好便宜；LED股亦跌深了，晶電（2448）從116.5元跌到58元，好便宜。如果逢低買進，其結果都是：低點還有低點，抱得愈久賠得愈多。

圖13-6 友達（2409）日線圖

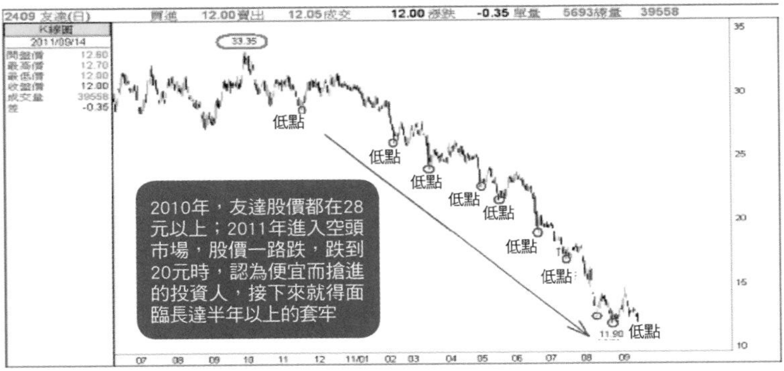

圖13-7 晶電（2448）日線圖

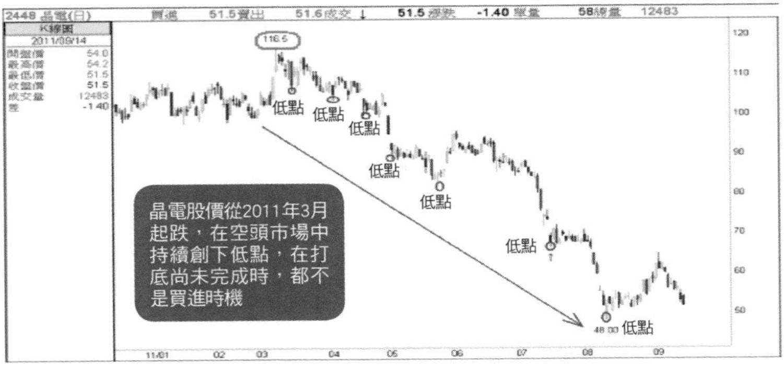

資料來源：新世紀贏家

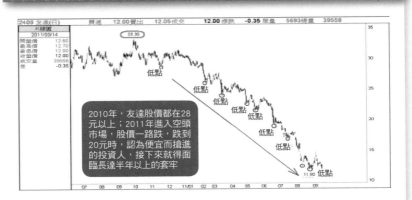

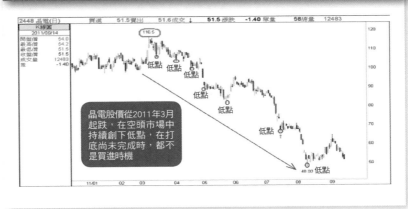

3.低本益比的迷思：一般的經驗認知，只要本益比低，就可以逢低買進。那麼本益比多少才算低？是用歷史本益比或未來預估本益比？大部分的投資人都認為本益比接近或小於10倍，就算股價便宜，可以逢低買進。其結果並不盡然，例如：散裝航運股中的新興（2605）和中航（2612）的本益比都很低，不只低於10倍，僅有7、8倍，有時甚至接近5倍。如果覺得它們的本益比低、股價便宜而買進，其結果如下圖：

圖13-8 新興（2605）2005～2010營運狀況

新興 2605 買進 27.75 賣出 27.80 成交 27.75（ -0.35）單量 5 總量 1100
（新 興） 最近六年營運狀況 [5/14頁]

年度	期末股本（百萬元）	營業收入（百萬元）	每股（元）	稅前盈利（百萬元）	每股（元）	稅後純益（百萬元）	每股（元）	每股淨值
094	4,031	1,039	2.6	3,503	8.69	2,931	7.27	23.09
095	4,837	793	1.6	2,890	5.98	2,746	5.68	21.95
096	4,837	1,196	2.5	3,640	7.53	3,308	6.84	23.51
097	5,683	271	0.5	2,303	4.05	2,892	5.09	22.35
098	5,683	135	0.2	3,261	5.74	3,081	5.42	24.56
099	5,683	224	0.4	2,660	4.68	2,103	3.70	22.85
100公司估	5,683							
100財訊估		300	0.5	2,350	4.14	2,139	3.76	

圖13-9 新興（2605）日線圖

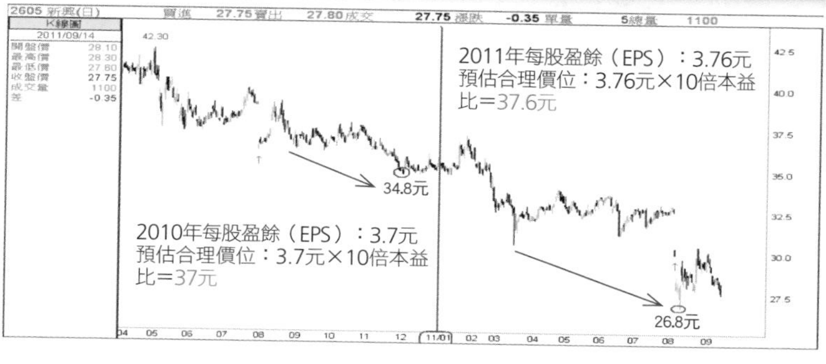

資料來源：新世紀贏家

圖13-10 中航（2612）2005～2010營運狀況

中航 2612 買進 44.45 賣出 44.50 成交 44.50 (-0.90)單量 7 總量 201

（中 航） 最近六年營運狀況 [5/14頁]

年度	期末股本（百萬元）	營業收入（百萬元）	每股（元）	稅前盈利（百萬元）	每股（元）	稅後純益（百萬元）	每股（元）	每股淨值
094	2,120	1,471	6.9	569	2.68	541	2.55	14.51
095	2,332	1,509	6.5	1,449	6.22	1,403	6.02	18.16
096	2,565	1,814	7.1	2,395	9.34	2,312	9.01	23.45
097	2,565	1,915	7.5	4,320	16.84	4,248	16.56	34.21
098	2,565	1,419	5.5	3,129	12.20	2,872	11.20	37.62
099	2,565	1,570	6.1	2,114	8.24	1,932	7.53	35.80
100公司估	2,565							
100財訊估		1,700	6.6	1,400	5.46	1,302	5.08	

圖13-11 中航（2612）日線圖

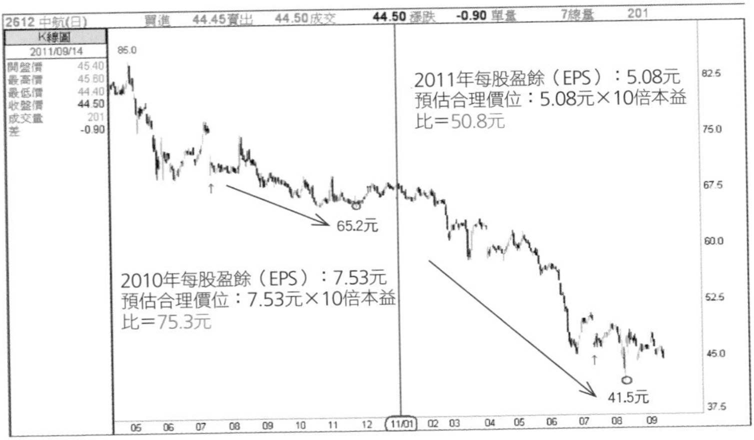

2612 中航(日) 買進 44.45賣出 44.50成交 44.50漲跌 -0.90 單量 7總量 201
K線圖
2011/09/14
開盤價 45.40
最高價 45.60
最低價 44.40
收盤價 44.50
成交量 201
差 -0.90
85.0
2011年每股盈餘（EPS）：5.08元
預估合理價位：5.08元×10倍本益比＝50.8元
65.2元
2010年每股盈餘（EPS）：7.53元
預估合理價位：7.53元×10倍本益比＝75.3元
41.5元
82.5
75.0
67.5
60.0
52.5
45.0
37.5
05 06 07 08 09 10 11 12 11/01 02 03 04 05 06 07 08 09

資料來源：新世紀贏家

4.基本面佳的迷思：公司的獲利非常好，財報數據也佳，訂單滿載，能見度看到下一季，譬如2011年的可成（2474）與大立光（3008），受惠於蘋果（Apple）系列產品大賣，基本面分析師多鼓吹可成若拉回要勇敢逢低買進，其結果如下圖：

圖13-12 可成（2474）2011.03～08營收

可成 2474 買進 - 賣出 213.00 成交 213.00 (-15.50)單量 25 總量 11701

（可 成） 最近六個月營業收入 （合併營收單位:百萬） [2/14頁]

營收創新高

年 月	營收(千元)	比上月%	比去年%	累計營收	成長率%	合併營收 比去年%
100 8	1932,457	29.5	1268.1	9148,716	924.4	未公告-採自願制
100 7	1491,837	4.0	668.0	7216,258	859.8	
100 6	1433,851	5.9	1130.2	5724,421	926.7	
100 5	1354,405	57.7	1178.6	4290,570	872.9	
100 4	858,807	11.3	744.1	2936,165	776.3	
100 3	771,537	23.1	547.3	2077,358	790.3	

最近十季營業收入

年 季	營收(千元)	成長率%	營益率%	年 季	營收(千元)	成長率%	營益率%
100 二	3647,063	1024.8	17.53	99 一	233,335	-33.5	-3.13
100 一	2077,358	790.3	20.09	98 四	153,053	-85.5	-41.65
099 四	1660,171	984.7	17.06	98 三	145,670	-88.5	-30.45
099 三	545,209	274.3	29.09	98 二	233,180	-69.3	-12.50
099 二	324,228	39.0	4.19	98 一	351,008	-48.1	-4.25

圖13-13 可成（2474）日線圖

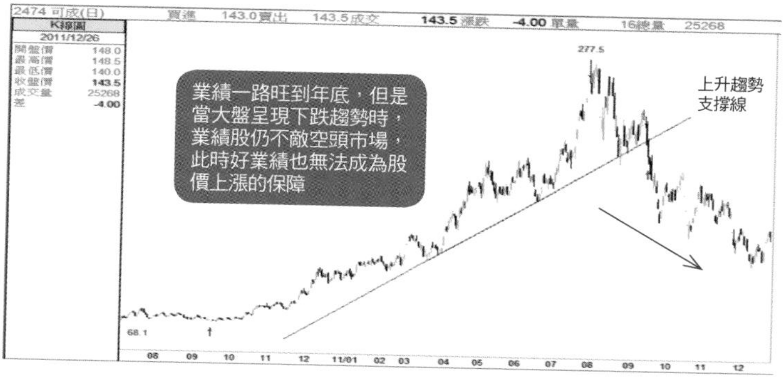
2474 可成(日) 買進 143.0 賣出 143.5 成交 143.5 漲跌 -4.00 單量 16 總量 25268
K線圖
2011/12/26
開盤價 148.0
最高價 148.5
最低價 140.0
收盤價 143.5
成交量 25268
差 -4.00
業績一路旺到年底，但是當大盤呈現下跌趨勢時，業績股仍不敵空頭市場，此時好業績也無法成為股價上漲的保障
上升趨勢支撐線
277.5
68.1
08 09 10 11 12 11/01 02 03 04 05 06 07 08 09 10 11 12

資料來源：新世紀贏家

圖13-14 大立光（3008）2011.03～08營收

大立光3008　買進　765.00 賣出　766.00 成交　765.00(-24.00)單量　13 總量　2159

(大立光)　最近六個月營業收入　(合併營收單位:百萬)　[2/14頁]

營收創新高

年 月	營收(千元)	比上月%	比去年%	累計營收	成長率%	合併營收	比去年%
100 8	1489,320	9.8	85.0	9463,035	64.7	1,469	25.2
100 7	1356,497	12.9	54.8	7973,715	61.4	1,383	30.6
100 6	1201,891	-5.8	58.9	6617,218	62.9	1,366	42.5
100 5	1275,242	8.6	83.6	5415,327	63.8	1,357	47.3
100 4	1174,612	0.2	80.6	4140,085	58.5	1,343	52.4
100 3	1172,576	49.0	53.2	2965,472	51.2	1,312	52.0

最近十季營業收入　100/08累計合併營收:　10,429　44.4

年 季	營收(千元)	成長率%	營益率%	年 季	營收(千元)	成長率%	營益率%
100 二	3651,745	73.8	22.13	99 一	1961,479	113.8	18.40
100 一	2965,473	51.2	13.31	98 四	2113,539	64.3	30.55
099 四	2741,464	29.7	28.30	98 三	1904,652	21.5	10.51
099 三	2606,389	36.8	14.68	98 二	1318,398	-4.1	10.63

圖13-15 大立光（3008）日線圖

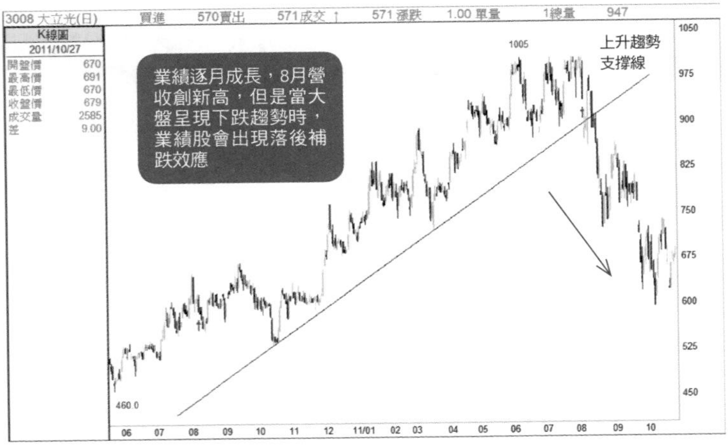
3008 大立光(日)　買進　570賣出　571成交　571 漲跌　1.00 單量　1總量　947
K線圖
2011/10/27
開盤價 670
最高價 691
最低價 670
收盤價 679
成交量 2585
差 9.00
業績逐月成長，8月營收創新高，但是當大盤呈現下跌趨勢時，業績股會出現落後補跌效應
上升趨勢支撐線
1005
460.0
1050
975
900
825
750
675
600
525
450
06 07 08 09 10 11 12 11/01 02 03 04 05 06 07 08 09 10

資料來源：新世紀贏家

趨勢不對，基本面好也難逃慘跌

「好公司」、「價位便宜」、「低本益比」、「基本面佳」，符合上述條件的公司，理應上漲才對，為什麼逢低買進後，不漲反跌？其原因出在買點不對，當股價處於空頭市場（下跌趨勢）中，單一個股即使一時能抵抗賣壓，最終還是無法抵抗整體盤面的大趨勢。特別是一些外資看好、高持股的公司，到了下跌段的後半段，有可能加速補跌，因為外資將它們視為提款機，為了降低股票部位、提高現金部位來規避市場大跌的風險，因此好公司反而賣壓格外沉重。

買點非常重要，這是每一位投資人的共識，但是要如何找買點就見仁見智了。有人用基本面的低P/E（本益比）或低P/B（股價淨值比）找買點；有人用營收或獲利創新高找買點；有人用技術面的K線理論找買點、用KD或RSI指標「黃金交叉」找買點，或用威廉、MACD、DMI、多空指標等找買點。

有人用籌碼分析（法人買賣超）找買點；有人用量價關係的「價漲量增」找買點；有人用資券關係的「資增券增價漲」或「資減券增價漲」模式找買點；有人用移動平均線的「均線黃金交叉」或「三線糾結向上」找買點；有人用型態的「W底」或「頭肩底」或「箱型底」或「碗型底」或「島型反轉」找買點。方法一大堆，其實最重要的買點是「趨勢分析」的買點，更精確的說，應該是：多頭市場（上漲趨勢）的拉回買點。

如果讀者在多頭市場（上漲趨勢）的拉回買進時機，找「好公司」、「價位便宜」、「低本益比」、「基本面佳」的股票投資，一定能賺得大波段利潤。

課後心得

1. 多頭市場（上漲趨勢）：待股價拉回修正後，找買點。屆時，投資人無論運用上述的基本面或技術面的任一買進方法買進，都會成功賺得波段大錢，因為波段趨勢是向上。
2. 空頭市場（下跌趨勢）：待股價跌深後，找反彈買點。僅有跌深反彈的小利，平均的反彈天數，急漲約5天、緩漲最多8～13天。俗話說：「菜鳥死（套）在山頂上，老鳥死（套）在搶反彈。」可見在空頭市場（下跌趨勢）中搶反彈，是多麼困難，易輸難贏，因為波段趨勢是向下。既然是搶反彈，經驗法則：基本面無用，技術面只有短、中線的RSI和KD指標有效，長線的MACD、DMI、多空指標等亦無用。
3. 盤整市場（橫向趨勢）：待股價拉回修正後，找買點。不易賺得波段大錢，僅有區間小波段獲利，因為波段趨勢不明，既不是向上，亦不是向下。在盤整市場「箱型」區間操作，其經驗法則：切記「勿因利多消息而追價買進，勿因利空消息而追殺賣出」。

國家圖書館出版品預行編目資料

無痛苦學會技術分析全圖解：台股趨勢賺錢術／董鍾祥著. --初版. --臺北市：Smart智富文化, 城邦文化, 民101.01　面；　公分

ISBN 978-986-7283-36-8（平裝）
1. 股票投資　2. 投資技術　3.投資分析
563.53　　100028076

Smart智富 無痛苦學會技術分析全圖解

作者　董鍾祥

商周媒體集團
榮譽發行人　金惟純
執行長　王文靜

Smart智富
總經理兼總編輯　朱紀中
副總編輯兼出版總監　林正峰
主編　楊巧鈴
企畫　黃嫈琪
編輯　張志銘、連宜玫、李曉怡、邱慧真
攝影　高國展
封面設計　林慎微
版面設計編排　張玉燕

發行　英屬蓋曼群島商家庭傳媒股份有限公司城邦分公司
地址　104台北市中山區民生東路二段141號4樓
網站　smart.businessweekly.com.tw
客戶服務專線　（02）2510-8888
客戶服務傳真　（02）2502-5410

製版印刷　科樂印刷事業股份有限公司
初版一刷　2012年（民101年）1月
初版二刷　2015年（民104年）10月

ISBN　978-986-7283-36-8

定價250元

Smart智富 讀者服務卡

2BA007
《無痛苦學會技術分析全圖解》

為了提供您更優質的服務，Smart智富會不定期提供您最新的出版訊息、優惠通知及活動消息，請您提起筆來，馬上填寫本回函！填寫完畢後，免貼郵票，請直接寄回本公司或傳真回覆。Smart傳真專線：**(02)2500-1956**

1.請問您於何處購得本書：□書店 □量販店 □便利商店 □網路書店 □其他

2.請問您選購本書的原因：
□價格合理 □親友或名人推薦 □內容符合需要 □對Smart品質認同
□其他＿＿＿＿＿＿＿＿

3.現階段，您對哪些投資理財知識有需求？
□股票 □基金 □房地產 □保險 □其他＿＿＿＿＿＿＿＿

4.除了本書外，您近日還有購買閱讀哪些理財投資書刊？

＿＿＿＿＿＿＿＿＿＿＿＿＿＿＿＿

＿＿＿＿＿＿＿＿＿＿＿＿＿＿＿＿

5.謝謝您的支持，對於本書內容、編排製作或是Smart出版品、講座活動有無建議？
請不吝指教

＿＿＿＿＿＿＿＿＿＿＿＿＿＿＿＿

＿＿＿＿＿＿＿＿＿＿＿＿＿＿＿＿

您的基本資料：（請詳細填寫下列基本資料，本刊對個人資料均予保密，謝謝）

姓名：＿＿＿＿＿＿＿＿

性別：□男□女

出生年次：＿＿＿＿

聯絡電話：＿＿＿＿＿＿＿＿

電子郵件信箱：＿＿＿＿＿＿＿＿

通訊地址：

＿＿縣/市＿＿區/市/鄉/鎮＿＿村/里＿＿鄰＿＿路＿＿段＿＿號＿＿樓之＿＿

職業：□學生 □軍公教 □製造業 □營造業 □服務業 □金融貿易 □資訊業
□自由業 □家管 □其他＿＿＿＿

職位：□負責人 □主管 □職員

●填寫完畢後請沿著右側的虛線撕下。

廣 告 回 函
台灣北區郵政管理局登記證
台北廣字第000791號
免 貼 郵 票

104 台北市民生東路2段141號4樓

Smart 智富
行銷部 收

●請沿著虛線對摺，謝謝。

●填寫完畢後請沿著左側的虛線撕下。

Smart 智富

書號：2BA007
書名：無痛苦學會技術分析全圖解